PSICODRAMA NO SÉCULO 21

Dados Internacionais de Catalogação na Publicação (CIP)
(Câmara Brasileira do Livro, SP, Brasil)

Psicodrama no século 21: aplicações clínicas e educacionais / Jacob Gershoni (org.); [tradução Moysés Aguiar]. São Paulo: Ágora, 2008.

Título original: Psychodrama in the 21st century: clinical and educational applications

Bibliografia
ISBN 978-85-7183-041-7

1. Moreno, Jacob Levy, 1889-1974 2. Psicodrama 3. Psicodrama - Uso terapêutico 4. Psicoterapia de grupo 5. Sociometria I. Gershoni, Jacob.

08-03188   CDD-150.198

Índices para catálogo sistemático:
1. Psicodrama: Método psicanalítico   150.198

Compre em lugar de fotocopiar.
Cada real que você dá por um livro recompensa seus autores
e os convida a produzir mais sobre o tema;
incentiva seus editores a encomendar, traduzir e publicar
outras obras sobre o assunto;
e paga aos livreiros por estocar e levar até você livros
para a sua informação e o seu entretenimento.
Cada real que você dá pela fotocópia não autorizada de um livro
financia um crime
e ajuda a matar a produção intelectual de seu país.

PSICODRAMA NO SÉCULO 21

aplicações clínicas e educacionais

Jacob Gershoni (org.)

EDITORA
ÁGORA

Do original em língua inglesa
PSYCHODRAMA IN THE 21st CENTURY
Clinical and educational applications,
Copyright © 2003 by Springer Publishing Company,
LLC, New York 10036
Direitos desta tradução adquiridos por Summus Editorial

Editora executiva: **Soraia Bini Cury**
Assistentes editoriais: **Bibiana Leme e Martha Lopes**
Tradução: **Moysés Aguiar**
Capa, projeto gráfico e diagramação: **Gabrielly Silva**
Impressão: **Sumago Gráfica Editorial Ltda.**

Editora Ágora
Departamento editorial:
Rua Itapicuru, 613 – 7º andar
05006-000 – São Paulo – SP
Fone: (11) 3872-3322
Fax: (11) 3872-7476
http://www.editoraagora.com.br
e-mail: agora@editoraagora.com.br

Atendimento ao consumidor:
Summus Editorial
Fone: (11) 3865-9890

Vendas por atacado:
Fone: (11) 3873-8638
Fax: (11) 3873-7085
e-mail: vendas@summus.com.br

Impresso no Brasil

AGRADECIMENTOS

Esta antologia é uma produção conjunta de vários amigos e colegas que usaram seu tempo para escrever e generosamente oferecer seus conhecimentos.

O apoio constante de Bob e Jacquie Siroka foi essencial para o desenvolvimento dessas idéias e a possibilidade de concretização deste livro.

Agradeço, também, aos outros participantes do seminário de sociometria: Louise Lipman, Nan Nally-Seif, Eileen Riordan e Arthur Littman. Naquele seminário, discutimos muitos dos temas deste livro, fizemos testes com eles na prática, aproximamo-nos mutuamente e nos divertimos muito ao longo da trajetória.

Ofereço uma garrafa de vinho branco seco a Helene Friedman, de quem desfruto amizade, perspicácia e vasto saber. Sem sua ajuda e suas bem-vindas cobranças, este livro não teria visto a luz do dia.

O psicólogo, escritor e destacado líder da comunidade de lésbicas, gays, bissexuais e transgêneros dr. Charles Silverstein também foi generoso e disponível em sua oferta de orientação e consultoria.

Adam Blatner, Helen Martin, Herb Propper, Wayne Lavender e Matt Tontonoz também contribuíram para a editoração. Sheila King, da Biblioteca da Universidade Columbia, e Phoebe Atkinson ajudaram a localizar as necessárias referências.

Acima de tudo, foram incomensuráveis o encorajamento e o permanente apoio emocional, além da assistência técnica, do companheiro de minha vida, Gerald Roosendaal.

JACOB GERSHONI
Nova York, outubro de 2003

SUMÁRIO

Prólogo → 9

Apresentação à edição brasileira → 11

Prefácio → 15

Introdução → 17

PARTE I – O PSICODRAMA E OUTROS MÉTODOS

1. O sistema triádico: sociometria, psicodrama e psicoterapia de grupo – uma revisão → 23
   Louise Lipman

2. A transferência no psicodrama analítico → 35
   Sandra Garfield

3. A utilização do psicodrama na terapia familiar sistêmica de Bowen → 51
   Chris Farmer e Marcia Geller

4. Psicodrama e terapia estrutural de família: um novo modelo para grupos de crianças → 67
   Jacob Gershoni

5. O corpo fala: o uso de psicodrama e de metáforas para conectar corpo e mente → 79
   Mary Anne Carswell e Kristi Magraw

6. Sinergia entre arteterapia e psicodrama: interligando os mundos externo e interno → 97
   Jean Peterson

PARTE II – APLICAÇÕES A GRUPOS DIVERSOS

7. "Mais que meros atores": aplicações do psicodrama na vida diária → 119
   Adam Blatner

8. Viagem no tapete mágico: métodos psicodramáticos com pré-púberes → 133
   Mary Jo Amatruda

9. Domando a puberdade: psicodrama, sociodrama e sociometria com grupos de adolescentes → 149
   Mario Cossa

10. Psicodrama com veteranos: a experiência do Centro Médico para Veteranos de Cincinnati → 165
    Elaine Camerota e Jonathan L. Steinberg

11. Abordagem psicodramática do trauma de terremoto → 181
    Deniz Altinay

12. Psicodrama e tratamento de adição e trauma em mulheres → 189
    Tian Dayton

13. Rumo à aceitação e ao orgulho: psicodrama, sociometria e a comunidade de *gays*, lésbicas, bissexuais e transgêneros → 211
    Jacob Gershoni

14. É preciso dois: técnicas psicodramáticas com casais héteros e *gays* → 229
    Joseph L. Romance

PARTE III – APLICAÇÕES EM TREINAMENTO E CONSULTORIA

15. O psicodrama como educação vivencial: exploração da literatura e promoção de um ambiente de aprendizagem cooperativa → 243
    Herb Propper

16. Psicodrama e justiça: treinamento de advogados → 263
    James D. Leach

17. A utilização psiquiátrica de técnicas psicodramáticas em consultas sistêmicas com clínicos gerais → 279
    Chris Farmer

PRÓLOGO

O trabalho pioneiro do dr. Jacob Levy Moreno influenciou todos os autores deste volume. Alguns deles estudaram com Moreno diretamente. A maioria, entretanto, foi formada por professores da segunda geração do movimento psicodramático e sociométrico.

Mais "Johnny Appleseed"[1] do que papa, a obra de Moreno espalhou-se por todos os continentes. Seu trabalho original tem inspirado muitas variações e aplicações. Essas inovações foram moldadas pelas tendências pessoais dos profissionais e dos formadores, assim como por forças culturais.

Tendo conhecido J. L. Moreno como eu conheci, tenho certeza de que ele ficaria feliz com o amplo espectro de aplicações criativas descritas pelos autores. Ele denunciaria rapidamente o fato de inovações e contribuições pioneiras não serem notadas ou serem equivocadamente atribuídas a terceiros.

Moreno foi um pensador seminal. Deixaremos para outros a tarefa de estabelecer a paternidade de cada conceito, método ou técnica particular. Basta dizer que muitas idéias originais de Moreno influenciaram – direta ou indiretamente, consciente ou inconscientemente – a cena psicoterápica contemporânea.

---

[1] Referência a personagem de um dos escritos de J. L. Moreno, que começou traçando mapas sociométricos em sua comunidade, expandiu a prática para todo o mundo e chegou a utilizá-la até mesmo no céu, após sua morte. (N. T.)

A seguir, algumas das muitas idéias que Moreno criou, desenvolveu ou enfatizou e que estão incluídas, de algum modo, nos capítulos desta obra:

1. O homem como ator, que desempenha papéis.
2. O eu emerge dos papéis.
3. O eu como construto interpessoal, mais do que pessoal.
4. A espontaneidade, e a decorrente criatividade, como força impulsionadora do desenvolvimento humano.
5. O fator "tele", que opera nas relações sociais como força existencial (em contraposição ao modelo transferencial).
6. A estrutura grupal co-determina o comportamento no papel e pode ser avaliada pelos participantes (sociometria).
7. A psicoterapia utiliza tanto a ação quanto a verbalização: "mostrar e contar" é mais completo do que simplesmente "contar".
8. O terapeuta é um produtor-diretor ativo da cena do cliente/protagonista.
9. A terapia psicodramática se aplica a casais, famílias, grupos naturais e artificiais e organizações, tanto quanto a indivíduos.
10. Toda psicoterapia é essencialmente terapia de grupo: o indivíduo não pode ser tratado sem que se leve em conta seu átomo social.
11. A alegria, a criatividade e o riso são vitais para a existência humana e, como tal, devem integrar a psicoterapia.

J. L. Moreno faleceu em 1974. Naquela ocasião, eu era presidente da American Society of Group Psychotherapy and Psychodrama, por ele fundada em 1942. Em minha mensagem à organização na reunião anual, eu disse que, embora muitas de suas idéias tivessem cerca de cinqüenta anos, seriam necessários outros cinqüenta para que seu trabalho fosse compreendido e valorizado.

Este livro nos coloca vários passos mais perto daquele objetivo ao mostrar um pouco do poder, profundidade, amplitude e escopo da obra de Moreno.

DR. ROBERT W. SIROKA
Professor-supervisor
Diretor do Instituto Sociométrico de Nova York

APRESENTAÇÃO
À EDIÇÃO BRASILEIRA

A sociedade atual tem apresentado demandas crescentes por novas modalidades de intervenções grupais, estimulando a integração de estudos de diferentes campos do conhecimento.

Até um passado recente, a vasta produção científica dos psicodramatistas brasileiros parecia privilegiar a teoria, num movimento necessário para o fortalecimento da identidade do psicodrama no país. A Federação Brasileira de Psicodrama (Febrap) teve papel importante nessa tendência quando promoveu o 1º Seminário de Teoria do Psicodrama, em 1993. Firmava-se como uma instituição ativa na criação de referenciais teóricos e metodológicos que marcassem o diferencial do psicodrama com as cores nacionais.

Nesse período, buscamos dar corpo às proposições originais de Moreno, acentuando elementos integradores de seu arcabouço teórico, procuramos aproximações com outras abordagens e abrimos inúmeras possibilidades de aplicação quando ampliamos o foco da saúde mental para a saúde social. O psicodrama, com sua proposta sociátrica, tem estado na vanguarda da pesquisa interdisciplinar, atuando em duas vertentes: a socioeducacional e a psicoterapêutica.

Entretanto, na busca de práticas cada vez mais eficazes para enfrentar as enormes dificuldades individuais e sociais, a comunidade psicodramática está pronta para dar prosseguimento a diálogos que ultrapassem nossas fronteiras, pesquisando novos elementos para a expansão de um psicodrama cada vez mais versátil, com aplicabilidade nos mais variados contextos.

Assim, este livro chega na hora certa! Traz contribuições de conceituados psicodramatistas, em sua maioria norte-americanos, mas também colegas do Canadá, Grã-Bretanha e Turquia.

Começa apresentando uma descrição integrativa do psicodrama clássico, articulando a sociometria, o psicodrama e a psicoterapia de grupo, o denominado sistema triádico. De forma bastante didática, a autora transita entre essas dimensões da teoria do psicodrama, tomando diferentes perspectivas para um aprofundamento crescente em múltiplas camadas. Será muito interessante o diálogo desse texto com outros produzidos por colegas brasileiros, que também formularam distintas vertentes integrativas da teoria moreniana.

A seguir, este livro expõe vários "casamentos" do psicodrama com outras abordagens: analítica, sistêmica, terapia familiar estrutural, comunicação corporal (construção de metáforas), arteterapia. Qual será o resultado dessas fecundações do psicodrama por outras abordagens? As descrições de vários atendimentos nos auxiliam na identificação de alguns diferenciais nessas aproximações. Poderemos detalhar melhor nossos próprios casamentos com esses relatos?

As duas últimas partes do livro propõem-se abordar aplicações em diferentes grupos. Começam pela discussão de aplicações do psicodrama na vida diária, traduzindo a dedicação do autor em ampliar o raio de ação do psicodrama, muito sintônico com a visão sociátrica de Moreno. A apresentação de inúmeras possibilidades de intervenção nos remete ao potencial da ação dramática, numa leitura inspiradora para novas possibilidades de trabalho visando ao desenvolvimento humano.

Moreno mencionou que grupos homogêneos facilitam o trabalho terapêutico. Acredito, porém, que nem ele mesmo poderia imaginar a diversidade das populações-alvo das intervenções planejadas pelos psicodramatistas contemporâneos. Este livro amplia ainda mais tal universo: aborda diversas possibilidades de intervenção nos contextos psicoterapêutico, educacional, judiciário e de consultoria. Os co-autores descrevem com riqueza de detalhes as diferentes intervenções, transportando-nos afetivamente para muitas das cenas dramatizadas.

As intervenções grupais na segunda parte desta obra envolvem populações que conhecemos, como crianças, adolescentes, mulheres com experiências de adição e trauma, comunidade GLBT, casais hétero e homossexuais. Outras abordagens são mais distantes de nossa realidade, como intervenções com veteranos de guerra ou com vítimas de terremoto, porém são práticas úteis para uma reflexão sobre as especificidades do atendimento de populações que viveram situações de grande adversidade.

Na terceira parte, outros contextos de intervenção próprios do foco socioeducacional são apresentados. A diretriz básica do livro de descrever com detalhes as diferentes práticas nos transporta para situações em que o psicodrama traz a dimensão vivencial no ensino. Assistimos também ao treinamento de advogados e de médicos de clínica geral, confirmando a amplitude do psicodrama.

De modo geral, as citações dos autores ilustram o fato de que, como metodologia, o psicodrama tem papel essencial na viabilização da abordagem específica de cada uma dessas populações.

Creio que os co-autores deste livro serão nossos parceiros em diálogos renovados, favorecendo trocas e a amplitude de nosso arsenal metodológico. Após mais de 30 anos da fundação da Febrap, a comunidade brasileira atinge a maturidade.

HELOISA JUNQUEIRA FLEURY

Coordenadora geral do DPSedes – Instituto Sedes Sapientiae e professora do curso de formação em Psicodrama nessa instituição

Orientadora do curso de especialização em Sexualidade Humana da Faculdade de Medicina da USP

Coordenadora da seção transcultural da International Association for Group Psychotherapy and Group Processes (IAGP)

PREFÁCIO

Muitos textos sobre psicoterapia desconsideram os progressos ocorridos no âmbito do psicodrama: revisões, novas aplicações e integração com outras abordagens que não se encontram nos livros de Moreno.

A decisão de escrever este livro surgiu num recente seminário sobre sociometria organizado por Jacquie e Bob Siroka, co-diretores do Instituto Sociométrico de Nova York.

Durante várias décadas eles vêm treinando numerosos profissionais dos métodos de ação, ensinando sua maneira original e altamente criativa de integrar a sociometria, o psicodrama e a terapia de grupo em cada sessão de grupo e em cada oficina. Os participantes desses encontros são atraídos a seus ensinamentos pela efetividade talentosa e profunda de seu trabalho.

Movidos pelo estilo elegante e pela autoridade dessas intervenções, pudemos reconhecer, em seus fundamentos, um saber sistemático e cumulativo. Sentimos a necessidade de compartilhar esse conhecimento com outros profissionais, sejam eles treinados ou não nesse modo particular de praticar o psicodrama.

Uma das características intrínsecas desses métodos é sua utilidade e aplicabilidade a um largo espectro de temas, populações clientes e, até mesmo, a outras abordagens teóricas. É bastante provável que esse potencial não tenha equivalência em nenhum outro método terapêutico particular.

Parece lógico, então, organizar este livro pelo critério das aplicações. Os inovadores têm utilizado o psicodrama das mais diferentes formas e descrevem, aqui, seu trabalho.

Se existisse uma única vinculação entre os autores deste livro, seria a inspiração obtida dos escritos, da filosofia e do trabalho de toda a vida de J. L. Moreno e seus discípulos. Muitas de suas técnicas e de suas idéias têm sido utilizadas, de modo parcial ou limitado, por profissionais de saúde mental que adotam uma postura eclética.

Atualmente, um corpo considerável de conhecimentos demonstra a validade e a riqueza do legado de Moreno, existindo possibilidades infinitas de expansão inovadora posterior. *Psicodrama no século 21* apresenta algumas dessas possibilidades, mas não todas, por meio de exemplos mais acessíveis: um conjunto amplo de aplicações educacionais e clínicas.

Os autores são bastante conhecidos por suas publicações e pelos trabalhos que apresentam. Alguns deles formaram-se originalmente em outras modalidades, tais como psicanálise, terapia familiar, arteterapia ou Gestalt.

Vários capítulos descrevem a criação de modelos de tratamento de problemas específicos ou de determinadas populações de pacientes. Sua criatividade e sua originalidade provavelmente inspirarão outros profissionais, enriquecerão seu trabalho e vitalizarão suas interações com grupos e clientes.

INTRODUÇÃO

Psicodrama no século 21 está organizado em três partes.

A Parte I aborda sua integração com outros métodos. Louise Lipman escreve sobre o sistema teórico triádico de sociometria, psicodrama e terapia de grupo. Sua abordagem é a menos eclética, demonstrando o valor da inter-relação dos três métodos, independentemente de outras orientações teóricas. Articulando o poder da ciência, a elegância da arte e o processo grupal como estratégia de cura e de fechamento, Lipman descreve a efetividade do sistema triádico.

Sandra Garfield, que é psicanalista, apresenta uma concepção própria de análise da transferência, por meio do psicodrama, em terapia de grupo.

Embora Moreno tenha sido um dos pioneiros do pensamento sistêmico, que vê os pacientes em seu contexto familiar e social, a maioria dos líderes do que mais tarde se tornou conhecido como terapia familiar não atribui o devido crédito a seu trabalho criativo e sem precedentes. Jacob Gershoni, organizador do livro, escreve sobre o modelo desenvolvido em seu trabalho com crianças, integrando psicodrama e terapia familiar estrutural. Já Chris Farmer e Marcia Geller apresentam sua colaboração com base no psicodrama e nas teorias sistêmicas de Murray Bowen.

Moreno considerava mente, corpo e espírito como inseparáveis e assinalava a importância da imaginação, da fantasia, das dimensões espirituais do indivíduo saudável e do funcionamento da comunidade. Em seu texto, Mary Anne Carswell e Kristi Magraw descrevem uma forma de conectar mente, corpo e espírito.

De acordo com elas, a informação do corpo é codificada em sensações, imagens e emoções. A chave para traduzir esses sinais está em nossa capacidade de entrar no mundo da experiência não-linear, do corpo, e então usar nossa mente racional e consciente para verbalizar o que vimos e sentimos. As técnicas psicodramáticas são utilizadas para alcançar o equilíbrio e a harmonia desejáveis.

O ultimo capítulo dessa parte, de Jean Peterson, detalha a integração entre arte-terapia e psicodrama.

Os textos da Parte II apresentam as aplicações do psicodrama a vários tipos de grupos.

Moreno desenvolveu a teoria de papéis e as do desenvolvimento da personalidade. É inconcebível, atualmente, promover formação em terapia sem utilizar jogos de papéis, assim como nenhum candidato presidencial poderia preparar-se para um debate eleitoral sem simulações. Tudo isso decorre do trabalho original de Moreno.

Essas utilizações não clínicas do psicodrama são o tema do capítulo de Adam Blatner sobre a aplicação do psicodrama na vida cotidiana. Blatner, que é o autor mais prolífico nas áreas do psicodrama e da sociometria, oferece numerosos exemplos de onde o psicodrama pode ser usado para incrementar relacionamentos próximos, inteligência emocional, auto-afirmação e resolução de conflitos em pequenos e grandes grupos.

Outros autores da segunda parte apresentam aplicações inovadoras dos métodos de ação a diferentes tipos de grupos. Formas de trabalho criativo com crianças (Mary Jo Amatruda) e adolescentes (Mario Cossa) são apresentadas com técnicas para terapia de casais (Joseph Romance).

Diversos capítulos são dedicados ao tratamento de traumas. Elaine Camerota e Jonathan Steinberg apresentam seu trabalho com veteranos de guerra americanos e suas respectivas famílias. Há um reconhecimento crescente, baseado em pesquisa, de que o trabalho vivencial é muito eficaz na ajuda aos sobreviventes de traumas. Deniz Altinay, um dos líderes da comunidade psicodramática de Istambul, mostra uma aplicação na intervenção em crises sociais, descrevendo o trabalho com vítimas de recente terremoto na Turquia. Tian Dayton focaliza trauma e adição no trabalho com mulheres.

O texto de Gershoni, a respeito de seu trabalho com a comunidade de *gays*, lésbicas, bissexuais e transgêneros, demonstra como o psicodrama é eficiente no tratamento de conflitos internos e externos. Entre os casos expostos nesse capítulo há uma série de oficinas num centro comunitário – outro exemplo da idéia de Moreno de que o trabalho terapêutico pode ser feito em qualquer lugar, em qualquer cenário.

A Parte III trata das aplicações dos métodos de ação em educação, treinamento e consultoria.

Chris Farmer mostra o potencial da utilização do psicodrama, com abordagem sistêmica, em consultoria e treinamento de médicos.

Herb Propper, destacado professor de literatura, mitologia e teatro, descreve em detalhe como integra esses métodos em salas de aula.

O jurista James Leach conta como utiliza o psicodrama no treinamento de advogados, nas diferentes fases de seu trabalho: escolha de jurados, exame direto, exame cruzado, afirmações iniciais e argumentação final. Esse trabalho é novo, estimulante, baseado em conhecimentos, além de ter objetivos claros.

Apesar das loas ao impacto fascinante, eficiente e poderoso dos métodos de ação, muitos profissionais de saúde mental não são devidamente preparados para eles. Como os autores demonstram, o psicodrama e a sociometria podem ser utilizados tanto como métodos independentes quanto em combinação com outras modalidades. A abrangência, a compatibilidade e a versatilidade dos métodos de ação proporcionaram aos autores condições para experimentar idéias e técnicas, encontrando suas próprias vozes criativas.

Esperamos que este livro encoraje e motive muitos outros a explorar e expandir seu trabalho e seu horizonte.

OBSERVAÇÕES

Para proteger a identidade dos clientes e dos membros dos grupos, algumas informações foram modificadas. O objetivo dos casos tomados como exemplos é destacar os métodos e técnicas, não identificar as pessoas reais.

Aos leitores não familiarizados com os conceitos e as técnicas fundamentais do psicodrama e da sociometria, sugerimos que leiam o livro de Adam Blatner *Acting in* (3. ed., Springer, 1996), como introdução geral aos conceitos básicos. *Foundations of psychodrama* [*Uma visão global do psicodrama: fundamentos históricos, teóricos e práticos*, Ágora, 1996] é outro livro importante de Blatner. Trata-se de um exame intelectual de temas profundos envolvidos na história e na teoria do psicodrama, e inclui um glossário e extensa lista de referências bibliográficas.

PARTE I

O PSICODRAMA E OUTROS MÉTODOS

1 → O SISTEMA TRIÁDICO:
sociometria, psicodrama e
psicoterapia de grupo – uma revisão

Louise Lipman

Ao começar a estudar psicodrama, eu não pensava que J. L. Moreno, o criador do psicodrama, o considerasse um sistema triádico. Pensava nele como uma entidade. Só quando passei a me preparar para minha primeira bateria de exames para certificação, lendo a bibliografia, foi que me dei conta da complexidade e elegância do sistema de Moreno.

Minha formação tinha integrado completamente sociometria, psicodrama e psicoterapia de grupo. Eles não constituíam disciplinas separadas. Existiam juntos, interdependentes e irmanados em mais pontos do que eu poderia imaginar ou compreender naquela altura.

Desde então, pude entender e valorizar as interligações sutis do método, a miríade de vínculos entre as fases desse processo de muitos níveis e os caminhos pelos quais eles se sustentam e se enriquecem mutuamente.

Eu fico espantada e me surpreendo cada vez que vejo um aspecto novo dessa tapeçaria ricamente modulada. Gosto do modo como o sistema triádico de Moreno consegue descobrir e curar as profundas feridas que carregamos dentro de nós, como nos ensina caminhos alternativos para existir no mundo e, pela espontaneidade e criatividade, nos abre novas portas para o futuro.

Neste capítulo quero compartilhar com vocês minha compreensão da maneira como a sociometria, o psicodrama e a psicoterapia de grupo estão inextricavelmente ligados. Pretendo mostrar como a sociometria oferece um quadro de referência e bases para o processo psicodramático de aquecimento, dramatização e compartilhamento, e também como ela revela, continuamente, as estruturas do grupo, a aberta e a encoberta, facilitando o processo grupal e a cura pessoal em vários níveis.

Não é fácil escrever sobre sociometria, porque ela não tem uma natureza linear; ela é circular. O leitor deve levar em conta que a informação sociométrica vai sendo revelada com o tempo, camada por camada. Ela é cumulativa. A verdadeira compreensão das complexidades de um grupo vem da capacidade de caminhar por dentro desse universo. Um universo de muitos níveis, construído com base nas percepções sociométricas dos membros do grupo, individualmente, à medida que eles vão revelando, uns aos outros, seus respectivos átomos sociais coletivos e pessoais.

Somos sociometricamente feridos. O psicodrama nos permite reviver os traumas originais no aqui e agora, desenvolver novos papéis para lidar com a lesão e reparar os agravos sociométricos.

A psicoterapia de grupo nos ajuda, finalmente, a processar e rotular cognitivamente a aprendizagem vivencial e as novas configurações sociométricas que emergem da ação psicodramática. Essas descobertas feitas durante a dramatização podem, então, ser integradas a nossa base permanente de conhecimentos.

Antes de analisar a metodologia, penso ser importante entender a filosofia que está por trás da teoria. Observando a vida através de uma lente sociométrica, examinamos constantemente as escolhas que fazemos durante a vida, assim como a maneira como elas repercutem em nosso átomo social e nos átomos sociais das pessoas com quem nos conectamos.

O átomo social é o que J. L. Moreno (1953) sempre menciona como a quantidade de pessoas necessárias em nosso mundo. Nascemos dentro de um átomo social, formado por nossa família imediata ou, como Moreno denominou, nosso grupo-modelo.

O átomo social de uma pessoa é um construto dinâmico que cresce, muda e muitas vezes encolhe, à medida que o indivíduo vai vivendo sua vida. Ele é espontâneo, momentâneo e muda constantemente.

O átomo social é um mapa das conexões sociométricas em determinada situação, em dado momento. Ao descrever a natureza das relações no átomo social de uma pessoa, Dale Buchanan escreveu: "O átomo social mapeia a qualidade de nossos relacionamentos. Alguns indivíduos nos atraem, a outros rejeitamos e com alguns outros somos neutros em nossos sentimentos" (1984, p. 156)

Moreno utilizou o termo "tele" para descrever a gama de sentimentos que subjaz às conexões positivas, negativas e neutras no átomo social de uma pessoa.

Tele é a corrente de sentimento que flui entre duas pessoas. Moreno a considerava a menor unidade de sentimento transmitida de um indivíduo a outro. É uma experiência interpessoal. "O tele (forças sociais) é o canal invisível de comunicação entre os indivíduos, que formam o amálgama de nossa sociedade" (Buchanan, 1984). Moreno definiu tele como "compreender na intimidade", "avaliar" e "sentir" o modo de ser de outra pessoa. É o principal fator determinante da posição do indivíduo no grupo.

A exatidão com que percebemos as relações télicas entre nós e os outros num sistema é o indicador de nossa adequação, sucesso e satisfação em dado grupo.

Carregamos nossos átomos sociais conosco aonde vamos. Toda vez que ingressamos num grupo, levamos conosco os papéis que desempenhamos no átomo social de nosso grupo-modelo, assim como as relações de papel que estabelecemos ali. Essas relações de papel, funcionais e disfuncionais, são recriadas nos vários grupos aos quais pertencemos ao longo de nossa vida.

Num grupo de terapia psicodramática, os participantes têm a oportunidade de curar as feridas que viveram nas relações de papel contidas naqueles átomos sociais iniciais. As pessoas reproduzem os papéis que desempenharam em seu primeiro átomo social e com freqüência, de forma inconsciente, os recriam nas relações com outros membros do grupo.

Na medida em que as estruturas abertas e encobertas do grupo são reveladas pela sociometria, as relações transferenciais e télicas que operam na vida pessoal de cada membro se tornam visíveis, assim como as relações transferenciais e télicas entre os próprios membros do grupo.

Em termos de psicodrama, Moreno (1977) pensava que a transferência ocorria quando um indivíduo desempenhava um papel aprendido anteriormente (velho papel) numa situação nova, sem levar em conta o papel desempenhado por seu atual parceiro de relação. O tele acontece no aqui e agora, enquanto a transferência ocorre no ali e então.

A transferência existe quando a atração ou repulsão que uma pessoa sente em relação a outra tem que ver somente com uma imagem projetada naquela pessoa. Essa imagem não coincide necessariamente com a imagem que a outra pessoa tem de si mesma. Já o tele é o conhecimento verdadeiro da pessoa com quem se está interagindo no presente momento. O psicodrama permite aos membros do grupo trabalhar as relações télicas e transferenciais, reveladas pela sociometria, e desenvolver novos papéis para lidar com velhas situações.

A sociometria leva o grupo a detectar problemas relativos ao processo grupal, revelando a estrutura do grupo, identificando o *status* de cada indivíduo em dado momento, enquanto desvela simultaneamente os processos interpessoais e intragrupais.

Ajuda o grupo também no exame das escolhas que vão sendo feitas ao longo de cada fase do processo psicodramático, aquecimento, dramatização e compartilhamento. As razões para as escolhas refletem os sentimentos profundos significativos de cada membro do grupo. Elas estão relacionadas com nossa vida interior inconsciente, com situações não terminadas, temas terapêuticos nucleares, obstáculos à saúde, desejos, esperanças e sonhos.

A sociometria também oferece às pessoas um retorno a respeito de seus padrões, preferências e valores. Esse retorno é importante para a vida e para a saúde do grupo. É o material para a pesquisa psicodramática.

A sociometria abre caminho para que o grupo trabalhe diretamente sua própria dinâmica, enfrente conflitos e negocie os papéis para maximizar a inclusão e a coesão grupal.

Peter Mendelson, em "Sociometry as a life philosophy" (1977)[2], define a teoria sociométrica de Moreno como uma filosofia de vida, pragmática e orientada para a ação. Ele faz uma lista de dez temas que compõem um sistema de crenças humanístico-existencial, que usa para esclarecer a filosofia sociométrica de Moreno. Revendo esse artigo, dei-me conta novamente de quão importante foi compreender a filosofia que está por trás do método e como esses conceitos constituem os valores que informam o uso da sociometria no processo grupal psicodramático.

Moreno via o grupo como um microcosmo do universo – o mundo em miniatura. Integrando a filosofia sociométrica de Moreno com os métodos psicodramáticos da psicoterapia de grupo, podemos aprofundar nosso entendimento de seu sistema triádico.

O primeiro princípio que Mendelson (1977) discute é a convicção de Moreno de que nós somos livres e o desafio que nos faz para que definamos a nós mesmos. Eu penso que, numa situação grupal, por meio da escolha sociométrica, temos a oportunidade de fazer isso. Cada vez que escolhemos, sociometricamente, uma pessoa, lugar ou coisa, estamos esculpindo nossa identidade. Estamos definindo nossa personalidade por intermédio dos papéis que escolhemos desempenhar em qualquer situação dada.

A maneira como nos engajamos, sociometricamente, nas diferentes fases da ação psicodramática revela muito a respeito de quem somos. "No sistema sociométrico, a espontaneidade é a manifestação operacional da liberdade. A espontaneidade... [é] a força pela qual o homem se individualiza a partir do coletivo enquanto se liberta, simultaneamente, de seu passado privado e coletivo" (Mendelson, 1977, p. 72).

Moreno sugere que, acessando sua espontaneidade, o indivíduo pode fazer escolhas em qualquer situação. A escolha que ele faz é expressão da liberdade existencial do homem de dizer sim ou não ao que quer que seja que a vida apresente.

Quando aplicamos essas idéias filosóficas aos aspectos práticos do processo psicodramático, o que vemos é o impacto da escolha sociométrica. Cada vez que os membros do grupo espontaneamente fazem uma escolha, durante um exercício so-

---

2 A sociometria como filosofia de vida. (N. T.)

ciométrico, escolhem outro membro do grupo para desempenhar um papel auxiliar ou revelam com quem se identificam por ocasião do compartilhamento; ao encerrar-se a sessão, eles expõem sua vida interior, definem-se e proclamam a liberdade de seus respectivos eus.

O segundo princípio que Mendelson menciona é que Moreno desejava que cultivássemos nossa individualidade. Por meio da escolha sociométrica e do processo grupal, esculpimos nossa vida individual para que todos vejam. O que se revela nessas escolhas são detalhes íntimos da vida de uma pessoa, dentro e fora do grupo.

Moreno acreditava que "o homem desenvolveu seu potencial plenamente apenas na medida em que interagiu e verdadeiramente se comunicou com outros homens". O terceiro princípio é "viver em diálogo com seu companheiro" (Mendelson, 1977, p. 73).

Moreno disse que a menor unidade de vida é composta de duas. Afirmou que nós nos definimos por intermédio de nossos relacionamentos com outros seres humanos e que ninguém existe no vazio. Mais tarde, ele defendeu a idéia de que, uma vez que tenhamos sido feridos numa interação, é aí que deve acontecer o processo de cura. Portanto, os participantes de um grupo de psicoterapia psicodramática devem envolver-se com outros seres humanos sociometricamente, revelando suas preferências, seus padrões, seus valores, para facilitar a cura.

Quando o trabalho psicodramático se completa, o sistema sociométrico individual de cada membro do grupo fica modificado, da mesma forma que o sistema sociométrico do grupo.

Essas mudanças podem ser cognitivamente assinaladas durante o compartilhamento, a fase de psicoterapia de grupo do processo. É então que as novas conexões sociométricas se formam, velhas conexões são fortalecidas ou realinhadas e se corrigem as distorções perceptuais tanto em nível individual quanto grupal.

Moreno (1977) postulava que viver em diálogo não significa que a pessoa tenha de abrir mão de seu próprio eu. No quarto princípio, Mendelson (1977) afirma que cada indivíduo precisa valorizar sua própria experiência para poder criar o mundo de acordo com ela e com escolhas sociométricas. Em outras palavras, uma pessoa deve ser produtora de sua própria história de vida, contando sua verdade por meio da ação.

No quinto princípio, Mendelson mostra que um valor importante é "estar plenamente presente no imediato do momento" (p. 74). Todos os membros do grupo têm a oportunidade de colocar em prática esse princípio, por meio das escolhas sociométricas espontâneas que eles fazem no grupo e das cenas criativas que escolhem dramatizar. Assim, eles podem tornar-se visíveis pelas escolhas feitas a cada momento, no aqui e agora do trabalho grupal psicodramático.

A ação é a portadora da verdade, de acordo com Moreno (1953). No sexto princípio, Mendelson descreve a idéia de Moreno de que o problema da criatividade é "o verdadeiro eixo no qual gira a sobrevivência da humanidade" (p. 77). Moreno acreditava que a sobrevivência do ser humano depende da permanente produção de espontaneidade e de sua capacidade de viver a vida de forma criativa. Segundo ele, as pessoas que vão sobreviver são aquelas que conseguem mobilizar a espontaneidade, fazer escolhas que reflitam quem elas são, espontaneamente, no momento, criar papéis para concretizá-las e interagir com os outros para delas poder usufruir. A sociometria é a referência e a fundamentação que podem ajudar os participantes do grupo a identificar essas escolhas.

O psicodrama, então, permite a eles examinar as situações de vida que os levaram a desenvolver padrões disfuncionais de comportamento. O treinamento de papel, subseqüentemente, fortalece o indivíduo para que ele abandone um comportamento velho e inútil, crie papéis alternativos e coloque em prática novas formas de interagir com as pessoas de seu átomo social. A psicoterapia de grupo ajuda a integrar e a entender a transformação que está ocorrendo.

Moreno dizia que a realidade é co-criada. Isso acontece por intermédio das escolhas sociométricas. Na visão dele, ao atuar de acordo com as escolhas que faz, a pessoa não é simplesmente um ator, mas um co-ator. Ele acreditava que o homem não pode ser separado de seu universo, que o homem e a humanidade são inseparáveis.

Para compreender as complexidades da vida de uma pessoa, é necessário explorar sociometricamente tanto o universo pessoal do indivíduo como a rede de atrações, repulsões e respostas neutras do grupo. Esse exame torna visíveis as redes sociais de cada um, dentro e fora do grupo, o sistema de apoio disponível, as cenas a serem dramatizadas, a fim de cooperativamente curar as feridas interpessoais e intrapsíquicas. Esse trabalho é feito interativamente, respeitando os limites de cada um.

O décimo princípio discutido por Mendelson refere-se ao fato de que o indivíduo criativo encontra resistências no mundo. Entretanto, Moreno não acreditava que isso pudesse nos deter em nossas investigações. A espontaneidade e a criatividade vão ajudar as pessoas a lidar com a resistência, a descobrir novas possibilidades e a desenvolver soluções adequadas por meio da criação de novos papéis e da transformação dos velhos.

Essas soluções serão reveladas pelos *insights* ativos do psicodrama e pela reestruturação dos relacionamentos por meio do exame das escolhas sociométricas.

AS TRÊS ETAPAS DO PSICODRAMA

As bases filosóficas da sociometria e as aplicações práticas desses princípios fazem parte das três etapas do trabalho grupal psicodramático. Ao caminhar pela sociometria do indivíduo e do grupo e ao utilizar esse conhecimento para informar o trabalho psicodramático e iluminar a fase de psicoterapia de grupo, expande-se a riqueza da experiência e amplia-se o potencial de cura.

Cada sessão de psicodrama é dividida em três fases: o aquecimento, a dramatização e o compartilhamento. Cada uma delas é essencial. A sociometria opera ao longo de todo o processo. As três etapas são necessárias para que os participantes tenham uma experiência grupal integrada, façam todo o processo e, conseqüentemente, integrem o material que emergiu.

Aquecimento

O aquecimento é a fase inicial do trabalho. Moreno definiu aquecimento como prontidão para agir. O passo seguinte, a dramatização, tem muito mais profundidade quando, na fase de aquecimento, a sociometria do grupo é levada em conta. É quando se estabelece uma rede de segurança e se constrói um cadinho para conter e apoiar o trabalho psicodramático que vem em seguida. Isso acontece na medida em que o diretor ajuda os membros do grupo a revelar entre si seus diversos papéis, por meio das escolhas sociométricas.

A inteligência sociométrica é um elemento essencial para o diretor do grupo durante essa parte do processo. O diretor de psicodrama precisa ter sempre presentes, a cada momento, os fatores sociométricos que estão emergindo dos membros individuais e do grupo como um todo.

A informação obtida durante o aquecimento permite ao diretor e ao grupo identificar "quem" são as pessoas e "quais" temas estão presentes no aqui e agora da estrutura grupal.

A sociometria torna consciente o inconsciente, porque revela as estruturas grupais aberta e encoberta. Ela ajuda a identificar as relações télicas e transferenciais dentro do grupo, quando as pessoas se escolhem durante os exercícios sociométricos.

A sociometria mede as associações que as pessoas estabelecem entre si por meio de escolhas. É a atuação do sistema de energias que estão presentes em determinada estrutura humana, em dado momento. Ela dá forma tangível aos valores, desejos e sonhos dos membros do grupo, na medida em que eles explicitam suas escolhas individuais e coletivas. Ficam evidentes os valores conscientes e inconscientes que fazem parte do sistema.

À medida que as escolhas são reveladas, os participantes vão formando ligações, identificando suas redes de apoio dentro do grupo e encontrando as pessoas de que eles precisam para desempenhar papéis em suas dramatizações presentes e futuras.

A sociometria contribui para a coesão grupal. As configurações sociométricas contidas na estrutura encoberta do grupo revelam-se à medida que os participantes formam pares, trios e subgrupos durante os exercícios sociométricos. São identificados os isolados, as estrelas emergem. Cada uma dessas posições sociométricas tem aspectos positivos e negativos. O mais importante é que elas são partes de um mapa sociométrico mais amplo, o sistema, o grupo que se está formando em dado momento.

A sociometria é o momento. Ela é espontânea. Num grupo saudável, está sempre mudando, enquanto num grupo disfuncional ela pode ficar paralisada e as mesmas configurações aparecem novamente repetidas vezes.

Os papéis emergem da posição sociométrica de uma pessoa no sistema. Na fase de aquecimento, a posição sociométrica se estabelece quando os participantes revelam suas escolhas. De imediato, podemos ver o papel de cada um no sistema atual.

Na medida em que as redes sociométricas grupais, aberta e encoberta, são explicitadas, emergem os temas, esclarece-se a fome de atos de cada participante e se definem os sistemas abertos de tensão presentes no grupo. As preocupações centrais do grupo são identificadas.

Conseqüentemente, a sociometria é instrumental para que o grupo escolha o protagonista.

Dramatização

Há inúmeras maneiras pelas quais a sociometria segue operando na fase da dramatização do processo psicodramático. São sociométricas as escolhas que o protagonista faz quando, por exemplo, define tempo, lugar, cena e auxiliares para representar os diferentes papéis na dramatização. Elas revelam as relações télicas e transferenciais presentes na vida pessoal do protagonista, como também no grupo em que vive.

O "andar e falar" dá início ao processo de ação psicodramática. O protagonista e o diretor caminham juntos pelo palco, conversando enquanto andam, o que lhes permite estabelecer uma aliança terapêutica e solidificar sua conexão sociométrica.

Esse vínculo estabelece uma base para sustentar a dramatização. O "andar e falar" também revela o mundo sociométrico interpessoal e intrapsíquico do protagonista, na medida em que ele escolhe a cena inicial e os companheiros de grupo que desempenharão os papéis auxiliares. Essas escolhas revelam as conexões do protagonista com pessoas, lugares, coisas e idéias em sua vida e em seu grupo.

O diretor e o protagonista desenvolvem um contrato que os guiará ao longo da ação psicodramática. Enquanto esse contrato é feito, cada escolha acrescenta outra camada ao complexo quadro sociométrico que está começando a emergir, no aqui e agora da realidade suplementar do protagonista.

O psicodrama é um exame do átomo social do protagonista. Quando as pessoas são traumatizadas ou feridas, seus átomos sociais são afetados. Relacionamentos são perdidos, prejudicados, transformados, e as conexões interpessoais são rearranjadas.

A percepção que as pessoas têm de si mesmas são alteradas conforme seus papéis intrapsíquicos são impactados. O psicodrama é uma correção do átomo social. Ele ajuda os participantes a reexaminar suas redes sociais passadas e presentes. Revela as feridas, na medida em que examina os papéis que foram afetados no sistema social.

Com a dramatização, o protagonista tem a oportunidade de representar tudo que tenha ocorrido no passado, recentemente ou no presente, assim como as coisas que aconteceram e que poderão acontecer no futuro. Os participantes trabalham sobre a ferida social no aqui e agora da ação psicodramática. São plantadas as sementes de novos papéis, iniciando-se a prática de um comportamento diferente.

A espontaneidade catalisa a criatividade, na medida em que se desenvolvem novos papéis e se modificam as conexões sociométricas. As feridas começam a ser sociometricamente curadas, enquanto as relações são transformadas. O protagonista passa a incorporar novos papéis em seu repertório, e a posição sociométrica é alterada, dado que as alianças são modificadas e rearranjadas na dramatização e no olhar observador dos membros do grupo.

A escolha dos atores auxiliares apresenta informação sociométrica em outro nível: a área do processo grupal. As escolhas refletem as conexões sociométricas do protagonista dentro do próprio grupo. Elas revelam as conexões télicas e transferenciais que o protagonista tem dentro do grupo e ilustram o modo como o protagonista se percebe dentro da rede social do grupo. Ao mesmo tempo, essas escolhas demonstram a posição sociométrica dos demais membros dentro da rede social do protagonista.

Os participantes, ao ingressarem no grupo, trazem dentro de si sua rede sociométrica. Cada pessoa age no grupo conforme uma rede social individual. Todas essas redes se superpõem e se entrelaçam. As escolhas que um protagonista faz durante a dramatização ajudam a revelar a interação entre essas redes sociais, do ponto de vista do protagonista.

A ação psicodramática transforma os papéis do protagonista em suas redes sociais. Os membros do grupo podem experimentar uma transformação similar na maneira como vêem seus respectivos átomos sociais, dependendo de sua identificação com o drama do protagonista e dos papéis que eles desempenham e/ou observam. Esse processo afeta os repertórios de papel dos membros do grupo.

Quando se modifica o repertório de papéis de uma pessoa, altera-se sua posição sociométrica dentro do grupo. Essas mudanças sociométricas, *insights* e revelações são processadas na fase seguinte.

Compartilhamento

Durante a dramatização, o protagonista é separado do grupo, necessitando ser integrado de volta na estrutura sociométrica da comunidade.

Diversas mudanças sociométricas tiveram lugar. Mudou a sociometria do protagonista e do grupo. Durante a ação psicodramática, o átomo social do protagonista foi rearranjado, tendo sido alterados seus relacionamentos com as pessoas de sua rede social. Tais mudanças precisam ser conhecidas e cognitivamente identificadas, de modo que o protagonista possa integrar as descobertas feitas durante a dramatização e reestruturar seu átomo social.

Quando os membros do grupo escolhidos para desempenhar papéis auxiliares entram nesses papéis, eles saem de seus respectivos papéis no grupo e entram no átomo social do protagonista. Depois da dramatização, eles precisam deixar os papéis sociométricos que desempenharam, para poder processar os sentimentos e as descobertas que emergiram durante a dramatização e reentrar na comunidade sociométrica do grupo.

Quando os membros do grupo interagem com o protagonista e com os demais, durante a dramatização, eles descobrem sentimentos e experimentam *insights* a respeito da própria vida e de suas conexões com os demais. Essas descobertas precisam ser pronunciadas em voz alta, processadas e compartilhadas, de tal forma que possam integrar-se à consciência sociométrica do grupo.

O compartilhamento ajuda o grupo a se unir novamente como uma comunidade. Entretanto, por causa das mudanças sociométricas que ocorreram, a estrutura do grupo é alterada. Com o compartilhamento, os membros do grupo reexaminam seus vínculos sociométricos com o protagonista e com os demais.

Alguns pontos podem ser explorados, entre eles: com quem você se identificou durante a dramatização? Com o protagonista? Com um auxiliar? Em outras palavras, quais foram suas conexões sociométricas com essa dramatização? Como essa dramatização se conecta com sua vida pessoal (com seu átomo social)? Com que papéis você se identifica? Esses papéis fazem parte de seu repertório pessoal de papéis? Quais são os vínculos sociométricos que você poderia ter com auxiliares específicos na dramatização? Quais os vínculos com as pessoas que desempenharam esses papéis? Elas reproduziram alguma relação de papel que você tem hoje ou já teve em sua vida?

Os auxiliares precisam desvestir-se do papel e descartar seus vínculos sociométricos imediatos com o mundo do protagonista. Para fazer isso, os membros do grupo que atuaram na encenação compartilham de acordo com os papéis que desempenharam. Eles processam, assim, o modo como esses papéis podem ou não estar conectados com sua experiência pessoal.

Esse compartilhamento ajuda a esclarecer as conexões télicas e transferenciais entre os membros do grupo. A sociometria do grupo conforme as pessoas compartilham suas conexões, desconexões e identificações mútuas. O protagonista vai sendo reintegrado aos poucos, à medida que os demais vão revelando seus vínculos sociométricos entre si.

É o momento das constatações cognitivas. Os membros do grupo identificam os papéis que integram o sistema, rearranjando a sociometria de todo o grupo.

A integração da sociometria ao longo dos processos psicodramáticos de aquecimento, dramatização e compartilhamento ajuda os participantes a exercitar suas escolhas na vida, tornando clara sua individualidade. Por intermédio da liberdade oferecida pela escolha, definimo-nos continuamente. Engajando-nos nesse processo, assumimos a responsabilidade pelo desenvolvimento da vida, por meio da transformação consciente de nosso repertório de papéis.

REFERÊNCIAS BIBLIOGRÁFICAS

BUCHANAN, D. R. "Moreno's social atom: a diagnostic and treatment tool for exploring interpersonal relationships". *The Arts in Psychotherapy*, n. 2, p. 155-164, 1984.

MENDELSON, P. D. "Sociometry as a life philosophy". *Journal of Group Psychotherapy, Psychodrama and Sociometry*, n. 30, p. 70-85, 1977.

MORENO, J. L. *Who shall survive?* Beacon: Beacon House, 1953. [*Quem sobreviverá? Fundamentos da sociometria, psicoterapia de grupo e sociodrama*. v. 1, 2 e 3. Goiânia: Dimensão, 1992.]

_____. *Psychodrama*. v. 1. Beacon: Beacon House, 1977. [*Psicodrama*. São Paulo: Cultrix, 1975.]

2 → A TRANSFERÊNCIA NO PSICODRAMA ANALÍTICO

Sandra Garfield

INTRODUÇÃO

A integração de conceitos e práticas analíticas ao psicodrama, nos Estados Unidos, tem sido muito lenta. Essa demora se deve em grande parte à antipatia de Moreno pela análise. Seus escritos são repletos de antagonismos em relação a Freud e à psicanálise.

Moreno foi contemporâneo de Freud, mais jovem, e seus comentários sobre a análise visavam às teorias e práticas clássicas mais antigas. Embora tenha vivido até 1974, ele não levou em conta os significativos desenvolvimentos ocorridos nesse campo ao longo de sua vida.

As atitudes de Moreno e as incompreensões transmitiram-se por gerações de psicodramatistas norte-americanos. Por certo, muitos outros fatores contribuíram para a separação entre psicanálise e psicodrama. Como resultado final, essa divisão é lamentável, porque o potencial terapêutico das brilhantes técnicas de Moreno pode ser fortemente incrementado quando aplicadas com base nos conceitos e práticas psicanalíticos.

Parece promissor o fato de que diversos psicodramatistas americanos se formaram também em psicanálise e se credenciaram oficialmente como psicanalistas, e uma crescente minoria de psicodramatistas clínicos vem fazendo treinamento psicanalítico formal.

Varias abordagens ao psicodrama analítico, entretanto, floresceram fora dos Estados Unidos, particularmente na Argentina, no Brasil e na França. Infelizmente para nós, nos Estados Unidos, poucas de suas publicações a respeito dessas abordagens são disponíveis em inglês, salvo no caso dos escritos de alguns autores franceses publicados entre 1952 e 1984 e em 1999.

Para mim foi bastante estimulante descobrir esse conjunto de trabalhos. A maneira como tais autores abordam o psicodrama analítico é bastante similar ao que eu venho fazendo, de forma independente, há muitos anos. O conjunto dessa obra, tão inspirador, aponta as desvantagens do isolamento lingüístico.

Desde os anos 1950, alguns psicanalistas franceses desenvolveram e mantiveram importantes escolas de psicodrama analítico. É interessante que as técnicas de Moreno tenham sido levadas para a França por pessoas que tinham treinamento analítico anterior.

O psicodrama foi introduzido lá por Fouquet e Monod, ambos formados com o próprio Moreno em meados dos anos 1940 (Anzieu, 1960).

Lebovici (1956a, 1956b, 1974) e seus colegas (Lebovici, Diatkine e Kestenberg, 1952) empregaram o psicodrama em seu trabalho analítico individual e grupal. No psicodrama analítico individual, atuavam com uma equipe de terapeutas, constituída por um líder e alguns egos-auxiliares analisados e treinados, trabalhando com um único paciente. A "análise grupal dramática" refere-se a seu trabalho com um grupo de quatro ou cinco pacientes e pelo menos dois terapeutas.

Anzieu (1960, 1982, 1984) utilizou psicodrama em pequenos grupos clínicos de crianças, em treinamento clínico de psicólogos e em grandes grupos de profissionais da equipe técnica de hospitais psiquiátricos.

A abordagem do psicodrama analítico com grupos, de Lemoine (1977), se baseava nas teorias de Lacan.

Schutzenberger (1975) juntou as abordagens de Moreno, Freud e Lewin no método chamado "psicodrama triádico francês", descrito como uma extensão da análise de grupo, do *T-group* ou grupo analítico, e da psicoterapia de grupo existencial (p. 150). Ela faz uma importante distinção entre psicodrama grupal e psicodrama individual dentro de um grupo.

O trabalho de Boulanger (1965) é similar aos desses analistas franceses, nos quais tem sua origem. Ele escreve sobre psicodrama analítico de grupo com crianças na fase de latência, usando a dramatização para atuar simbolicamente seus conflitos.

Os analistas franceses valorizam a riqueza clínica que decorre da integração entre as teorias e práticas analíticas e as técnicas de Moreno, mas divergem claramente das teorias dele. Existem diferenças fundamentais nas respectivas posições quanto à análise da transferência e da resistência e à maneira de trabalhar com elas.

No psicodrama analítico francês formaram-se algumas tendências que vieram justapor-se às do psicodrama clássico. Os autores franceses destacam o valor da interpretação da resistência e da transferência com o terapeuta principal, assim como com os que desempenham papéis auxiliares e outros membros do grupo, e enfatizam a neutralidade do terapeuta principal.

Já as práticas psicodramáticas clássicas podem incluir negação ou minimização da transferência com o terapeuta principal, baseadas na convicção de que os fenômenos transferenciais são expressos primariamente por meio daqueles que desempenham papéis auxiliares. O terapeuta é decididamente não neutro, participando das sessões grupais de forma bastante descontraída.

Os franceses defendem a importância da análise da resistência e minimizam o valor da catarse, ao passo que os psicodramatistas clássicos podem negar a análise da resistência pelo fato de superestimarem a catarse como objetivo terapêutico primário. Técnicas fortemente evocativas são utilizadas para remover, mais do que explorar, a resistência.

A interpretação verbal da transferência e da resistência é considerada essencial pelos franceses, enquanto o psicodrama clássico desencoraja as interpretações verbais, com base na convicção de que "a ação fala por si mesma".

Para os franceses, a interpretação da transferência e da resistência eclipsa a estrutura e o conteúdo das três fases da sessão psicodramática clássica, substituindo as fases de aquecimento e compartilhamento pela discussão livre dos processos grupais. Podem-se intercalar sessões verbais com ação dramática. A adesão rígida à estrutura e ao conteúdo das fases psicodramáticas clássicas, em cada sessão (aquecimento, dramatização e compartilhamento), impediria uma análise cuidadosa, com tempo suficiente, assim como o trabalho com os processos grupais.

No psicodrama clássico, emprega-se para a resolução de conflitos o treinamento de papel, uma abordagem comportamental. Os franceses negam o caráter curativo desse treinamento. Por outro lado, eles valorizam a maneira especial como a técnica da inversão de papéis proporciona uma visão das defesas do ego e das representações reprimidas na relação eu-objeto. Suas práticas se parecem com as minhas.

No final dos anos 1970, depois da morte de Moreno, começaram a aparecer na literatura de língua inglesa publicações incorporando conceitos analíticos ao psicodrama, sem que fossem tradução dos franceses. Destacam-se as contribuições de Holmes (1992, 1993), Kellermann (1979, 1992, 1994, 1995), Powell (1986) e Tauvon (1998). Holmes e Powell, em especial, discutem o método psicodramático de uma perspectiva das relações objetais. Tauvon fala da riqueza de complementar a prática psicodramática com as teorias de comportamento grupal derivadas da psicoterapia analítica de grupo.

Em sua maioria, esses autores aplicam conceitos analíticos à compreensão dos processos inerentes à prática psicodramática clássica, e por ela potencializados, mas ainda aderem ao método clássico. Outro grupo de autores incorpora os conceitos e práticas analíticas para modificar o método clássico, mostrando uma mudança significativa nos fatores que constituem a psicoterapia efetiva. Dentro desse grupo estão Buckley (1989), Hamer (1990) e Willis (1991).

Essa literatura vem da Inglaterra, onde numerosos terapeutas de grupo são formados tanto em análise grupal quanto em psicodrama, e sintetiza o trabalho de Bion, Foulkes e Moreno, entre outros.

O presente capítulo orienta-se para a análise da transferência em grupos regulares de psicodrama clínico. Ele explora as manifestações únicas da transferência e da resistência expressas com o uso das técnicas de inversão de papéis e do desempenho de papéis por auxiliares.

Essas idéias têm origem em meu trabalho clínico, como atividade privada, com grupos regulares que se encontram uma vez por semana para sessões de duas horas. O tempo de permanência nos grupos varia de um a dez anos. Os grupos são limitados a seis pessoas; quando alguém termina, novos membros podem ser agregados. Esses grupos são dirigidos por um único terapeuta; os membros do grupo assumem os papéis auxiliares requeridos nas dramatizações.

UM PANORAMA DA TRANSFERÊNCIA

A transferência acontece, de algum modo, em todos os relacionamentos, mas na situação psicanalítica ela costuma aparecer de forma mais clara.

Na psicanálise, as transferências dirigidas ao analista oscilam o tempo todo. O analista pode representar para o analisando, em qualquer sessão, uma ou mais figuras do passado deste ou partes de seu eu. Na psicoterapia de grupo, a transferência é múltipla e difusa, dirigida aos membros do grupo tanto quanto ao terapeuta. Não é raro que a maior parte das transferências com o terapeuta, carregadas de ansiedade, seja deslocada para membros do grupo. As transferências podem ocorrer também com o grupo como um todo.

A transferência é um tipo de relação objetal. Kernberg (1984) e Sandler (1990), entre muitos outros analistas, escreveram extensivamente sobre os processos de internalização, ou seja, a maneira como uma criança constrói representações mentais derivadas de experiências subjetivas do eu, perceptuais e fantasiosas, além daquelas oriundas da interação com o mundo externo.

À medida que a criança cresce, essas internalizações mais antigas podem ser modificadas ou mudadas, por meio da continuidade da interação com importantes outros em seu meio e, particularmente, na relação terapêutica.

Os processos de internalização contêm três componentes: representações objetais, auto-representações complementares e disposições para estados afetivos específicos (Kernberg, 1984, p. 26). Em outras palavras, dentro de cada um de nós existem unidades múltiplas de uma auto-imagem em interação com uma imagem do objeto, interação essa que inclui o colorido afetivo tanto do eu quanto do objeto.

Holmes (1992), em seu livro sobre teoria de relações objetais e psicodrama, denomina esses objetos internos de "eu-objetos" e "outro-objetos" (p. 59).

Sandler (1990) refere-se a esses objetos internos como "a fonte das 'presenças' internas com as quais a pessoa constantemente interage inconscientemente", que "por sua vez influenciam a percepção, o pensamento, a fantasia, as relações objetais correntes e a transferência" (p. 859).

Num grupo de psicodrama, o uso de técnicas de inversão de papéis e de atores auxiliares durante a dramatização permite que se tornem mais manifestas essas transferências eu-objeto.

COMO A INVERSÃO DE PAPÉIS ILUMINA AS REPRESENTAÇÕES REPRIMIDAS EU-OBJETO

A técnica de inversão de papéis é singular pela maneira como serve para iluminar as representações reprimidas eu-objeto, ou os mundos objetais internos, dos participantes do grupo.

Na inversão de papéis, os membros do grupo trocam de lugar, "tornam-se", na dramatização, o outro, uma parte do eu ou então um objeto inanimado catexizado.

No começo da encenação, o protagonista em geral inverte papéis com um outro importante para que o membro do grupo escolhido para representar aquele papel, o auxiliar, possa saber qual a percepção do protagonista de dentro do papel.

O protagonista pode inverter papéis espontaneamente durante a dramatização para corrigir a atuação do auxiliar, ou então o terapeuta pode pedir uma inversão de papéis para conseguir alguma informação específica.

Existe uma forma bastante comum e limitada de entender a função dessa técnica, que é a de que ela serviria para aumentar a empatia do protagonista para com os pensamentos, sentimentos e atitudes do outro concreto. Essa perspectiva dificulta o reconhecimento de que as percepções são altamente subjetivas e influenciadas por forças nem sempre conscientes.

Uma idéia mais ampliada da função da inversão de papéis é que ela serve para tornar consciente, pouco a pouco, a experiência que uma pessoa tem do outro internalizado.

Na inversão de papéis, a pessoa penetra naquilo de que ela se defende. Supor um papel proporciona um disfarce transitório, uma máscara, proteção contra uma percepção algumas vezes dolorosa de aspectos do outro contra os quais se defende, da mesma forma que o eu em interação com o outro.

Na inversão de papéis, as defesas do ego são relaxadas. O que é usualmente expresso pela projeção e pelo deslocamento é trazido à luz pela ação do protagonista no papel invertido. Fica evidenciado clinicamente que a inversão de papéis traz à tona alguns aspectos do outro, contra os quais a pessoa se defende. Isso ocorre, por exemplo, quando o protagonista, em inversão de papéis, retrata espontaneamente o outro de determinada maneira. O membro do grupo escolhido para desempenhar o papel o faz como o protagonista o retratou. O protagonista logo critica a forma como o auxiliar fez o papel, dizendo: "Não foi assim que eu fiz minha mãe! Essa não é minha mãe!" No entanto, estava claro para o terapeuta e para o grupo que a atuação do auxiliar tinha sido uma representação fiel do papel, na forma como tinha sido apresentado pelo protagonista. Esse fenômeno pede, sem dúvida, que se investigue a resistência.

A inversão de papéis mostra alguns aspectos do outro internalizado. O membro do grupo escolhido para fazer o papel baseia sua atuação, de início, na percepção do protagonista de dentro do papel. Assim, o retrato do papel feito pelo auxiliar representa, em parte, uma externalização da representação objetal do protagonista.

A seqüência da interação entre o protagonista e o auxiliar ao longo da dramatização serve para reconstruir a natureza das representações eu-objeto do protagonista, e os afetos que colorem essas interações, com enorme clareza. Em outras palavras, o relacionamento de um indivíduo com o outro internalizado é explicitado no jogo de papéis. Com a inversão de papéis e a atuação do auxiliar, a pessoa toma consciência do tipo de relacionamento objetal que determina as reações transferenciais para com os membros do grupo e também para com o terapeuta.

A vinheta clínica relatada a seguir ilustra o uso das técnicas de inversão de papéis e de desempenho de papel pelo auxiliar para iluminar as representações eu-objeto internalizadas, que determinam alguns aspectos das reações transferenciais de um membro do grupo.

Melissa era extremamente sensível a separações e perdas. Quando outro membro do grupo não comparecia à sessão, ela sentia remorso e perguntava-se em voz alta se tinha dito algo na sessão anterior que tivesse afugentado o outro. Suas reações às férias do terapeuta eram intensas, ela se sentia desesperadamente rejeitada. Outra mulher do grupo, Janet, tinha depressões periódicas e se retraía, ao que Melissa respondia com tentativas ansiosas de reavivar o afeto de Janet, dizendo: "Eu devo fazê-la sorrir!" Um dia, Janet anunciou que se ausentaria do grupo durante um mês, por necessidades de seu novo trabalho. Melissa quase chorou quando disse: "Se você realmente se importasse com a gente, encontraria uma maneira de ficar!" Como essa fala capturou os sentimentos dos outros no grupo, ela se tornou protagonista. Durante a exploração de sua reação à partida iminente de Janet, ela a associou a uma lembrança de quando tinha sete anos de idade, caracterizada pelas palavras "Estou dizendo adeus a minha mãe novamente!" A dramatização dessa cena revelou uma das muitas vezes que, durante a infância de Melissa, sua mãe era hospitalizada por causa de uma depressão severa.

Ao longo da dramatização, a inversão de papéis de Melissa com a mãe mostrou uma mulher profundamente deprimida. A Melissa-como-mãe era letárgica e distante, cabeça e ombros arqueados para a frente, falando monotonamente. Tão absorvida em sua depressão, era visivelmente insensível ao sofrimento da filha. Não foi surpresa que Melissa escolhesse Janet para o papel da mãe. Janet o fez convictamente, espelhando a mãe que Melissa tinha mostrado ao grupo em múltiplas inversões de papéis. No papel dela mesma, Melissa respondeu inicialmente à notícia da partida de sua mãe com uma tristeza resignada. Conforme a dramatização prosseguia e ela reiteradamente encontrava uma mãe indiferente, seus sentimentos aumentavam com pedidos urgentes para que a mãe ficasse em casa. Ela prometia à mãe que seria uma "boa menina", que arrumaria seu quarto e lavaria os pratos, mostrando uma crença arcaica de que ela era de alguma forma responsável pela infelicidade de sua mãe. Perguntava se sua "maldade" ocasional, sua teimosia, sua raiva teriam levado sua mãe embora.

Essa dramatização demonstrou uma das relações objetais de Melissa que davam combustível para sua extrema sensibilidade ao afastamento emocional, à separação e à perda. Os afetos e as representações eu-objeto gerados pelo jogo de papéis foram pontos de referência úteis para as interpretações da transferência.

É importante esclarecer que nem toda dramatização serve para construir todas as complexidades desse relacionamento. Pelo contrário, trata-se de um processo gradual que se desenvolve ao longo de um período considerável, por intermédio de muitas dramatizações futuras e da contínua interação dos membros do grupo entre si e com o terapeuta durante as sessões verbais.

A TRANSFERÊNCIA E O DESEMPENHO DE PAPÉIS PELO AUXILIAR

Embora o auxiliar molde seu papel segundo a percepção do protagonista, o combustível para o desempenho é sua identificação consciente ou inconsciente com o papel. O desempenho de papéis pelos membros do grupo ativa a expressão de seus dramas internos e tem, por isso mesmo, valor terapêutico.

O exemplo que se segue é de um grupo processual. Havia dentro dele um conflito sutil entre duas mulheres. Numa das sessões, uma delas foi a protagonista, dramatizando uma cena com a irmã mais velha, representada por uma auxiliar. Na inversão de papéis, a irmã foi descrita pela protagonista como raivosa, vingativa e belicosa. Para o papel da irmã, a protagonista escolheu a pessoa com quem ela tinha o conflito. Esta, por sua vez, tinha uma irmã mais nova. Isso não era conscientemente sabido pela protagonista quando fez a escolha.

A auxiliar desempenhou o papel com muito gosto, mas chorou depois da dramatização, não entendendo o porquê de seu extremo desconforto. Uma exploração cuidadosa do significado dessa ocorrência mostrou que foi uma quebra de suas defesas contra sentimentos e atitudes semelhantes em relação a sua irmã mais nova. Ela tinha, até esse momento, idealizado esse relacionamento, vivendo uma formação reativa, sendo extremamente generosa e solícita.

Essa descoberta, que veio à tona pelo desempenho de um papel auxiliar, com o tempo a ajudou a enfrentar algumas questões centrais relacionadas com a rivalidade em seus relacionamentos atuais. A dramatização também iluminou a gênese do conflito que existia entre as duas mulheres, antes da cena, sugerindo reações transferenciais recíprocas.

É comum que os protagonistas escolham como auxiliares membros do grupo que têm qualidades semelhantes às requeridas para o papel, e os membros do grupo costumam ser escolhidos para os mesmos papéis em dramatizações subseqüentes. A transferência pode aparecer na escolha dos papéis (Lebovici *et al.*, 1952; Lemoine, 1977). Um exemplo desse fenômeno ocorreu quando entrou uma pessoa nova num grupo antigo e muito coeso. Embora a tenham recebido ostensivamente de braços abertos, os membros do grupo a escolhiam o tempo todo para desempenhar papéis como "a outra" ou "o irmão odiado".

Algumas dessas escolhas são determinadas pela percepção inconsciente das características reais, mais do que fantasiadas, do objeto. Tais realidades, é claro, podem despertar e amadurecer a transferência. Por exemplo, na fase inicial de um novo grupo, antes que cada participante estivesse familiarizado com as histórias dos demais, o protagonista, que tinha sido adotado quando criança, dramatizou um encontro imaginário com sua mãe biológica e escolheu para o papel de mãe uma pessoa que de fato estava procurando uma filha que ela tinha entregado para adoção.

Lemoine (1977) atribui essas escolhas por vezes surpreendentes a uma "apreensão visual" ou "semelhança primária", que pode ser consciente ou inconsciente, e exemplifica com uma nova participante de um grupo que "escolhe para o papel de sua mãe uma mulher que, como o personagem, desejava ser mãe sem casar-se com o pai de seu filho" (p. 204).

A transferência com membros do grupo que desempenham papéis auxiliares é determinada não somente pelo protagonista, mas também pela maneira como o auxiliar atua no papel. Esses efeitos recíprocos da transferência precisam ser considerados quando se fazem interpretações para o grupo.

As resistências transferenciais são dramaticamente evidenciadas no processo de seleção de papéis. Por exemplo, o protagonista, em inversão de papéis, espontaneamente caracterizou o outro como agressivo, selecionando, entretanto, para desempenhar o papel um companheiro de grupo fortemente defendido contra sua agressão.

Uma eventual mudança na escolha para um membro do grupo menos defendido contra sua agressão pode sugerir que o protagonista está trabalhando sua resistência. A relutância ou a recusa em inverter papéis, pelo protagonista ou pelo membro do grupo escolhido para desempenhar um papel, sugere resistência a tomar consciência de aspectos das representações eu-objeto dessa pessoa. Tais fenômenos se aplicam a transferências mais baseadas na ansiedade, tanto positivas quanto negativas, e não são incomuns nos casos graves de abandono, abuso ou perda recente.

É evidente que as transferências com membros do grupo, explicitadas pela escolha de papéis e pela atuação, não são limitadas à dramatização. Invariavelmente, alianças e conflitos que aparecem "fora" da dramatização, antes e depois dela e durante sessões exclusivamente verbais são determinados, em parte, pelos papéis que os participantes desempenharam em dramatizações recíprocas. Como escreveu Lebovici (1974), "no psicodrama grupal, os papéis dramáticos assumidos por um dos membros do grupo modificam o papel permanente daquele paciente em relação ao grupo. Por esse motivo, é importante observar as posições individuais em relação ao que é encenado no palco e também em relação ao que acontece na realidade dentro da estrutura grupal" (p. 296). É interessante manter um registro mental de quem desempenhou que personagem nas dramatizações dos outros, para facilitar a compreensão e a interpretação das interações transferencialmente determinadas.

Em suma, toda atividade externalizada em papéis (papéis que os pacientes escolhem ou recusam, papéis atribuídos, papéis diminuídos, a maneira como se constrói o papel, assim como as mudanças nas escolhas de papéis) proporciona grande *insight* a respeito dos fenômenos transferenciais. A discussão e a interpretação desses eventos são essenciais no decorrer do trabalho grupal.

Não é incomum para alguns profissionais que trabalham com o método clássico de Moreno lançar mão de uma técnica conhecida como "desvestir o papel". Logo depois da dramatização, pede-se aos membros do grupo que desempenharam papéis emocionalmente perturbadores que desvistam o papel, ou saiam do papel que estavam fazendo, retomando sua própria identidade. Não se faz uma reflexão sobre o significado pessoal do papel desempenhado quando, na realidade, aspectos "ocultos" de sua identidade vieram à tona no papel. Desnecessário dizer que, para a análise da transferência, essa prática é considerada antiética. O *feedback* a respeito do papel é parte da análise da transferência.

A TRANSFERÊNCIA PARA O TERAPEUTA

Embora as relações transferenciais dirigidas aos membros do grupo sejam importantes agentes terapêuticos, a eficácia da inversão de papéis, assim como do desempenho de papéis por auxiliares na manifestação dessas relações, tem contribuído para o equívoco habitual de que a transferência se expressa primariamente por meio dos auxiliares.

Ao focalizar a transferência dirigida a auxiliares, o terapeuta pode se desviar do calor da transferência. Mesmo com as manifestações explícitas de transferência para auxiliares, o terapeuta invariavelmente continua sendo um objeto central de transferência. Anzieu (1984), Boulanger (1965), Buckley (1989), Lebovici (1956a, 1956b, 1974), Lebovici *et al.* (1952), Lemoine (1977), Schaffer (1995) e Schutzenberger (1975) salientaram a importância de explorar a transferência para o terapeuta tanto quanto para membros do grupo.

A transferência para o terapeuta num grupo de psicodrama analítico difere, em alguns aspectos, da que ocorre na análise individual. Nesta última, o terapeuta é o único objeto da transferência; sessões mais freqüentes e contínuas propiciam seu desenvolvimento, sua análise e sua elaboração com mais detalhe e profundidade.

A transferência para o terapeuta de grupo pode, com certeza, ser intensa; entretanto, alguns fatores podem mitigar sua análise detalhada. Os grupos em geral se encontram com menor freqüência, a transferência oscila entre o terapeuta e os membros do grupo, e a multiplicidade de interações e relações cria uma difusão transferencial.

A atuação dos auxiliares tem participação importante na estruturação da transferência, e a transferência para os auxiliares ou para outro membro do grupo pode ser uma defesa carregada de culpa contra uma transferência dirigida ao terapeuta, positiva ou negativa.

O desempenho de papéis pelos auxiliares e outras reações transferenciais entre os membros do grupo podem reforçar a resistência em tomar conhecimento da transferência dirigida ao terapeuta e devem ser investigados dessa perspectiva. É importante contemplar, durante qualquer dramatização, se a resposta do protagonista a um ator auxiliar pode ser um redirecionamento defensivo da transferência em relação ao terapeuta.

A seguir, uma elaboração de um dos exemplos apresentados anteriormente neste capítulo, que ilustra a transferência deslocada do terapeuta para um ator auxiliar. O contexto é um grupo de longo prazo, coeso. Dois meses depois da saída de um dos membros, outra pessoa se integrou ao grupo. Os participantes saudaram ostensivamente sua chegada, trataram-na cordialmente durante a parte verbal das sessões, mas a escolhiam insistentemente para desempenhar em suas dramatizações o papel de rival.

O novo membro se sentia desconfortável com o fato de ser alvo de tal raiva nesses papéis. Foi feita uma interpretação de que os membros do grupo estavam evitando falar sobre a raiva que sentiam do rival atual, o que faziam por meio da escolha de papel, e que estavam evitando sua raiva da terapeuta por ter introduzido uma pessoa nova no grupo. Essa interpretação aliviou o novo participante, mas os outros negaram a raiva em relação à terapeuta, racionalizando que já esperavam que a vaga fosse logo preenchida, e mudaram rapidamente para uma discussão a respeito de relacionamentos entre irmãos.

Na sessão seguinte, uma mulher estava discutindo seu relacionamento com a irmã mais velha, que ela acreditava ter sido favorecida pela mãe. A cena, na dramatização, envolvia uma protagonista que chorava de raiva, falando para a mãe/auxiliar a respeito de como o vínculo especial da mãe com a irmã mais velha tinha contribuído para suas dificuldades de auto-estima.

Essa cena mobilizou as energias do grupo. Vários membros espontaneamente dublaram a protagonista. Ao finalizar a dramatização, foi feita uma interpretação de que seria mais fácil direcionar a raiva para uma mãe/auxiliar do que para a terapeuta, que trouxera uma nova "irmã" para o grupo. Depois de alguma hesitação, vários membros do grupo relembraram as reações severas de suas mães quando concretizavam sua raiva pelos irmãos. Interpretou-se que eles temiam uma resposta semelhante da terapeuta. Gradativamente foi emergindo sua raiva pela terapeuta. Eles preferiam um grupo menor que lhes permitisse ter mais atenção da terapeuta e questionavam se esta não estaria mais interessada no ganho financeiro do que no bem-estar do grupo. Apareceram fantasias de que haveria uma relação secreta e especial entre a terapeuta e a nova pessoa do grupo, uma estudante de psicologia, fantasias que incluíam o fato de ela estar sendo preparada para se tornar co-líder do grupo. Quando atores auxiliares são utilizados como objetos de deslocamento, a interpretação verbal serve para fazer retornar a transferência para o terapeuta.

Pode acontecer que, durante a dramatização, a transferência seja desviada do ator auxiliar para o terapeuta. Durante uma dramatização, o protagonista fez associações com uma cena como um menino interagindo com o pai verbalmente agressivo. Durante essa reencenação, o protagonista subitamente voltou-se para o terapeuta gritando: "Por que você não pára com isso?" O terapeuta sugeriu a transição para uma cena entre o protagonista, o auxiliar/pai e um ator auxiliar representando o terapeuta, dentro da cena anterior com o pai. A inversão de papéis do protagonista com o terapeuta e a interação resultante revelaram que o terapeuta havia "se tornado" a mãe do protagonista, mãe que deixara de intervir e proteger o filho do abuso do pai.

A apresentação de temas para qualquer dramatização pode ser uma alusão disfarçada à transferência em relação ao terapeuta. Por exemplo, um protagonista desejava trabalhar as ansiedades que sentia na presença de um professor. O terapeuta convidou o protagonista para subir ao palco e iniciar a dramatização. O protagonista caminhou na direção do terapeuta com os olhos voltados para o chão. Quando seus olhos se ergueram e encontraram-se com os do terapeuta, ele hesitou e voltou atrás. Essa ação espontânea se tornou a primeira cena da dramatização. O protagonista representou o terapeuta na inversão de papéis, escolheu um companheiro de grupo para atuar e o momento ansioso em que o protagonista encontrou o terapeuta foi encenado e explorado. Ficou claro que essa reação transferencial ao terapeuta tinha sido deslocada para o professor do protagonista.

Os sonhos relatados em psicoterapia de grupo, de alguns ou todos os membros, freqüentemente têm valor especial na elucidação de processos grupais encobertos, inclusive a transferência. A título de ilustração, serão discutidos primeiro os eventos grupais que precederam o sonho. Uma mulher muito amável, num grupo composto só de mulheres, depreciava seus dotes físicos vestindo roupas simples e fechadas. Nas raras oportunidades em que se vestia mais à vontade, ao entrar na sala, ela puxava a saia curta de modo a cobrir as pernas ou então rapidamente abotoava o casaco para esconder o decote. Um dia, chegou meia hora atrasada. Desculpando-se muito, explicou que o alarme de seu carro tinha disparado enquanto ela dirigia, o que a forçou a parar num posto de combustível para pedir ajuda.

Na sessão seguinte, ela confessou a causa real do atraso. Explicou que tinha ido fazer compras com uma amiga numa butique próxima e perdeu a noção do tempo porque as duas estavam se divertindo ao experimentar roupas sensuais. Ela ficou com medo de que a verdade provocasse críticas do grupo (talvez esse fosse o "alarme" de sua desculpa). O grupo se divertiu com sua história; as participantes ficaram surpresas de que ela temesse reprimendas. Apoiaram seu desejo de protagonizar e compreender os motivos para a discrepância entre o que ela esperava e os sentimentos reais das companheiras.

A dramatização levou para uma cena de sua adolescência, quando ela tentava sair de casa sem ser vista para se encontrar com o namorado. Ela estava mais maquiada que de costume e vestia roupas sensuais. Sua mãe percebeu e a repreendeu severamente, proibindo-a de sair de casa. Essa dramatização e a discussão subseqüente revelaram muitas lembranças a respeito de mudanças em sua relação com os pais à medida que, com o crescimento, suas formas femininas foram-se evidenciando. Ser sensual equivalia a suscitar raiva na mãe e a perder seu amor. Seu pai começou a retirar-lhe afeto, aparentemente ameaçado pelos sentimentos eróticos em relação à filha. Muitas integrantes do grupo se identificaram com aspectos da história da protagonista; falaram mais abertamente do que nunca a respeito de suas inibições e conflitos sexuais.

Na sessão seguinte, outra pessoa do grupo relatou este sonho: "O grupo estava reunido e você [terapeuta] chegou tarde com uma grande surpresa. Entrou com outra pessoa e anunciou o novo participante do grupo. Nós ficamos surpresas, porque você sempre nos avisava com antecedência e porque ele era um homem alto e atraente. Vocês dois estavam muito carinhosos e começavam uma dança sensual e sugestiva no meio da sala. Nós tentávamos participar, mas vocês ficavam bravos e nos punham de lado".

Esse transparente sonho foi explorado psicodramaticamente, capturando aspectos da resistência do grupo a falar mais abertamente a respeito da própria sexualidade. Um dos aspectos da resistência compartilhada era uma ansiedade de natureza edípica. O novo homem atraente, no grupo, representava o pai proibido que estava "entrando" com a mãe/terapeuta (a dança sensual talvez representasse a cena primária).

A abordagem mais explícita de temas sexuais aumentava o medo de ser "colocada de lado" pela mãe/terapeuta. Nessa altura, a maior parte das participantes se identificava com esse aspecto da dramatização. Entretanto, um tema ainda mais encoberto emergiu da experiência de uma das pessoas do grupo, no papel da mãe pondo de lado a filha: ela estava feliz com a emoção que sentiu ao fazer o papel. Representar um vencedor permitiu-lhe a expressão de desejos ainda não satisfeitos em seu próprio papel, desejos de uma vitória edipiana.

A resistência em conscientizar-se da transferência para o terapeuta pode ser atuada nas sessões grupais. O caso a seguir ocorreu logo depois de a terapeuta ter anunciado que tiraria férias por um mês. As pessoas do grupo inicialmente falaram ironicamente do prazer de terem mais tempo e dinheiro para si mesmas durante a ausência da terapeuta. As sessões subseqüentes, entretanto, trouxeram uma série de respostas não usuais do grupo às dramatizações das protagonistas. Quando uma delas se movimentava no palco com a terapeuta, elas iam gradativamente deixando suas cadeiras para se juntarem todas no divã que existia na sala. Durante a dramatização, elas ficavam se massageando no pescoço e nas costas. Quando chamadas a atuar, suspiravam; seus papéis eram mais caricaturas do que aproximações ao papel que lhes era atribuído.

A exploração desses fenômenos revelou que estavam bravas com a terapeuta por mais um abandono. Elas se defendiam contra seus sentimentos de serem expulsas, expulsando. Expulsavam não somente a terapeuta, mas também a protagonista que estava colaborando com ela, a qual representava, na fantasia, o parceiro de férias da terapeuta.

O papel de terapeuta no psicodrama analítico é diferente do exercido no psicodrama clássico. Os terapeutas no psicodrama clássico costumam participar das sessões grupais de forma bastante descontraída; alguns até atuam nas dramatizações. Uma grande descontração interfere no desenvolvimento da transferência; a atuação fomenta reações e encenações contratransferenciais. A abordagem analítica, focada na interpretação da transferência e da resistência, enfatiza a neutralidade do terapeuta.

Boulanger (1965) afirma a importância da neutralidade do terapeuta, que inclui a recusa em representar papéis auxiliares. Lebovici (1974) postula que o desempenho de papéis pelo terapeuta principal pode perpetuar reações transferenciais. A posição neutra permite um desenvolvimento mais claro das transferências grupais para o terapeuta e facilita sua capacidade de observar cuidadosamente e interpretar.

A prática psicodramática clássica desencoraja a interpretação verbal, com base na convicção de que a ação fala por si mesma. Embora os profissionais clássicos possam fazer interpretações por meio da ação, durante a dramatização, essa técnica nem sempre serve para ampliar a consciência do protagonista. É comum o sujeito de uma dramatização ligar a experiência a um estado hipnótico, porque a pessoa pode estar imersa emocionalmente na dramatização a ponto de não ser capaz de registrar seu significado. A repressão de partes da cena não é incomum, o que é menos provável de acontecer com a interpretação verbal repetitiva. As interpretações verbais do terapeuta, durante e depois da dramatização, são essenciais para promover *insight*s e elaborações. Dramatizações sem interpretação verbal podem ser comparadas ao *acting out* não interpretado.

A transferência em relação ao terapeuta pode ser explorada produtivamente combinando a dramatização com uma interpretação posterior. Quando se empregam técnicas de ação com tal propósito, é importante que o terapeuta mantenha sua neutralidade durante a dramatização, ou seja, recuse representar o papel dele mesmo. Isso leva o protagonista a apresentar sua percepção do terapeuta na inversão de papéis e a escolher um auxiliar do grupo para representar o papel. Atribuir a um membro do grupo o papel de terapeuta pode, momentaneamente, desviar a transferência do terapeuta; entretanto, ela pode retornar efetivamente na interpretação feita após a cena.

CONCLUSÃO

O psicodrama analítico implica uma importante mudança de ênfase naquilo que se considera uma psicoterapia efetiva ou nos fatores que promovem uma mudança comportamental estável e duradoura. Isso requer alterações nas práticas psicodramáticas clássicas e a conformação de outro método – análogo ao trabalho de muitos analistas franceses – que se baseia na incorporação das engenhosas técnicas morenianas às teorias e práticas psicanalíticas. O que é central nesse processo são as perspectivas quanto à análise da transferência e da resistência e à maneira de trabalhar com elas.

O psicodrama clássico emprega uma noção de mudança comportamental que foi identificada como inadequada pela psicanálise há quase cem anos. A descoberta de Freud da importância de analisar as resistências foi uma pedra angular no desenvolvimento da técnica psicanalítica. A hipnose era usada para dar acesso à memória buscando uma ab-reação, ou o alívio de emoções contidas. Essa técnica foi abandonada por focalizar forças dentro do paciente que opõem memória e sentimento. O reconhecimento, a compreensão e a elaboração das resistências ganharam ascendência, enquanto o valor primário da ab-reação, ou catarse, permaneceu como pano de fundo. Uma visão moderna do que é essencial em termos de mudança de comportamento inclui catarse combinada com cognição.

O trabalho com esses conteúdos envolve a repetição e a elaboração dos *insight*s obtidos por meio da interpretação verbal, e esse é um processo que consome mais tempo. As dramatizações que acontecem em cada sessão grupal podem inundar o grupo com materiais e servem a propósitos defensivos, a menos que haja tempo para discussão, interpretação e compreensão.

Nesse contexto, são essenciais o reconhecimento e a interpretação da transferência em relação ao terapeuta e também aos membros do grupo, por meio dos quais as distorções podem ser contrastadas com percepções realísticas dos outros.

NOTAS

1. Este capítulo se baseia em apresentações feitas no Congresso Internacional da Associação Britânica de Psicodrama, em Oxford, Inglaterra, em agosto de 1994; no Congresso Internacional de Psicodrama, em Jerusalém, Israel, em abril de 1996; e no 13º Congresso Internacional de Psicoterapia de Grupo, em Londres, Inglaterra, em agosto de 1998. Uma versão reduzida deste texto foi publicada na revista *Forum*, International Association of Group Psychotherapy, v. 8, n. 2, 2000. As falas foram reproduzidas com autorização.

2. Pode-se acessar *on-line* uma vasta bibliografia em vários idiomas a respeito do psicodrama, que inclui uma rica seleção de referências de orientação analítica [http://www.asgpp.org]: Sacks, J.; Gendron, J.; Bilaniuk, M. *Bibliography of psychodrama from inception to date* 1995

3. Os autores franceses citados neste capítulo apresentam grande variedade de abordagens ao psicodrama analítico. Dessa literatura, várias tendências de pensamento emergiram. Para os propósitos desta exposição, fiz referência a elas como derivadas de autores franceses ou como de autores franceses.

AGRADECIMENTOS

Agradeço a René Marineau, Daniel Paul e Amy Schaffer por seus importantes comentários ao manuscrito.

REFERÊNCIAS BIBLIOGRÁFICAS

Anzieu, D. "Aspects of analytic psychodrama applied to children". *International Journal of Sociometry and Sociatry*, v. 2, n. 1, p. 42-47, 1960.

_____. "Psychodrama as technique of the psychoanalysis of institutions". In: Pines, M.; Rafaelson, L. (orgs.). *The individual and the group*. v. 1. Nova York: Plenum Press, 1982, p. 379-387.

_____. "Analytic psychodrama and physical exercises". In: _____. *The group and the unconscious*. Londres: Routledge & Kegan Paul, 1984, p. 43-67.

Boulanger, J. B. "Group analytic psychodrama in child psychiatry". *Canadian Psychiatric Association Journal*, v. 10, n. 5, p. 427-432, 1965.

Buckley, I. "The hidden agenda: reflections on transference in the psychodrama group". *Journal of the British Psychodrama Association*, v. 4, n. 2, p. 51-62, 1989.

Hamer, N. "Group-analytic psychodrama". *Group Analysis*, v. 23, p. 245-254, 1990.

Holmes, P. *The inner world outside: object relations theory and psychodrama*. Londres: Routledge, 1992.

_____. "The roots of enactment: the process in psychodrama, family therapy, and psychoanalysis". *Journal of Group Psychotherapy, Psychodrama and Sociometry*, v. 45, n. 4, p. 149-162, 1993.

Kellermann, P. F. "Transference, countertransference and tele". *Group Psychotherapy, Psychodrama and Sociometry*, v. 32, p. 38-55, 1979.

_____. *Focus on psychodrama: the therapeutic aspects of psychodrama*. Londres: Jessica Kingsley, 1992.

_____. "Role reversal in psychodrama". In: HOLMES, P.; KARP, M.; WATSON, M. (orgs.). *Psychodrama since Moreno*. Londres: Routledge, 1994, p. 263-279. [*O psicodrama após Moreno*. São Paulo: Ágora, 1999.]

_____. "Towards an integrative approach to group psychotherapy: an attempt to integrate psychodrama and psychoanalysis". *Forum*, International Association of Group Psychotherapy, v. 3, n. 4, p. 6-10, 1995.

KERNBERG, O. *Object-relations theory and clinical psychoanalysis*. Nova York: Jason Aronson, 1984.

LEBOVICI, S. "Psychoanalytic applications of psychodrama". *The Journal of Social Therapy*, v. 2, n. 4, p. 280-291, 1956a.

_____. "Psychoanalytic group-psychotherapy". *Group Psychotherapy*, v. 9, n. 4, p. 282-289, 1956b.

_____. "A combination of psychodrama and group psychotherapy". In: DESCHILL, S. (org.). *The challenge for group psychotherapy*. Nova York: International Universities Press, p. 286-315, 1974.

_____; DIATKINE, R.; KESTENBERG, E. "Applications of psychoanalysis to group psychotherapy and psychodrama therapy in France". *Group Psychotherapy*, v. 5, n. 1, 2 e 3, p. 38-50, 1952.

LEMOINE, P. "Toward a psychoanalytical theory of psychodrama". *Group Analysis*, v. 70, n. 3, p. 203-206, 1977.

POWELL, A. "Object relations in the psychodramatic group". *Group Analysis*, v. 19, p. 125-138, 1986.

SANDLER, J. "On internal object relations". *Journal of the American Psychoanalytic Association*, v. 38, n. 4, p. 859-880, 1990.

SCHAFFER, A. "When the screen is not blank: transference to the psychodrama director in theory and clinical practice". *Journal of Group Psychotherapy, Psychodrama and Sociometry*, v. 48, n. 1, p. 9-20, 1995.

SCHUTZENBERGER, A. "Psychodrama, creativity and group process". In: JENNINGS, S. (org.). *Creative therapy*. Banbary: Kemble Press, 1975, p. 131-156.

TAUVON, K. B. "Psychodrama and group analytic psychotherapy". In: KARP, M.; HOLMES, P.; TAUVON, K. B. (orgs.). *The handbook of psychodrama*. Londres: Routledge, 1998, p. 277-294.

WILLIS, S. "Who goes there? Group-analytic drama for disturbed adolescents". In: HOLMES, P.; KARP, M. (orgs.). *Psychodrama: inspiration and technique*. Londres: Routledge, 1991, p. 115-134. [*Psicodrama: inspiração e técnica*. São Paulo: Ágora, 1992.]

3 → A UTILIZAÇÃO DO PSICODRAMA NA TERAPIA FAMILIAR SISTÊMICA DE BOWEN

Chris Farmer e Marcia Geller

INTRODUÇÃO

A apresentação do psicodrama como teoria sistêmica e terapia estratégica com famílias (Williams, 1989) e sua integração com a terapia sistêmica pós-Milão (Farmer, 1995) são exemplos de como o psicodrama pode ser utilizado rotineiramente no âmbito da terapêutica de famílias.

De maneira mais geral, alguns autores têm mostrado, na terapia de família, o uso de métodos de ação (Chasin, Roth e Bograd, 1989) e de outras abordagens convencionais que exploram espaço e movimento, inclusive escultura da família (Duhl, Kantor e Duhl, 1973; Papp, 1976), variantes da terapia estratégica (Madanes e Haley, 1977) e métodos estruturais (Minuchin, 1974). No entanto, a aplicação direta do psicodrama no trabalho com famílias já havia começado com Moreno (1937).

O psicodrama é particularmente aplicável a modelos de terapia intergeracional, associado à teoria de Bowen, como abordado neste capítulo. Na teoria das relações objetais, aplicada, por exemplo, por Framo (1982) e por Scharff e Scharff (1987), as representações internalizadas do eu e do outro podem ser tratadas, em parte, como configurações de feixes múltiplos de papéis (Holmes, 1992) ou como sistemas familiares internalizados (Schwartz, 1995).

O psicodrama pode investigar temas contextuais (Boszormenyi-Nagy e Ulrich, 1981) e ser empregado na releitura de libretos familiares. Byng-Hall (1995, p. 27) refere-se a "crianças que aprendem os papéis no libreto familiar", aplicando a metáfora do teatro e identificando várias perspectivas, tanto no palco como na platéia.

A teoria de Murray Bowen, como expõem seus textos selecionados (1978), pode ser vista como um mapeamento de diversas elaborações de abordagens intergeracionais, em que cada uma delas proporciona luzes adicionais para as outras.

Bowen (1976) considera a diferenciação a pedra angular de sua teoria: a área da família em que há maior fusão é a mais suscetível a apresentar problemas clínicos severos.

Finalmente, o emprego imediato da metáfora torna o psicodrama compatível com as abordagens existenciais de Whitaker (1982) e Andolfi (1979).

Os conceitos de "coro grego" (Papp, 1980), "sistemas de observação" (Foerster, 1981) e "grupos de reflexão" (Andersen, 1990) formalizam o uso do meio espacial, de modo a incluir o terapeuta como parte colaborativa do processo terapêutico.

Stanton e Stanton (1986), com seu modelo do "circo de rua", incluem na supervisão toda a equipe terapêutica, utilizando encenações espontâneas com famílias, amigos da família e pessoas de referência.

Até mesmo teóricos mais cerebralmente centrados como Bowen (1978) orientariam (especialmente em terapia familiar múltipla) o lugar em que as pessoas se sentassem, galvanizariam a conversação ou interromperiam o diálogo, usando sua presença no sistema como um pivô para tentativas abertas de triangulação.

Esse envolvimento consciente dos terapeutas como co-participantes do esforço terapêutico/conjugal, entretanto, foi antecipado por Moreno em 1939. "No psicodrama, o diretor e os egos-auxiliares não ficam fora do processo dramático como o diretor de um teatro de bonecos, puxando os cordéis; eles fazem parte da análise e compartilham com os clientes na catarse social" (Moreno e Moreno, 1975, p. 132). Zerka Moreno (1991) proporcionou um balanço compreensivo e detalhado do uso do psicodrama no tratamento de uma família mesclada grande e complexa.

O presente capítulo descreve como dois co-terapeutas dirigem uma terapia sistêmica de família norteada por Bowen, utilizando o psicodrama como ferramenta. Combinados, esses dois modelos teóricos e práticos podem complementar-se mutuamente para alcançar maior eficácia na terapia sistêmica do que qualquer dos dois isoladamente.

Os autores se reconhecem em débito com Hollander (1992) pela comparação dos sistemas familiares de Moreno e Bowen.

TÉCNICAS PSICODRAMÁTICAS

O psicodrama baseia-se numa filosofia do desenvolvimento e da natureza dos relacionamentos humanos. Muito de seu valor pragmático se deve a seu potencial de adaptação a uma multiplicidade de intervenções e explorações psicossociais. Normalmente ele é praticado numa situação grupal, mas pode ser aplicado à terapia de família e casais, em que o objetivo de Moreno de tratar as relações, mais do que o psiquismo individual, é plenamente concretizado.

Embora neste capítulo se descrevam técnicas distintas, elas são extraídas de um método abrangente de terapia, que envolve uma série de conceitos inter-relacionados (por exemplo, teoria de papéis, sociometria, espontaneidade, criatividade e catarse) e faz uso do potencial da dramatização.

As técnicas psicodramáticas que usamos mais freqüentemente são a cadeira vazia, a dublagem, o espelho, o solilóquio e a inversão de papéis. Uma variante da inversão de papéis utilizada pelos autores é a inversão recíproca de papéis, que ocorre diretamente entre os membros do casal quando eles estão representando suas interações normais marido–mulher.

Como lembrou Kellermann (1994), os membros da família que estão em conflito sério podem resistir a essa técnica, sendo preferível optar, às vezes, por uma inversão "representativa" de papéis (por exemplo, com um curinga).

O efeito dessas técnicas é aquecer a motivação para a ação, expandir a consciência e multiplicar as perspectivas. O aprofundamento e a expansão de papéis proporcionam um leque de alternativas para a ação, todas elas voltadas para o desenvolvimento da espontaneidade e para a ampliação da capacidade de auto-reflexão e percepção.

O método psicodramático constitui, assim, um instrumento para a criação de uma terapia de segunda ordem (Hoffman, 1993) e um modelo sistêmico para conectar percepções e sentimentos com o pensamento.

A TEORIA DE BOWEN

A teoria de Bowen (Kerr e Bowen, 1988) serve como marco teórico para nosso tratamento de famílias, casais e indivíduos. Nela se baseia nossa compreensão do funcionamento das famílias como sistemas naturais que conseguem abranger todos os aspectos do interjogo da vida familiar, dentro de um conjunto conceptual consistente. A teoria de Bowen oferece uma base racional para nossas intervenções, ao empregar uma terminologia que possibilita inter-relacionar significativamente todo o espectro desses fenômenos.

A seguir são descritos os principais conceitos de Bowen utilizados em nosso trabalho.

Diferenciação do eu: Capacidade de se autodeterminar em pensamentos, sentimentos e ação, ao mesmo tempo que se mantém em relação com outras pessoas significativas.

Triângulo: Quando surge ansiedade num sistema de duas pessoas, desenvolve-se um triângulo. Um "trio" se torna um "triângulo" quando uma das partes não consegue se movimentar sem criar distância entre os outros dois. A "triangulação" é uma ameaça à diferenciação do eu.

Sistema emocional nuclear da família: Em famílias indiferenciadas, a ansiedade crônica se espraia através de limites permeáveis de um membro a outro da família e pode se apresentar de uma ou mais entre três maneiras: danos aos filhos, sintomatologia física ou psicológica em um dos cônjuges (ou em ambos) e conflito conjugal aberto.

Processo de projeção familiar: Um dos filhos é destacado – o termo de Bowen é *escolhido* – como alvo das projeções de um ou dos dois cônjuges, o que leva a uma diferenciação insuficiente entre o(s) genitor(es) e a criança. Esse filho tende a ser o primogênito ou o caçula, ou aquele que se diferencia em gênero dos demais irmãos. Há casos em que a posição da criança em relação aos irmãos se assemelha à de um genitor.

Processo de transmissão multigeracional: Quando as projeções em um filho prosseguem até a idade adulta e se transmitem a seus descendentes, o processo de indiferenciação pode transpor gerações, com erosões adicionais na diferenciação do eu.

Desligamento emocional: Para evitar projeções excessivas ou bodes expiatórios, um dos membros da família pode interromper todo contato, freqüentemente na forma de distância física. Paradoxalmente, essa evitação não resulta em diferenciação, uma vez que ocorre como reação aos demais membros da família e não como delineamento autônomo do eu ante as projeções mútuas entre o sujeito e a família. O corte é induzido por terceiros e não autodeterminado.

A UTILIZAÇÃO DO PSICODRAMA NA TERAPIA FAMILIAR SISTÊMICA

Este capítulo descreve uma das maneiras como o psicodrama é empregado para explorar os conceitos de Bowen nas sessões terapêuticas coordenadas em conjunto pelos autores.

O exemplo escolhido é o de um casal, porque é mais claro para relatar, mas princípios similares são aplicados em nosso trabalho com indivíduos, famílias completas, grupos multifamiliares e grupos de estrangeiros.

Bowen fazia terapia familiar com uma única pessoa, aplicando os mesmos princípios, numa espécie de preceptoria[3]. A preceptoria era a principal técnica de Bowen quando trabalhava com um indivíduo ou um casal. Marcia também emprega, principalmente, preceptoria e métodos educativos. A preceptoria de indivíduos visando à diferenciação em relação a sua família de origem foi desenvolvida por Carter e McGoldrick (1976), que tomaram Bowen como mentor e influência teórica.

---

[3] No original, *coaching*. Esse termo, que vem sendo utilizado correntemente sem tradução, com o sentido de treinamento, preparação, orientação e estabelecimento de estratégias para o desempenho de atletas, é transposto para situações similares em organizações e na vida pessoal. (N. T.)

As famílias com as quais trabalhamos geralmente estão em processo terapêutico com Marcia, que as discute brevemente com Chris antes de apresentá-las. São utilizados os primeiros nomes.

Como no psicodrama clássico, a terapia começa "aqui e agora". Marcia fornece informações, quando necessário, à medida que se desenrolam as sessões. Chris utiliza sua posição de pessoa nova na família para assumir o papel de "perguntador ingênuo", colocando questões que estimulam os membros da família a repensar suas afirmações. Todos procuram apresentar um relato coerente para o recém-chegado.

Chris então convida todos a serem perguntadores, descobrindo os pontos em que eles concordam ou discordam entre si e definindo em que medida suas idéias coincidem com as de Marcia.

Quando eles são estimulados a apresentar a própria percepção de como se vêem entre si e ajudados para que compreendam como os outros vêem a situação de modo diferente, constrói-se um "sistema orientado para o problema" (Anderson, Gollishan e Windermand, 1986), que evita que se recorra a uma "verdade objetiva" preestabelecida e supera a dicotomia entre "verdadeiro" e "falso".

Ao adotar uma instância reflexiva, Chris procura aferir o efeito de sua presença sobre os membros da família e o impacto causado neles. O que esperam obter do psicodrama em relação ao que lhes estão dizendo? Tendo como base o modelo de segunda ordem, ele discute abertamente com Marcia o que poderia significar para a família um psicodrama antecipatório, uma vez que este, em si, poderia sugerir um desejo de arriscar novas experiências, para encontrar alguma coisa que pudesse ajudar.

Tais comentários aquecem indiretamente a família, que passa da expectativa para uma intensa antecipação. Esse modelo de "equipe reflexiva" aberta (Andersen, 1990) é mantido durante toda a sessão.

CASO CLÍNICO: DICK E TINA

Dick e Tina chegam ao consultório de Marcia para uma sessão com sua terapeuta conjugal e seu colega psicodramatista, Chris. Até então, seu trabalho vinha sendo só com Marcia, desenvolvido na linha de Bowen. Alguns detalhes importantes da situação do casal foram relatados a Chris. Ninguém sabe que assuntos o casal levantará na sessão ou para onde irá o trabalho.

O casal inicia a sessão relatando um evento ocorrido duas horas antes, quando um ônibus escolar bateu no carro de Dick no momento em que ele deixava o filho na escola. Tina critica a maneira como ele lidou com a situação. Um momento existencial óbvio para dar início a uma dramatização.

Chris começa: Vamos recriar a cena ("retrato rápido de um evento recente, para iniciar da periferia para o centro", cf. Moreno, 1991, p. 55).

Chris para Dick: Sente-se como se você estivesse em seu carro antes da colisão. Onde você está? O que está acontecendo?
Dick: Michael, meu filho, está do meu lado. Nós paramos perto do portão da escola e ele já vai descer. Opa!!! Um barulho súbito, atrás. Diacho!!! O ônibus da escola bateu em mim. Amassou todo o porta-malas.
Chris (colocando uma cadeira ao lado dele): Agora, sente-se aqui e seja Michael no banco do passageiro.
Michael (Dick) amplia a cena: O motorista do ônibus está indo embora. É uma mulher! Ela está voltando. Papai me pergunta se eu estou bem e me diz que está tudo bem. Ele diz para eu descer e entrar na escola.

(A inversão de papéis aquece Dick, que acrescenta detalhes que levam a uma intensificação da experiência.)

Chris: Seja Dick de novo no banco do motorista. Você lidou muito bem com Michael.
Dick: A mulher parece que está furiosa e eu saio do carro (ele fica em pé e a encara). Ela agita os braços e diz que não teve culpa.
Chris: Agora seja a motorista. Como você é? O que você está dizendo?
A motorista (Dick): Eu estou de boné e uniforme verde. Sou grandalhona e estou furiosa. "Que pensa que está fazendo? O senhor parou muito perto do portão. Como acha que eu posso manobrar? Não tem espaço suficiente. O que o senhor tem a dizer? Veja o estrago na frente do ônibus! Por que não parou mais à frente, junto daquela árvore?"

(Dick volta automaticamente ao seu papel, franze as sobrancelhas e lamenta.)

Dick (em aparte): Meu Deus, esqueci minha carteira de motorista em casa. Pra variar. Imbecil. Estraguei tudo, estou totalmente indefeso com essa mulher. O que é que eu vou falar pra ela?
Marcia: Eu sou a motorista do ônibus (gesticula nervosamente).
Chris: Invertam os papéis. Isso significa que vocês também trocam de lugar.

(Dick vê então Marcia como ele mesmo – um espelho – parecendo um cordeirinho, medroso. Seu coração desmorona. Ele se sente já derrotado e volta imediatamente ao papel de Dick.)

Dick (em aparte): Vou acabar pagando o prejuízo do meu carro apesar de ter muito argumento em meu favor.
Chris: OK, você está se sentindo como Dick. Continue sendo Dick. Marcia vai ser a motorista, novamente.

Dick (em aparte): Não tem como ficar bravo com a mulher.

(Ele esfria a situação para evitar um confronto e um agravamento desnecessários. Em solilóquio, entretanto, fala de sua frustração, mesclada com vergonha por se permitir ficar aborrecido, agitado e tenso. Ele se lembra de que, quando criança, sentia-se irritado, tinha de lutar para controlar sua raiva. Ademais, ele não esperava contar tudo isso a Tina.)

Marcia dubla: Eu não estou legal. Não consigo dar conta de mim.

(Dick toma consciência de seu sentimento de baixa auto-estima, desesperança e desamparo.)

(Tina, que ficou observando a vinheta criticamente, repreende-o por não ter sido mais forte: "Eu não deixaria que ele fosse embora com isso", diz.)

Chris: Tina, poderia mostrar como você faria se fosse Dick? (Marcia segue no papel da motorista).

(Tina reclama para a motorista [Marcia] e deixa claro que não vai pagar o prejuízo. Ela é uma adversária terrível quando grita e xinga.)

Tina (em aparte): Tenho certeza de que vou ganhar.

(A auto-apresentação de Tina pretende ser, para ela, um modelo de papel para Dick.)

(A mortificação de Dick é claramente intensificada pela denúncia da esposa. Ele parece resignado com essa condenação, entretanto, como se já esperasse sofrer e aceitar isso. "Estou acostumado a ser o errado", lamenta.)

Chris para Dick: Neste momento você tem uma visão muito negativa de si mesmo. Consegue pensar numa cena que nos mostre de onde veio isso?
Comentário de Marcia e Chris: Dick está tendo uma visão muito negativa de si mesmo. Isso parece vir de longe, lá atrás. Ele tem uma expressão dolorida, como se tivesse sofrido uma humilhação perigosa. Quem sabe se ele conseguiria trazer uma cena que mostrasse de onde isso veio?
Dick: Essa mensagem era de minha mãe.
Chris: Seja sua mãe como ela está nessa cena.
Dick (como mãe): Ele nunca faz nada direito. É um inútil. Não abre a boca.
Chris: A cadeira vai ser seu filho, Dick. O que você está dizendo pra ele?

Mãe (Dick) gritando: De você não vai vir nada de bom.
Chris: Agora, diga para ele o que você nunca disse a vida inteira.
Mãe (Dick): Estou frustrada, brava e envergonhada pelo fato de você ter lábio leporino.
Marcia dubla a mãe: Isso é um sinal de que eu sou uma péssima mãe, não consigo olhar para você.

(A mãe [Dick] faz sinal de assentimento.)

(Dick percebe o efeito da atitude negativa da mãe sobre sua auto-estima.)

(Tina lacrimeja ao observar a cena de Dick como uma criança rejeitada. Parece ter melhor compreensão e compaixão pela dor dele.)

Chris: Tina, você *sempre* vence mesmo?
Tina: Com minha mãe, nunca. Nunca!
Marcia: Posso ser sua mãe? Em que me pareço com você?

(Tina grita e agita as mãos para mostrar como sua mãe a silencia. Marcia, então, como mãe, faz o mesmo.)

Chris: Invertam os papéis. Tina, você vai ser sua mãe, enquanto Marcia agora vai ser Tina. Como você se chama, mãe?
Mãe (Tina): Lisa. Eu é que mando. Eu jogo Tina contra o irmão dela. Sempre que Tina tenta levantar a voz, eu me calo. Quando ela não faz exatamente o que eu quero, ela sabe que eu fico brava e não pode fazer nada contra isso. Se ela grita, não vai a lugar nenhum; eu faço sua voz ficar invisível e retiro meu amor.
Reflexões de Chris e Marcia: Ouvimos um monte de gritos de mulheres: a motorista do ônibus, Tina gritando com ela, a mãe de Dick e agora a mãe de Tina. O que significam esses gritos?
Chris: Alguém mais grita, Lisa?
Mãe/Lisa (Tina): Minha mãe, Ethel, a avó de Tina. Ela grita até hoje. Comigo! Da mesma maneira como Tina grita com Dick. Me sinto até hoje completamente perdida com minha mãe, como se eu fosse uma menininha.
Chris: E como você vai lidar agora com seu sentimento de desamparo, Lisa?
Lisa (Tina): Eu sei que consigo superar quando uso meu poder com Tina e o irmão.

(Marcia agora representa Ethel, gritando com Lisa [Tina], que se afasta.)

(Tina testemunha a dominação de sua mãe de dois pontos de vista: como Tina recipiente e como a própria mãe, na inversão de papéis. Aqui, na mãe, existe uma pista

para a força de Tina. Esta também vê, entretanto, a vulnerabilidade da mãe diante de Ethel, a avó.)

Chris: Tina, saia do papel de sua mãe e seja você mesma. Seja Tina novamente. Você ouve sua avó, Ethel, gritando com Lisa, sua mãe, e vê sua mãe novamente. Você também se sente perdida quando sua mãe a agride. Tina, nós ouvimos você gritando, também, com a motorista. Você aprendeu isso com sua mãe ou com sua avó?
Tina: As duas, acho. Mas, quando eu vejo Lisa parecendo perdida com Ethel, é a mesma coisa que Dick quando ele se afasta de mim. Sou eu que me sinto perdida! Eu grito, ele volta e fica emburrado. Mas, quando ele faz isso, eu fico mais brava e grito mais ainda.
Chris: Então você grita, com certeza, mas, se você grita com Dick, não é porque ele a faz se sentir poderosa?
Tina: Não! Esse grito com ele é expressão de um claro e total desamparo. Eu não consigo chegar nele. Quanto mais eu grito para ele, mais ele se afasta de mim, exatamente como minha mãe.

(A raiva de Tina, como a de sua mãe, é uma reação à própria vulnerabilidade.)

Reflexões de Marcia e Chris: Tanto Dick quanto Tina tiveram experiências dolorosas de gritos e críticas das mães, mas eles reagem de maneira diferente. Dick se sente derrotado e confirmado em seu sentimento de inutilidade, ao qual ele se sente sem condições de reagir. Tina, por sua vez, usa sua capacidade de gritar como uma tentativa de superar a fraqueza que ela percebe – em Dick e em si mesma. O paradoxo é que, quanto mais ela grita, mais desamparada se sente, não obtendo resposta de Dick. Entretanto, a passividade de Dick em sua resposta silenciosa aos gritos de Tina, na verdade, mina o sentimento de poder dela. Dick percebe isso? Será que ele responderia de forma diferente? Não temos certeza de que conseguiria isso. Pensamos que ambas as partes precisam tomar consciência do poder que exercem uma sobre a outra.

(As reflexões de Marcia e Chris servem como espelho para o casal.)

Os problemas de auto-rebaixamento, rejeição e intolerância à fraqueza que Tina e Dick encontraram em sua infância são agora repensados à luz das cenas que um presenciou do outro, cenas derivadas das experiências com as respectivas famílias de origem.

A fase do compartilhamento
Chris: Dick, o que você precisa de Tina, ao voltar para casa, depois do acidente de carro?

Dick: Alguém calmo e apoiador como você!

Tina (desculpando-se, em autojustificativa): Eu costumo falar com ele desse jeito, pensando em fortalecê-lo.

Reflexões de Chris e Marcia: Dick tem a seu favor o fato de que, apesar de seu sentimento de nada merecer, ele parece funcionar com competência. No trabalho, ele se sente com as mãos atadas, mas consegue conter seus sentimentos e fazer-se eficiente. O que ele precisa para ser capaz de assumir seus méritos? Sabemos quanto ele é apoiador como pai, algo que não aprendeu com os próprios pais. Ele é o melhor pai possível para o filho, Michael, o pai que Dick nunca teve. Será que conseguiria aceitar a confirmação de suas capacidades? Talvez não tanto quanto conseguiria se viesse de Tina. Mas Tina não consegue tolerar seu aparente desamparo, com certeza, porque vê nele uma extensão de si mesma, o jeito como ela se sente quando sua mãe a rebaixa. Ela está tão precavida e reativa em relação à baixa auto-estima de Dick que ele só pode experienciar denúncias, em vez da confirmação e do apoio de que precisa.

Tina: Compreendo.

(Ela está de tal forma mobilizada por Dick no papel de garoto – de quem foi dito não ser capaz de nada – que pode chegar a expressar com sinceridade sua admiração por ele pelo sucesso no trabalho e pelas qualidades de pai calmo, cuidadoso e apoiador.)

Reflexões de Chris e Marcia: Dick também deve achar difícil constatar que Tina, encoberta e disfarçada por sua raiva, precisa de algo dele de que também sente falta.

Dick: Sim, eu percebo isso agora! Ela precisa ser estimulada, mas... Não sei, eu nem sempre encontro as palavras.

Chris: Você não poderia mostrar isso para ela de forma não-verbal?

(Dick abraça Tina, ela chora um pouco.)

Marcia: Vocês estão sabendo mais do que precisam para se cuidarem e para se apoiarem, o que faltou para ambos em suas famílias de origem. Parece também que vocês agora estão encontrando maneiras de proporcionar um ao outro esse conforto e esse apoio.

Interpretação e comentário

Aplicação do método de Bowen

A primeira seqüência mostra Tina e Dick como um casal indiferenciado, com a marcante reatividade de Tina às informações de Dick sobre o acidente de carro. Ela acha que Dick deveria comportar-se como ela o faria. Sua punição resulta em que

Dick tem sentimentos mais negativos a respeito de si mesmo e distancia-se dela. Quanto mais ele se retrai, mais Tina o percebe como fraco e mais furiosa fica. O processo intensifica-se até o ponto em que existe o risco de Dick se afastar emocionalmente. O casal está engajado na dança do "distanciar e perseguir" (Fogarty, 1978) em seu estilo indiferenciado.

Existe também falta de diferenciação entre Dick e sua mãe. O fato de esta depositar nele uma auto-imagem negativa resulta de um processo de projeção familiar. Seu lábio leporino é visto como sinal ou prova de maternagem pobre (uma sessão anterior revelou que Tina e Dick eram os filhos "escolhidos" em suas respectivas famílias de origem: Tina era a filha mulher e Dick era diferente por causa de sua deformidade física. Dick, por sua vez, tinha Michael como seu filho "escolhido", com quem desenvolveu uma relação indiferenciada).

O conceito de triângulo aparece de quatro maneiras.

Primeiro, no triângulo do casal com a motorista do ônibus escolar, sendo esta, inicialmente, um meio de levar o casal a uma discussão, mas, conforme a atuação prossegue, os sentimentos conflituosos do próprio casal, um em relação ao outro, são explorados e outros temas relacionados com as famílias de origem surgem em seu lugar.

Segundo, as encenações na sessão permitem que os problemas da motorista e da mãe de Dick sejam abordados diretamente, ainda que numa encenação, em vez de utilizados para sustentar o conflito entre Dick e Tina. Como não-participantes das dramatizações que envolviam a família de origem do parceiro, cada um deles tem a oportunidade de refletir, como observador, sem envolvimento reativo, sobre o sistema emocional do outro.

Terceiro, os terapeutas, embora se envolvam em vários "triângulos", não se tornam "triangulados" no sistema. Como diretores ou auxiliares na dramatização, por um lado eles se envolvem com uma das partes e por outro procuram envolver os protagonistas, clara e diretamente, com a pessoa tratada. Assim, ao trabalhar a família de origem, cada parceiro se dirige diretamente à própria mãe em vez de meramente falar sobre ela.

Finalmente, os dois terapeutas precisam manter sua própria diferenciação, um em relação ao outro, para evitar triangulação entre um terapeuta e o casal ou entre um membro do casal e os dois terapeutas. Sua parceria deve caracterizar-se mais por individualidade e cooperação num time do que como uma díade rígida. Os dois modos diferentes de trabalhar – "consultor de sistemas familiares" e "diretor de psicodrama" – permitem flexibilidade de papéis e também uma combinação ou separação de instâncias, conforme a situação requeira.

O sistema emocional familiar pode ser visto na maneira como o casal se apresentou. Seu problema aberto era o conflito conjugal recorrente. A ansiedade crônica num casal indiferenciado poderia ter-se manifestado, de outra maneira, num problema centrado em um filho ou numa patologia física ou psicológica de um ou de ambos os cônjuges.

Tina parece ter sido influenciada por um processo de transmissão multigeracional, uma vez que Lisa, sua mãe, vivenciou a raiva da própria mãe de um jeito tal que parece derivar a intolerância para Tina. Esta, indiferenciada de sua família de origem, reage por sua vez a Dick e à motorista. Durante a sessão, Tina pôde observar a própria reatividade à luz de sua experiência com a mãe e, por outro lado, compreender os traços manipuladores da mãe como resposta às tendências dominadoras da avó. Ao focalizar esse processo de transmissão – como algo distinto do conteúdo preciso da comunicação –, Tina capacitou-se a restaurar a ligação de pensamento, reflexão e compreensão com seus sentimentos. Conseguiu também empregá-los na encenação e começar um processo de diferenciação *in situ*, sendo direta e não-reativa no encontro cênico com sua mãe.

No encerramento da sessão, cada parceiro, em vez de reagir de modo a reforçar o conflito e a incompreensão, pôde dar, por meio da ação não-verbal, uma resposta adequada ao outro.

Integração do psicodrama aos conceitos de sistemas familiares

Após um longo tempo juntos, os co-terapeutas funcionam como uma equipe que se auto-regula. Atentos ao próprio processo de discriminar pensamentos de sentimentos, eles comunicam esse modelo a seus clientes.

Isso implica responder às intervenções um do outro sem reatividade. Cada terapeuta não hesita em discutir abertamente com o outro, durante a sessão, que tipo de processo está ocorrendo, o que precisa ser explorado e como isso pode ser feito. Esse é um dos ingredientes da equipe reflexiva, segundo Andersen (1990).

A equipe, entretanto, também é bastante ativa e diretiva quando necessário. Os dois terapeutas permanecem atentos à própria diferenciação – sua autonomia como indivíduos. Embora Marcia seja a especialista em terapia familiar e Chris o consultor e colega psicodramatista, eles mantêm flexibilidade e reciprocidade de papéis que favorecem a espontaneidade um do outro.

Essa equipe de trabalho pode ser considerada um modelo de casal funcional para o grupo de clientes, favorecendo ao casal incorporar não somente a percepção da equipe a respeito dos padrões desejáveis de funcionamento familiar, mas também, por meio de identificação projetiva positiva, um paradigma de cooperação conjunta.

Entretanto, nesse modelo a terapeuta familiar e o psicodramatista não são intercambiáveis. Como terapeuta familiar, Marcia geralmente inicia a sessão apresentando Chris ao casal/família como um colega psicodramatista que ela convidou para trabalhar consigo na sessão e segue sumariando sua visão do progresso da terapia. Ao final, ela organiza as providências para encerramento e posterior acompanhamento. Marcia sabe de onde a família vem e percebe aonde ela precisa ir sob a orientação da terapia. Para Chris, por outro lado, este será provavelmente o primeiro e único encontro com a família.

Discussão

O método psicodramático aqui discutido ilustra técnicas para aplicação dos conceitos de Bowen. Entretanto, além do objetivo direto de perseguir as metas de sua terapia familiar sistêmica, o poder terapêutico da dramatização favorece a identificação de outras necessidades a serem consideradas.

As encenações não são meras descrições, explorações e ensaios: como dramatizações intencionais, são encontros entre pessoas de natureza diferente das interações convencionais. A sessão aqui descrita, sendo um novo tipo de encontro, exigiu dos participantes uma resposta nova.

Cada membro da família que participa do psicodrama é apresentado com quatro imagens:

1. de si mesmo, apresentada pelo sujeito;
2. do outro, apresentada pelo sujeito (invertendo papéis);
3. que o outro tem do sujeito (como espelho ou, novamente, invertendo papéis);
4. que o outro tem de si mesmo.

Assimilando essas diferentes representações, os indivíduos incrementam sua capacidade de vivenciar a si mesmos e de se sentir vistos pelos outros, como seres distintos, definidos (por meio do jogo de papéis) pelos limites do eu e, portanto, menos sujeitos a projeções e conseqüentes confusões nos limites do ego que levam ao estado chamado por Bowen de *fusão do ego*.

O diretor de psicodrama faz mais do que empregar determinadas técnicas. A arte reside na maneira como elas são usadas a serviço da dramatização.

Ação tem aqui o sentido de "atuar dentro" (Blatner, 1988) e não "atuar fora"[4]. Seu uso não significa evitar o pensamento, tampouco ser intolerante em relação ao sentimento.

Nas sessões de psicodrama a ação é abordada sob três aspectos.

Primeiro, pode ser um sinal de motivação e compromisso para alcançar objetivos explícitos. A orientação para o ato pelo terapeuta está a serviço da clareza e da precisão no "aqui e agora" de um compromisso pessoal. "Mostre", "Faça", "Diga",

---

4 No original, *"acting-in"* ao contrário de *"acting-out"* – expressão usada em psicanálise para designar uma ação motora de que o sujeito se vale a fim de evitar a verbalização consciente de sentimentos e idéias. (N. T.)

"Explique para ele", "Olhe para ele", "Troque de papel e seja ele", "Ponha isso em palavras" e "Mantenha esse sentimento" são algumas das instruções que focalizam a atenção na experiência global do eu na presença do outro.

O segundo uso da ação é como um recurso à espontaneidade para liberar o fluxo de sentimentos e pensamentos.

O terceiro aspecto é a oportunidade que a ação oferece para uma consideração reflexiva: algumas vezes é somente com nossas ações que descobrimos aquilo em que realmente acreditamos, ou seja, quais as escolhas que de fato fazemos, diferentes daquelas que pensamos que deveríamos fazer ou ter feito.

Ao longo da sessão, "nos bastidores", o papel de Marcia muda constantemente de observador, comentarista, assessor do sistema, educador, preceptor e fonte de inspiração para apoiador e testemunha. "Em cena", ela assume papéis auxiliares de dublê, ego-auxiliar e espelho. Esses papéis são instrumentos do diretor, mas são usados em benefício do protagonista para incorporar a experiência e expandir sua consciência.

Às vezes, entretanto, Marcia pode dirigir e Chris dublar. Funcionando os dois terapeutas constantemente como co-diretores potenciais, há sempre pouca necessidade de prontidão. Marcia, por exemplo, pode dublar uma esposa por conta própria, dando no processo uma pista para Chris.

O processo de aprendizagem nessas sessões é tanto cerebral quanto emocional, e essa combinação é complementada pela catarse, que no psicodrama geralmente é considerada um meio de integração da emoção com o *insight*. Os sentimentos, vivenciados e expressos, funcionam como ferramentas para prosseguir no discernimento e na assimilação.

Os autores divergem em termos de ênfase de um aspecto do modelo de Bowen, pelo fato de vincularem pensamentos e sentimentos, enquanto Bowen enfatizava a importância de separá-los. Embora concordem que não pode haver mistura e que agir somente com base nos sentimentos é uma prática a ser desencorajada na diferenciação do eu, os autores usam a ação para incrementar a consciência dos sentimentos.

Além disso, empregam a ação não com o objetivo de pura e simples descarga de sentimentos, uma vez que consideram a conexão entre sentimentos e pensamentos o foco principal da atenção, um vínculo a ser compreendido a fim de conter pensamento e afeto (Bion, 1967), mais do que uma ligação a ser evitada. O objetivo é alcançar uma integração de pensamentos e sentimentos, longe dos extremos de separá-los completamente e de embaralhá-los na fusão.

A utilização do psicodrama com os conceitos de Bowen é muito mais do que uma combinação de duas abordagens terapêuticas diferentes. Esses dois modos de pensar e atuar são peculiarmente complementares entre si. Ambos atendem ao mesmo tempo à individualidade e à comunidade da experiência. Podem ser completamente integrados para promover maior poder de *insight*, consciência pessoal mais profunda e maior capacidade e flexibilidade de relacionamentos, mais do que cada um dos métodos isoladamente.

AGRADECIMENTOS

Por suas sugestões sábias e úteis na preparação final deste capítulo, os autores agradecem a Fern Cramer Azima, ao dr. John Byng-Hall, ao dr. Phil Guerin, à dra. Judith Landau, a Zerka Moreno e ao dr. Saul Scheidlinger.

REFERÊNCIAS BIBLIOGRÁFICAS

ANDERSEN, T. (org.). *The reflecting team: dialogues and dialogues about dialogues*. Kent: Borgmann, 1990.

ANDERSON, H.; GOLLISHIAN, H.; WINDERMAND, L. "Problem determined systems: towards transformation in family therapy". *Journal of Strategic and Systemic Therapy*, v. 1-11, n. 4, 1986.

ANDOLFI, M. *Family therapy: an interactional approach*. Nova York: Plenum, 1979.

BION, W. *Learning from experience*. Londres: Heinemann, 1967.

BLATNER, A. *Acting-in: practical applications of psychodramatic methods*. 2. ed. Nova York: Springer, 1988.

BOSZORMENYI-NAGY, L.; ULRICH, D. "Contextual family therapy". In: GURMAN, A. S.; KNISKERN, D. P. (orgs.). *Handbook of family therapy*. Nova York: Bruner/Mazel, 1981, p. 159-186.

BOWEN, M. "Theory in the practice of psychotherapy". In: GUERIN, P. J. (org.). *Family therapy: theory and practice*. Nova York: Gardner Press, 1976, p. 42-90.

_____. *Family therapy in clinical practice*. Nova York: Aronson, 1978.

BYNG-HALL, J. *Rewriting family scripts: improvisation and systems change*. Nova York: Guilford, 1995.

CARTER, E.; MCGOLDRICK, M. "Family therapy with one person and the family therapist's own family". In: GUERIN, P. J. (org.). *Family therapy: theory and practice*. Nova York: Gardner, 1976.

CHASIN, R.; ROTH, S.; BOGRAD, N. "Action methods in systemic therapy: dramatizing ideal futures and reformed pasts with couples". *Family Process*, v. 28, p. 121-136, 1989.

DUHL, A. M.; KANTOR, D.; DUHL, B. S. "Learning, space, and action in family therapy: a primer in sculpture". In: BLOCH, D. A. (org.). *Techniques of family therapy: a primer*. Nova York: Grune and Stratton, 1973.

FARMER, C. *Psychodrama and systemic therapy*. Londres: Karnac, 1995. [*Teoria sistêmica e psicodrama*. São Paulo: Ágora, 2004.]

FOERSTER, H. VON. *Observing systems*. Seaside: Intersystems, 1981.

FOGARTY, T. F. "The distancer and the pursuer". *The Best of the Family*, New Rochelle: The Center for Family Learning, v. 7, n. l, 1978.

FRAMO, J. L. "Family of origin as a therapeutic resource for adults in marital and family therapy: you can and should go home again". In: _____. (org.). *Explorations in family therapy*. Nova York: Springer, 1982, p. 171-190.

HOFFMAN, L. *Exchanging voices: a collaborative approach to family therapy*. Londres: Karnac, 1993.

HOLLANDER, C. E. *Psychodrama, role playing and sociometry: living and learning processes*. Lakewood: Colorado Psychodrama Center, 1992.

HOLMES, P. *The inner world outside: object relations theory and psychodrama.* Londres: Tavistock/Routledge, 1992.

KELLERMANN, P. F. "Role reversal in psychodrama". In: HOLMES, P.; KARP, M.; WATSON, M. (orgs.). *Psychodrama since Moreno: innovations in theory and practice.* Londres: Routledge, 1994, p. 263-279. [*O psicodrama após Moreno.* São Paulo: Ágora, 1999.]

KERR, M.; BOWEN, M. *Family evaluation.* Nova York: Norton, 1988.

MADANES, C.; HALEY, J. "Dimensions of family therapy". *Journal of Nervous and Mental Disease*, v. 165, p. 88-98, 1977.

MINUCHIN, S. *Families and family therapy.* Cambridge,: Harvard University Press, 1974.

MORENO, J. L. "Intermediate (in situ) treatment of a matrimonial triangle". In: *Psychodrama.* v. 1. Nova York: Beacon, 1937, p. 233-245.

_____. MORENO, Z. T. *Psychodrama.* v. 1. Nova York: Beacon, 1975. [*Psicodrama.* São Paulo: Cultrix, 1975.]

_____. *Who shall survive?* Revised standard edition. McLean: American Society for Group Psychotherapy and Psychodrama, 1993, p. 13-14. [*Quem sobreviverá? Fundamentos da sociometria, psicoterapia de grupo e sociodrama.* v. 1, 2 e 3. Goiânia: Dimensão, 1992.]

MORENO, Z. T. "Time, space reality, and the family". In: COLMES, P.; KARP, M. (orgs.). *Psychodrama: inspiration and technique.* Londres: Routledge, 1991, p. 53-74. [*Psicodrama: inspiração e técnica.* São Paulo: Ágora, 1992.]

PAPP, P. "Family choreography". In: GUERIN, P. J. (org.). *Family therapy: theory and practice.* Nova York: Gardner, 1976, p. 465-479.

_____. "The Greek chorus and other techniques of family therapy". *Family Process*, v. 19, p. 45-57, 1980.

SCHARFF, D. F.; SCHARFF, J. S. *Object relations family therapy.* Northvale: Jason Aronson, 1987.

SCHWARTZ, R. C. *Internal systems therapy.* Nova York: Guilford, 1995.

STANTON, J. L.; STANTON, M. D. "Family therapy and systems supervision with the 'Pick-a-Dali Circus' model". In: KASLOW, F. W. (org.). *Supervision and training: models, dilemmas, and challenges.* Nova York: Haworth, 1986, p. 169-181.

WHITAKER, C. A. *From psyche to system: the evolving therapy of Carl Whitaker.* Nova York: Guilford, 1982.

WILLIAMS, A. *The passionate technique: strategic psychodrama with individuals, families and groups.* Londres: Routledge, 1989. [*Psicodrama estratégico – A técnica apaixonada.* São Paulo: Ágora, 1994.]

4 → PSICODRAMA E TERAPIA ESTRUTURAL DE FAMÍLIA:
um novo modelo para grupos de crianças

Jacob Gershoni

INTRODUÇÃO

Este capítulo apresenta um novo modelo que integra a terapia estrutural de família ao psicodrama, assim como sua aplicação em grupo de crianças. Os conceitos e intervenções aqui delineados foram desenvolvidos ao longo de cinco anos de trabalho como assistente social psiquiátrico numa clínica de orientação infantil.

Diversos fatores de ordem prática motivaram a construção desse modelo de terapia de grupo especificamente com essas crianças. Uma estudante de serviço social, que fazia estágio de um ano na clínica, foi co-terapeuta. No ano seguinte, outra estudante a substituiu. A composição do grupo também mudou de um ano para o outro, conforme alguns integrantes saíam e outros entravam. A duração média do tratamento, estabelecida pelos financiadores, era de dois anos. No outono, algumas crianças vivenciariam a separação de uma co-líder e a adaptação a outra.

Tendo em vista que a maioria dessas crianças viera por causa da separação e/ou divórcio de seus pais, nós prevíamos que a rotatividade de co-líderes provocaria sentimentos intensos e ativaria a emergência de questões passadas. Por essa razão, parecia válido não trabalhar com abordagens tradicionais de longa duração (Schamess, 1976), mas desenvolver outro método que se adequasse às necessidades das crianças no contexto das exigências da clínica.

Procuramos também fazer um levantamento das qualidades freqüentemente pouco aproveitadas das crianças: espontaneidade, capacidade de fantasiar e de brincar. Essas qualidades são indispensáveis em tarefas orientadas para mudança (Minuchin e Fishman, 1981, cap. 1; Papp, 1976b), e sua expressão pelas crianças ativa a criatividade dos líderes (Whitaker, 1976). A trajetória de tentativa e erro, típica de um sistema vivo e mutável, também fez parte do desenvolvimento desse modelo de grupo.

A perspectiva teórica do grupo teve como base os conceitos fundamentais da terapia estrutural de família (Minuchin, 1974). Abordamos o grupo inteiro como um sistema total, sendo os co-terapeutas o subsistema executivo e as crianças o subsistema de irmãos. De acordo com a formulação de Minuchin de família adequadamente funcional, tentamos manter claros os limites entre os subsistemas. Tínhamos consciência da necessidade de estabelecer regras específicas e de aderir consistentemente à estrutura descrita a seguir.

Apoiávamos e modelávamos a comunicação direta entre nós e as crianças, respeitando a individualidade e a singularidade de cada uma delas. Expressávamos carinho e afeto dentro do grupo, mas também exercíamos autoridade firme e cuidadosa.

Enquanto algumas de nossas intervenções se inspiravam no trabalho de Minuchin (por exemplo, a triangulação, originalmente cunhada por Murray Bowen, 1978), outras se baseavam em idéias de vários terapeutas familiares proeminentes, especificamente as de que a mudança pode ser conseguida por meio da ação (Papp, 1976a) e que o objetivo da terapia é ajudar os clientes a desenvolver relacionamentos adaptativos na vida pessoal, e não somente com o terapeuta (Haley, 1976).

ESTABELECENDO UM MARCO DE REFERÊNCIA

O objetivo inicial desse grupo era examinar como as crianças recriavam seus papéis familiares ou representavam problemas familiares dentro do grupo. Ao mesmo tempo, procurávamos fazer intervenções com o objetivo de alterar ou modificar tanto seus papéis como modos problemáticos de comunicação e relacionamento.

Para conseguir isso, éramos apoiados por consulta constante, o que também facilitava um relacionamento melhor na co-terapia. Em todos os casos, tínhamos um conhecimento abrangente dos problemas apresentados por cada criança, a história de seu desenvolvimento, a base familiar e outras informações pertinentes.

As crianças tinham de 6 a 8 anos de idade e foram encaminhadas por problemas escolares, relacionamentos difíceis com outras crianças ou dificuldades sérias em casa. Todas as crianças selecionadas para o grupo mostravam tendências repressivas e tinham problemas de socialização e comunicação tensa com pais e/ou irmãos. Algumas foram encaminhadas em razão de comportamentos destrutivos, desregrados e rebeldes na escola ou em casa, enquanto outras, com sintomas psicossomáticos, foram encaminhadas pelo médico ou enfermeira da família.

Em seu minucioso texto sobre psicoterapia de grupo, Yalom (1985) identificou dez fatores terapêuticos. Desses, dois foram fundamentais para o desenvolvimento de nosso modelo: a recapitulação corretiva do grupo familiar primário e a experiência emocional corretiva.

Em nosso modelo de grupo, o primeiro fator serviu tanto para o diagnóstico como para o tratamento. Ao observar como as crianças recriavam seus conflitos ou papéis familiares, buscávamos ao mesmo tempo proporcionar a elas ferramentas para alterar aqueles papéis.

O segundo fator evidenciou-se nas sessões em que usamos psicodrama tanto para estimular a expressão emocional quanto para trabalhar a resolução de conflitos.

Outros psicodramatistas e terapeutas de grupo também notaram a importância desses fatores terapêuticos (Banister, 1997, 2000; Shearon, 1980).

As sessões de grupo aconteciam semanalmente e duravam 90 minutos. Para dirigi-las, tomávamos como base princípios conhecidos de terapia de grupo (Schwartz e Zabla, 1971; Slavson e Schiffer, 1975).

A estrutura das sessões tinha como objetivo prover um meio seguro e apoiador para os membros do grupo. Isso, acreditamos, permitia que eles se expressassem, fossem espontâneos e assumissem riscos. Conseqüentemente, surgia uma grande quantidade de material diagnóstico e terapêutico, que possibilitava aos líderes testar hipóteses e intervir com precisão crescente.

As sessões eram divididas em três etapas, descritas a seguir, e refletiam nosso empenho em criar um clima de família.

Conversando na roda

A primeira etapa foi a mais difícil na fase inicial de cada grupo. Consistia de aproximadamente meia hora de conversa, com diversas regras básicas, todas explicadas precisamente pelos líderes para estabelecer uma hierarquia clara.

Cada criança devia participar falando sobre qualquer assunto que quisesse, desde que fosse relevante para sua experiência de vida. Uma vez que a maioria dessas crianças não era verbalmente expressiva, foram necessários muito apoio e estímulo, especialmente nas semanas iniciais de cada novo grupo.

Quando uma criança fazia uma revelação emocional com certa intensidade, procurávamos ver como os outros membros do grupo se sentiam em relação a isso. A possibilidade de que os outros expressassem sentimentos similares funcionava como apoio ao que havia começado e ajudava a esvaziar e diluir previamente ataques ou castigos dirigidos a uma criança individualmente.

Embora mantivéssemos a regra de que uma pessoa deveria falar a cada vez, não a fazíamos cumprir rigidamente. Caso irrompesse agressão ou violência, intervínhamos para evitar brigas entre os membros. A regra de não brigar era relembrada várias vezes e era a única que não permitíamos que nenhuma criança quebrasse.

Estimulávamos e apoiávamos firmemente a comunicação direta entre os participantes. Isso não era feito apenas com sugestões, assinalamentos ou intervenções, mas também ativamente modelado pelos co-líderes. Expressávamos nossas opiniões a respeito do que estávamos observando, planejávamos quando passar de uma fase a outra, destacávamos o que sentíamos ter sido ignorado ou deixado de lado pelos outros, e até discordávamos abertamente.

Para a maioria das crianças, esse modo de comunicação direta entre adultos era uma experiência nova. De vez em quando, causava ansiedade e fazia emergir tentativas de interromper-nos e cruzar limites entre gerações dizendo-nos o que deveríamos fazer.

Como nossa resposta para cada criança específica dependia de seus interesses relevantes, tentávamos transmitir a mensagem de que estávamos cuidando do grupo e que a expressão de discordância era um passo importante para a resolução. Todas as vezes, nossa própria comunicação demonstrava respeito mútuo.

Essas regras gerais eram apresentadas claramente durante a primeira parte da sessão, e conscientemente tentávamos mantê-las todo o tempo. Em certa altura dentro do tempo combinado, os líderes se consultavam e decidiam passar para a fase seguinte.

Hora do lanche

Pedíamos às crianças que encostassem as cadeiras na parede e, em seguida, dividíamos o grupo por gênero e alternávamos as tarefas: um subgrupo sentava-se à mesa e o outro vinha com um dos líderes e trazia o lanche. Não necessariamente o líder masculino supervisionava os meninos nessa tarefa. Sentíamos que as tarefas de sentar-se à mesa e servir não precisavam ser atribuídas a um gênero ou outro.

A hora do lanche permitia várias observações, especialmente quanto a partilhar alimentos, ao ritmo da alimentação ou a pedir mais. Era também uma transição entre uma etapa tida geralmente como mais "séria" e outra identificada com "diversão". Durava aproximadamente 15 minutos, e durante esse período os líderes modulavam o tom de modo a manter uma atmosfera mais calma e silenciosa.

Quando os temas levantados durante a primeira parte eram desagradáveis, ou quando os participantes estavam agitados e impacientes, os líderes anunciavam a hora lanche como um "período de silêncio". Durante um período de silêncio, toda comunicação tinha de ocorrer por cochichos.

Ao final, cada criança devia limpar seu espaço, preparando-o para a etapa seguinte.

Fase de atividades

Na última fase, buscávamos levar a sessão do grupo a um fechamento, usando atividades variadas, como desenho, confecção de cartões e montagem com varetas. Essas atividades facilitavam uma expressão constante por meio de recursos não-verbais, como desenhar um tema previamente discutido. Também ajudavam as crianças a reduzir a ansiedade relacionada com o término da sessão. Na maioria dos casos, os líderes se envolviam nessas atividades e orientavam as crianças a auxiliar-se mutuamente quando surgia uma necessidade. Conforme cada grupo se tornava mais coeso, mais e mais compartilhamento e ajuda eram estimulados e oferecidos entre os membros.

Algumas atividades (por exemplo, construção de bancos ou casas com varetas) eram realizadas ao longo de várias sessões. Isso proporcionava oportunidades para ampliar a capacidade das crianças de tolerar o adiamento da gratificação. Quando certo projeto era completado por *todos* os membros, eles podiam levá-lo para casa.

Ao final de cada temporada de um grupo, todos recebiam uma pasta com todos os seus desenhos e trabalhos manuais. Em ocasiões especiais, como feriados ou festas planejadas, a ordem das fases era alterada. Nesse caso, a preparação para a festa incluía todos os membros e era feita no início da sessão, e os lanches eram servidos ao final.

TÉCNICAS DE INTERVENÇÃO

Os casos que se seguem exemplificam as técnicas de intervenção, derivadas do psicodrama e da terapia estrutural de família, desenvolvidas no decorrer do trabalho grupal.

Triangulação e destriangulação

Lynn, uma menina gorducha, esperta, de voz rouca, tinha quase 7 anos de idade quando foi encaminhada à clínica. O pedido de terapia foi feito logo depois do divórcio dos pais e de uma sórdida batalha por sua guarda.

Quando a mãe procurou terapia, pressionada pelo orientador escolar, ela reclamou de que Lynn lhe desobedecia, ignorava suas ordens, gritava com ela e a xingava com palavrões. Esse comportamento se tornava mais evidente antes e depois das visitas do pai. O professor de Lynn relatou que ela demandava muita atenção e era teimosa e explosiva. Estava sempre brigando com seus colegas de classe e muitas vezes batia neles.

Quando os participantes do grupo falavam sobre problemas com colegas, Lynn rapidamente dizia a eles o que deveriam fazer. Nas atividades grupais ela ficava muito empolgada, querendo ser "a primeira" de forma desonesta, tendo ainda muita dificuldade em completar tarefas.

Já quando a discussão era sobre brigas entre os pais, Lynn ficava visivelmente agitada e falava como se fosse um bebê. Suas tentativas de controlar a discussão eram usadas pelos líderes, que se esforçavam para ajudar Lynn e outros participantes do grupo a verbalizar seus sentimentos. Por exemplo, depois do *Halloween*, quando as crianças recordavam quanto tinham se divertido, Lynn disse: "Para mim

71

não foi bom. Meu pai veio me buscar. Ele ficou bêbado, gritou com minha mãe e bateu nela". Com o apoio recebido dos integrantes do grupo e dos líderes, foi possível a Lynn falar sobre as brigas de seus pais. Isso, por sua vez, ajudou os outros membros do grupo a expressar seus sentimentos de desconforto diante das brigas familiares.

A dualidade de dominar outras crianças, dando conselhos e no entanto sentindo-se carente, representava os conflitos centrais de Lynn dentro de sua família. Ela era muito próxima do pai, que de forma inadequada a jogava contra a mãe. Ambos os genitores agiam como crianças, fazendo Lynn sentir-se desamparada, desprotegida e angustiada.

Enquanto tratava seus companheiros de grupo como se fosse líder, fingindo ser adulta e ultrapassando limites com os co-terapeutas, ela ficava ao mesmo tempo vulnerável e ansiosa. Era evidente, a julgar por observações e pelo conhecimento prévio de sua história, que três gerações de limites familiares difusos tinham exercido influência marcante sobre o modo de Lynn se relacionar com companheiros e com adultos. Incapaz de confiar nos adultos como cuidadores, Lynn assumia postura de adulto somente para se frustrar com sua incapacidade de "conduzir" os outros, e se sentia desamparada e ansiosa novamente.

Como pudemos observar no comportamento de Lynn nesse grupo, um padrão se destacava: ela se dirigia em geral ao líder masculino, falava com ele e ignorava a líder feminina. Tratava-se claramente de uma repetição de sua proximidade com o pai e do relacionamento hostil e de desprezo com a mãe.

Decidimos ajudá-la a mudar esse padrão, por meio da triangulação. Sempre que ela dirigia uma pergunta ou uma afirmação ao líder masculino, ele se voltava para a co-líder e fazia sinal para que esta respondesse diretamente a Lynn. Depois de vários meses dessa triangulação, Lynn começou a sentir a líder feminina de maneira diferente, mais positiva, e com o tempo passou a conseguir comunicar-se diretamente com ambos os terapeutas.

Uma intervenção diametralmente oposta foi necessária no caso de Jason. Ele tinha 8 anos e era extremamente agitado e impaciente. As principais razões para seu encaminhamento foram rivalidade intensa com os irmãos, isolamento social e choques com o padrasto.

Depois de uma separação violenta, quando o pai e o padrasto se agrediram, Jason mudou-se com a mãe e uma irmã para a casa do padrasto. Depois disso, o pai mantinha contato semanal com os filhos e aconselhava Jason a desobedecer ao padrasto, chamando-o de vagabundo. Como se cumprisse a profecia do pai, o padrasto ficou desempregado vários anos e fumava maconha em casa diariamente.

No grupo, Jason começou a reencenar com Lynn sua rivalidade fraterna. Durante as discussões, ele ficava irritado e agressivo, interrompendo os co-líderes e questionando seus planos e sua autoridade. Sempre que um dos líderes se dirigia a uma das crianças, Jason imediatamente interrompia o diálogo. Ele era mais irascível, entretanto, quando os líderes falavam entre si.

Nossa principal intervenção foi retirar Jason da triangulação e liberá-lo de sua necessidade de monitorar constantemente os demais. Respondendo a seus esforços ansiosos a fim de desafiar e minar o subsistema executivo, passamos a ele uma mensagem consistente de que, como co-líderes, éramos responsáveis pelo grupo e as decisões finais seriam nossas. Asseguramos, também, que sabíamos como conduzir o grupo. No decorrer do ano, Jason aprendeu a aceitar essa realidade.

Fizemos um trabalho semelhante para retirá-lo da triangulação com sua família, diminuindo sua necessidade de se intrometer no subsistema parental, e Jason começou a ficar mais calmo, aprendendo gradativamente que um diálogo entre dois adultos não leva necessariamente a um conflito ou a uma disputa perigosa.

INTEGRAÇÃO DO PSICODRAMA

Na fase inicial de cada grupo, observamos que o conteúdo da conversação dos integrantes era bastante limitado. Eles invariavelmente escolhiam falar sobre eventos felizes, desejos agradáveis ou casos engraçados.

Tendo em vista nosso objetivo de ajudar essas crianças a viver a experiência de si mesmas de maneira diferente, tanto no contexto grupal quanto no familiar, algumas discussões foram iniciadas pelos líderes. Essas discussões cobriam amplo espectro de sentimentos, permitindo aos participantes falar sobre eles e conseqüentemente expressá-los.

Tristeza, raiva e medo eram considerados sentimentos negativos. Os pais não estimulavam sua expressão, o que contribuía para o processo de repressão. A introdução das técnicas psicodramáticas ajudou o grupo a lidar com o medo e com a raiva.

O psicodrama tem influenciado o trabalho dos terapeutas de família que procuram desenvolver os recursos expressivos das pessoas e ajudá-las a sair da imobilidade (Nichols, 1984). As técnicas da escultura da família (Duhl, Kantor e Duhl, 1973; Satir, 1972) e da coreografia da família (Papp, 1976a) foram inspiradas no psicodrama para desenvolver outros meios, que não a palavra, com o objetivo de auxiliar as famílias em sua expressão emocional e em sua capacidade de resolver problemas. Em nosso grupo, as técnicas psicodramáticas também ajudaram as crianças a atuar e a expressar seus papéis ou problemas e a expandir seu repertório de papéis.

A criação do psicodrama por Moreno está estreitamente ligada a seu trabalho com crianças. Quando estudante de medicina em Viena, em 1911, Moreno observava as crianças brincando no parque da cidade e ficava fascinado com sua criatividade e sua liberdade de expressão. Observando mais atentamente, ele também notou os efeitos emocionais positivos do engajamento delas na encenação de suas fantasias, emoções e preocupações. Passou então a contar-lhes histórias e pedir que elas assumissem os diversos papéis. Essa atividade evoluiu para experimentações posteriores no campo das técnicas de improvisação, envolvendo crianças e, por vezes, seus pais.

Em 1922 ele criou o Teatro da Espontaneidade, com influências da teologia e do teatro grego antigo e seus rituais (Moreno, 1947), e mais tarde integrou seus princípios e métodos à psicoterapia de grupo e à sociometria (Moreno, 1969).

O objetivo principal do psicodrama é alcançar um grau mais elevado de espontaneidade, que permita a expressão das forças criativas. Isso, ele observou, afeta as raízes do desenvolvimento espiritual e da vitalidade, conduzindo à saúde e à plenitude.

Blatner (1973) define o psicodrama como o "método que permite ajudar a pessoa a explorar as dimensões psicológicas de seus problemas por meio da encenação de suas situações conflituosas, mais do que falar a respeito delas" (p. 6).

Assim como outros métodos de ação, o psicodrama pode ser muito eficiente para pessoas com potencial verbal reduzido (em nosso caso, as crianças) e para as que tendem a intelectualizar excessivamente. É um método experiencial e participativo, que leva ao *insight*, à catarse e a mudanças comportamentais. Em seu formato típico, tem três fases: aquecimento, dramatização e compartilhamento.

Trabalhando o medo e a raiva

Os casos que se seguem demonstram a utilização do psicodrama para facilitar uma expressão melhor do medo e da raiva e para resolver questões relevantes.

Quando se opta por uma dramatização, a parte verbal é utilizada como aquecimento. Em seguida, passamos à ação. No final da sessão, como encerramento, é servido um lanche.

O caso de Hector

Hector tinha 7 anos e meio quando foi encaminhado à clínica em razão de pesadelos freqüentes, sonambulismo, mau desempenho escolar e baixa auto-estima. Filho de pai negro hispânico e de mãe branca, ele tinha duas meias-irmãs e um meio-irmão, de um casamento anterior da mãe.

A primeira ocorrência de pesadelos deu-se quando ele tinha 3 anos e meio e estava com a babá. Naquela ocasião, sua irmã mais velha tinha se casado e mudado para outro estado. Um ano mais tarde, os pais se separaram, tendo voltado a se unir várias vezes.

Quando foi encaminhado, outra ameaça de separação pairava sobre ele. Quando as brigas entre os pais se intensificavam, a mãe não escondia sua opinião de que "foi um erro casar com um homem de raça inferior". Isso, sem dúvida, afetava a auto-imagem de Hector, que tinha pele escura, mas se recusava a assumir que era negro; ele se considerava feio, embora qualquer pessoa que visse essa criança atraente, de olhos vivos, a achasse adorável.

Uma dramatização essencial aconteceu no dia em que Hector falou sobre seu pavor de um monstro à noite. Com o apoio do grupo, na fase de aquecimento, ele se declarou apavorado com o monstro, "que vai voltar e me machucar... um monstro enorme, que vai até o teto. Ele tem olhos verdes, mãos vermelhas, pés azuis e dentes pontudos".

Nessa dramatização, outra criança fez o papel do monstro. Hector tentou fugir dele, esconder-se debaixo de uma mesa, mas não deu certo. O monstro o perseguiu.

Perguntamos ao grupo se alguém tinha alguma idéia de como lidar com o monstro. Vários garotos, estimulados pela cena, ofereceram-se para dublar. A idéia era sempre bater no monstro (representado então por uma almofada). Hector seguiu o conselho, atacando e chutando a almofada. Mais tarde, ele até se ofereceu para fazer o papel do monstro.

No encerramento, procuramos ajudar Hector e o grupo a se acalmarem. Ele disse que se sentia melhor, com menos medo de que o monstro retornasse; caso isso acontecesse, ele nos contaria.

O caso de Cindy

Cindy foi encaminhada para a clínica quando tinha 6 anos e meio. Aparentava menos idade, era pálida e frágil e tinha voz tênue, difícil de ouvir. Sua aparência delicada contrastava com os problemas mencionados no encaminhamento. Nos dois anos seguintes à separação dos pais, precedida de agressões físicas mútuas, Cindy mostrara-se tão violenta que a mãe não conseguia controlá-la. Sua fúria era dirigida tanto a outras pessoas (atacava o irmão mais novo, atirava pratos na mãe) como a si mesma. Certa vez, ela se atirou escada abaixo; chegava a puxar os próprios cabelos ou a estapear o próprio rosto. Na escola, era socialmente retraída, mais do que parecia quando entrou no grupo.

A mudança comportamental mais significativa aconteceu quando o tema do grupo foi "sentimentos de raiva". Nessa ocasião, utilizou-se o psicodrama para explorar tais sentimentos e encontrar meios adequados para expressá-los.

Numa das dramatizações, quando outra criança era a protagonista, representando uma cena de raiva contra o irmão, os olhos de Cindy brilharam. Ela ficou entusiasmada, obviamente motivada pelo sentimento compartilhado, e se ofereceu para dublar. Quando estava fazendo o dublê, a líder a orientou a elevar a voz e prestar atenção em seu movimento corporal. A protagonista, então, imitou Cindy e começou a bater na almofada que representava o irmão.

No compartilhamento, Cindy foi elogiada pela ajuda de sua excelente dublagem. Nesse processo, a dublagem serviu a um propósito duplo: desenvolver a expressividade de Cindy e treinar um papel (Shearon, 1980). Também preparou o caminho para outras dramatizações em que Cindy foi protagonista.

A série de psicodramas iniciados por Cindy começou quando ela manifestou sua irritação com o irmão mais novo, que a perturbava quando ela fazia sua lição de casa ou rasgava seu caderno. Em outro momento, ela falou também sobre seus sentimentos de raiva em relação a uma tia que vivia com a família. Cindy reclamava que a tia a atormentava e que sua mãe tomava o partido da tia nas discussões. Ao mesmo tempo, disse ela, "isso faz a gente ficar nervosa por sentir raiva da mãe". Essa afirmação foi validada pelas outras crianças, que reconheceram diretamente a existência desses sentimentos.

Depois de dublar outras pessoas mais vezes, Cindy estava pronta para representar seus sentimentos de raiva da mãe e tentar trabalhá-los. A intensidade da cena foi surpreendente. Cindy gritou que sua mãe não cuidava dela quando precisava e não a ajudava quando o irmão, Michael, a perturbava. Ela pisoteou e esmurrou a almofada repetidamente, recusando-se a ouvir o que a auxiliar (que fazia o papel da mãe) tinha para dizer.

No encerramento, afirmou que "faz bem" botar a raiva para fora. Arranjou um nome para a dramatização, "O jogo do ódio", nome que o grupo adotou e pediu para jogar várias vezes.

Depois desses psicodramas, as mudanças de Cindy foram notáveis. Ela ficou mais falante e segura e tomava a iniciativa de muitas das discussões do grupo. Procurava estimular outros participantes que tendiam a ser reservados, dizendo-lhes que ela também tinha sido muito quieta. Quando as crianças falavam sobre o divórcio dos pais e o desejo de que eles voltassem a ficar juntos, Cindy dizia que ela não queria que seus pais se casassem novamente, porque "eles não querem".

Seu progresso na escola e com seus companheiros foi surpreendente, parecendo que ela tinha resolvido seus sentimentos em relação ao divórcio dos pais e encontrado um jeito melhor de se expressar e de interagir com os outros.

Pouco antes de receber alta, ela estava quieta durante a sessão. Quando perguntada por quê, exclamou: "Sabe, às vezes as pessoas não têm vontade de falar!"

SÍNTESE

A terapia estrutural de família e o psicodrama têm propriedades em comum. Ambos são considerados "métodos de ação" (Blatner, 1973; Minuchin, 1974) e procuram mudar a experiência do indivíduo em relação ao eu dentro de um sistema.

Enquanto o psicodrama provém diretamente do teatro, a terapia de família é descrita em termos teatrais. Minuchin (1974), por exemplo, define as mudanças estruturais como "os *highlights* da terapia. São intervenções dramáticas que criam movimento na direção dos objetivos terapêuticos" (p. 139).

Várias tentativas têm sido feitas para integrar os dois métodos (Duhl e Duhl, 1981; Starr, 1977), embora não se tenha reconhecido devidamente o criador do psicodrama por sua contribuição pioneira para a terapia de família e para o pensamento sistêmico (Compernolle, 1981).

Moreno sempre considerou o contexto relacional dos pacientes, o que ele definiu como "átomo social" (Hare e Hare, 1996). Zerka T. Moreno e Chris Farmer (1995) consideram um marco a publicação de Moreno, em 1937, do relato intitulado "Terapia interpessoal e a psicopatologia das relações interpessoais". Essa publicação assinalou uma nova era, em que se tratam relacionamentos e sistemas em vez de indivíduos ou "psiques". Williams (1989) também descreveu o psicodrama como uma terapia sistêmica e equipara suas teorias e técnicas com as teorias sistêmicas e a cibernética.

No desenvolvimento do modelo de grupo aqui descrito, foram aplicados conceitos e técnicas de ambos os métodos. Também se observaram paralelismos bem claros entre a fase de aquecimento e as operações de união, assim como entre a dramatização e a reestruturação.

As técnicas psicodramáticas não apenas ajudaram a capacitar as crianças a recriar conflitos ou papéis familiares, mas também facilitaram um aprofundamento da expressão emocional. Isso resultou, para a maioria delas, num repertório mais amplo de papéis, que elas poderiam desempenhar tanto dentro do grupo quanto na relação com os outros na escola ou em casa. Na maioria dos casos, observou-se melhora significativa, quando não a resolução dos problemas apresentados.

A faixa etária do grupo escolhido para esse modelo tem sido tradicionalmente a mais jovem em nossa clínica. É a idade em que as crianças fazem suas primeiras tentativas de se separar de suas famílias e de se envolver, no dia-a-dia, com os amigos e com estruturas externas. É um marco significativo, com suas especiais recompensas, dificuldades e desafios ao ajustamento. A intervenção nessa idade é relativamente precoce e pode ser vista como preventiva. Tal modelo de grupo, entretanto, pode ser aplicado a outras faixas etárias ou a diferentes períodos no ciclo vital da família.

A co-terapia desse grupo apresentou alguns problemas: defasagem entre o profissional e o estudante, assim como rotatividade dos estudantes, que mobilizava sentimentos relativos a separações anteriores na vida das crianças. Essas questões tiveram de ser trabalhadas permanentemente, com o objetivo de maximizar o efeito terapêutico, curativo, em benefício das crianças.

Muitas variações são possíveis na condução de grupos dessa natureza, os quais podem assemelhar-se a vários tipos de famílias: uma equipe estável de dois líderes, um líder único, líderes do mesmo sexo, para mencionar alguns.

O que experimentamos, com as idéias apresentadas neste capítulo, foi o sentimento geral de que o modelo comporta incontáveis possibilidades de desenvolvimento posterior.

REFERÊNCIAS BIBLIOGRÁFICAS

BANISTER, A. *The healing drama: psychodrama and dramatherapy with abused children*. Londres: Free Press, 1997.

_____. "Prisoners of the family: psychodrama with abused children". In: KELLERMANN, P. F.; HUD-

GINS, M. K. (orgs.). *Psychodrama with trauma survivors*: acting your pain. Londres: Jessica Kingsley, 2000, p. 97-113.

BLATNER, A. *Acting-in: practical application of psychodramatic methods*. Nova York: Springer, 1973.

BOWEN, M.. *Family therapy in clinical practice*. Nova York: Jason Aronson, 1978.

COMPERNOLLE, T. J. L. "Moreno: an unrecognized pioneer of family therapy". *Family Process*, n. 20, p. 331-335, 1981.

DUHL, B. S.; DUHL, F. J.. "Integrative family therapy". In: GURMAN, A. S.; KNISKERN, D. P. (orgs.). *Handbook of family therapy*. Nova York: Brunner-Mazel, 1981, p. 483-513.

DUHL, F. J.; KANTOR, D.; DUHL, B. S. "Learning space and action in family therapy: a primer for sculpture". In: BLOCH, D. (org.). *Techniques of family therapy*. Nova York: Grune and Stratton, 1973, p. 47-63.

FARMER, C. *Psychodrama and systemic therapy*. Londres: Karnac, 1995. [*Teoria sistêmica e psicodrama*. São Paulo: Ágora, 2004.]

HALEY, J. *Problem solving therapy*. São Francisco: Jossey-Bass, 1976.

HARE, A. P.; HARE, J. R. *J. L. Moreno*. Londres: Sage, 1996.

MINUCHIN, S. *Families and family therapy*. Cambridge: Harvard University Press, 1974.

_____; FISHMAN, H. C. *Family therapy techniques*. Cambridge: Harvard University Press, 1981.

MORENO, J. L. *The theater of spontaneity*. Nova York: Beacon, 1947.

_____. *Psychodrama: action therapy and principles of practice*. Nova York: Beacon, 1969. v. 3.

NICHOLS, M. P. *Family therapy concepts and methods*. Nova York: Gardner, 1984.

PAPP, P. "Brief therapy with couples". In: GUERIN, P. (org.). *Family therapy*: theory and practice. Nova York: Gardner, 1976a.

_____. "Family choreography". In: GUERIN, P. (org.). *Family therapy*: theory and practice. Nova York: Gardner, 1976b, p. 465-479.

SATIR, V. *Peoplemaking*. Palo Alto: Science and Behavior Books, 1972.

SCHAMESS, G. "Group treatment modalities for latency-age children". *International Journal of Group Psychotherapy*, n. 26, p. 455-473, 1976.

SCHWARTZ, W.; ZABLA, S. (orgs.). *The practice of group work*. Nova York: Columbia University Press, 1971.

SHEARON, E. M. "Psychodrama with children". *Group Psychotherapy, Psychodrama and Sociometry*, n. 33, p. 142-155, 1980.

SLAVSON, S. R.; SCHIFFER, M. *Group psychotherapies for children*. Nova York: International Universities Press, 1975.

STARR, A. *Psychodrama: rehearsal for living*. Chicago: Nelson Hall, 1977.

WHITAKER, C. "The hindrance of theory in clinical work". In: GUERIN, P. J. (org). *Family therapy: theory and practice*. Nova York: Gardner, 1976, p. 154-164.

WILLIAMS, A. *The passionate technique: strategic psychodrama with individuals, families and groups*. Londres: Routledge, 1989. [*Psicodrama estratégico – A técnica apaixonada*. São Paulo: Ágora, 1994.]

YALOM, I. D. *The theory and practice of group psychotherapy*. 3. ed. rev. Nova York: Basic Books, 1985.

5 → O CORPO FALA:
o uso de psicodrama e de metáforas
para conectar corpo e mente

Mary Anne Carswell e Kristi Magraw

> *Com uma esquisitice selvagem, [Queequeg] agora usava seu caixão como arca... Ele gastou muito tempo entalhando no tampo todo tipo de figuras e desenhos grotescos; e parecia que por meio disso ele estava se esforçando, à sua maneira rude, para copiar partes da emaranhada tatuagem de seu corpo. E essa tatuagem tinha sido o trabalho de um falecido profeta e adivinho de sua ilha que, com esses sinais hieroglíficos, escrevera em seu corpo uma completa teoria dos céus e da terra, e um tratado místico sobre a arte de alcançar a verdade; de tal forma que Queequeg, em pessoa, era um enigma a ser decifrado, uma obra maravilhosa em um volume.*

Herman Melville, *Moby Dick*, 1964, p. 612

Nosso corpo deseja falar, mas como nós ouvimos? É comum desconsiderarmos suas tentativas de estabelecer conversação, ignorando nossa realidade interna: "É só meu ombro que está doendo novamente".

A exposição prolongada à televisão e aos filmes de cinema nos ensinou a considerar a realidade algo que acontece "fora" de nós. Ela está fora de nosso alcance; nós não fazemos parte dela. Podemos descrevê-la, mas não nos colocamos, como vivência, dentro dela; dela não participamos. Estamos tão acostumados a esse modo de interação que nem nos damos conta de que interagimos com o corpo como se ele fosse uma coisa, algo separado do eu.

No entanto, a comunicação entre corpo e mente é essencial para garantir saúde e bem-estar. Os sintomas físicos aumentam quando não damos atenção aos aspectos emocionais subjacentes. Por exemplo, as manifestações físicas do eczema melhoram significativamente quando as manifestações emocionais da doença são amenizadas por meio de técnicas de relaxamento e visualização (Grossbart e Sherman, 1992).

Várias modalidades de relaxamento podem ajudar a diminuir o poder do medo sobre a mente. Mas o inverso é também verdadeiro: quando enfrentamos a realidade de um perigo real, podemos agir de forma adequada, o que diminui as chances de o medo tomar conta do corpo.

O que temos de fazer? Precisamos de uma comunicação de mão dupla. Precisamos cultivar maneiras de ouvir o corpo e falar de tal forma que este compreenda. Mas as palavras não são suficientes, por si mesmas, para estabelecer uma ponte que transponha esse antigo fosso entre corpo e mente. Precisamos cultivar novas ferramentas de linguagem.

Neste capítulo, descrevemos a linguagem que Kristi desenvolveu ao longo de seus 25 anos de experiência ensinando as pessoas a articular sensações e imagens corporais. Baseada no conceito de metáfora terapêutica, essa linguagem transmite informações com segurança do corpo para a mente e vice-versa. Começamos com uma breve discussão a respeito do que entendemos por metáfora.

METÁFORA

A metáfora opera no âmbito da imagem e, como tal, estabelece uma conexão entre a experiência que se sente e as palavras usadas para descrevê-la. Sua efetividade depende de sua vivacidade. Quando exata, a metáfora evoca uma integração entre corpo–mente, tornando verbal o não-verbal e assim aprofundando nossa experiência.

A metáfora pode ensinar-nos a pensar com o corpo e sentir com a mente, tanto quanto pensar com a mente e sentir com o corpo.

Os poetas procuram despertar o leitor para uma nova forma de ver as coisas, utilizando várias estratégias, como a justaposição de elementos inesperados. Surpreendidos pelo inesperado, mudamos nossa perspectiva. Constatamos que nossas velhas maneiras de perceber permaneceram por muito tempo sem ser examinadas, tidas como certas. Sentimo-nos com mais energia, mais criativos e mais conscientes. Aprendemos que podemos aprender. Isso é divertido!

No filme de Louis Malle *My dinner with Andre*, por exemplo, o extrovertido, dramático e dinâmico André brinda o livresco e conservador Wally com histórias a respeito de suas muitas aventuras durante um jantar em Nova York. Os dois são velhos amigos, vivendo diferentes mundos em suas perspectivas de vida. Wally escuta, enlevado. Percebe as diferenças que existem entre eles: André consegue seguir seu coração, assumindo muitos riscos, enquanto Wally faz uma lista diária das coisas que tem de fazer e vai ticando uma a uma, à medida que são feitas. Ao final do filme, Wally toma um táxi para voltar a seu apartamento. No carro, ele se senta na extremidade do banco, olhando lá fora o cenário que lhe é familiar desde a infância. Mas, tendo estado aquela noite com André, agora ele vê tudo de um modo novo, como se não tivesse visto nada disso antes, com os novos olhos que o amigo lhe deu.

Assim como Queequeg, todos temos "tatuagens", marcas deixadas sobre nós e dentro de nós tanto pela experiência quanto pelo código genético. Quando procuramos nomear essas marcas, deparamos com o significado específico de um padrão estendido de geração em geração na família – como alcoolismo ou alergias.

É um processo que nos modifica. Porque a metáfora evoca uma integração de corpo e mente, proporciona uma experiência de autenticidade. O significado que encontramos é de conexão, contexto, relacionamento e processo. Se a identificação é correta, por um momento nos encontramos em conexão autêntica com nosso eu e com nosso mundo. "Uma rosa é uma rosa é uma rosa", diz Gertrude Stein (em *Sacred Emily*, 1913), numa tentativa de zombar da incapacidade da linguagem de mostrar a realidade; mas, ironicamente, mesmo essa sua tentativa evoca a experiência do processo de tentar.

Algumas metáforas são de uso geral da cultura, por exemplo: "A necessidade é a mãe da criatividade". Outras são mais locais: o conceito psicodramático de "família de eus" tem sentido para psicodramatistas, mas não necessariamente para outras pessoas. E outras são criadas por indivíduos para uso próprio, como acontece, por exemplo, no sonho ou na comunicação carinhosa com um amigo íntimo.

Sempre que a metáfora aparece, ela funciona individualmente. E o que uma imagem evoca para uma pessoa pode não ser exatamente o que ela evoca para outra. O conteúdo da imagem talvez não seja muito importante, mas o contexto e a interação da pessoa com a imagem o são.

Ao convidar a interagir com ela, a metáfora pode proporcionar ao interlocutor o dom da experiência direta, como descobriu Wally. A metáfora tem uma multiplicidade de níveis, com muitos significados, e aproveitamos dela aquilo de que necessitamos. Se voltarmos a ela em outro momento, podemos mesmo discernir nela outro nível de significado.

Eu posso usar a metáfora para comunicar meus sentimentos mais profundos em relação a você. Você é livre para fazer de minha metáfora o que quiser (se tiver consideração forte por mim, vai querer fazê-lo), mas eu a criei com um significado para mim, mesmo que você escolha não participar de sua decodificação. E o fato de dá-la a você também tem significado para mim. Ao entregar a você minha metáfora, ofereço-lhe a possibilidade de aprender algo sobre si mesmo, tanto quanto sobre mim e sobre nós.

A beleza da metáfora é que, por sua linguagem vivencial, ela pode expressar com precisão a experiência atual e única da pessoa.

Na comunicação com o corpo, a busca da metáfora exata é o problema que se coloca para o terapeuta e o cliente que trabalham juntos como uma equipe. A seguir, alguns exemplos desse processo.

COMO CONVERSAR COM SEU CORPO

> *O corpo se lembra do que a mente esquece.*
>
> J. L. Moreno

Conversar com o corpo não é uma habilidade que em geral aprendemos e talvez pareça uma idéia estranha. Na verdade, porém, é fácil aprender, e os resultados podem ser imediatos.

Em seu trabalho com corpo e psicodrama, Kristi desenvolveu técnicas para sustentar a conversação entre mente e corpo e as utiliza nas mais diferentes formas.

Basicamente, todas elas procuram treinar a capacidade da pessoa de escutar os sinais de seu corpo. Preparam para trabalhar de forma vivencial – emocional, metafórica e sensorialmente – tanto quanto racional. Elas também costumam ajudar a pessoa a alcançar o nível catártico de alívio emocional. Finalmente, as conversas entre corpo e mente podem ser um dispositivo de fechamento, para levar a pessoa a um estado de repouso ao final de uma sessão.

Para utilizar esses métodos, a relação entre cliente e terapeuta deve constituir um lugar seguro para a revelação de vulnerabilidades, porque esse nível de trabalho pode mobilizar lembranças traumáticas que estejam armazenadas no corpo (veja, na p. 84, "O corpo e o momento catártico"). Trabalhar esses traumas às vezes é bastante desconfortável, e o vínculo entre cliente e terapeuta deve ser suficientemente forte para suportar essa perturbação.

Para o terapeuta, um pré-requisito importante é ter experimentado pessoalmente o método que ele utiliza com seus clientes. A experiência proporciona sensibilidade e noção de tempo, ensina como evitar a interpretação e ajuda a compreender e administrar os sinais do próprio corpo nas sessões.

Importante pré-requisito para o cliente é ter um ego suficientemente forte e/ou experiência prévia em terapia.

O próximo requisito, combinado à consulta direta com o cliente, é a avaliação contínua. Por exemplo, terapeuta e cliente precisam descobrir se existe o risco de este se dissociar. Será que ele busca as profundezas das dores passadas como meio de evitar as situações estressantes do presente? Se for às profundezas, não terá dificuldade de encontrar o caminho de volta? Ou acha que esse processo é fácil, sem necessariamente ter consciência do que está fazendo?

Algumas pessoas escolhem não ir tão profundamente para dentro de si mesmas porque lhes falta propensão psicológica – o caminho interior é desconhecido para elas ou ser extremamente bem defendidas ou muito reprimidas. Podem ter uma força de ego tão grande que não se permitem ir. Para outras, agir sobre problemas atuais é prioritário. Cada pessoa procede de forma diferente.

Para integrar mente e corpo, cabeça e coração, não existe um caminho único, que sirva para todos. Aprender como fazer proporciona uma grande recompensa: podemos descobrir como superar o poder de estrangulamento que os padrões defensivos e as crenças negativas têm sobre nós.

Aquecendo o corpo

Assim como os atletas aquecem os músculos antes de começar uma atividade mais extenuante, os clientes precisam aquecer seus "músculos" emocionais antes de embarcar na comunicação corpo–mente.

Um dos melhores aquecimentos é praticar a busca da metáfora no corpo. No começo de qualquer terapia, é conveniente o terapeuta perguntar: "O que você está sentindo em seu corpo hoje?" O simples ato de focar uma sensação (por exemplo, "minha mão está pesada") e buscar uma metáfora (por exemplo, "pesada como chumbo") pode iniciar o fluxo de sensações e imagens que levam a uma narrativa.

Cliente: Estou com uma pequena dor de cabeça.
Terapeuta: Em que lugar da cabeça?
Cliente: É uma pressão atrás dos olhos.
Terapeuta: Uma pressão aguda ou mais leve?
Cliente: Aguda e perfurante.
Terapeuta: Assim como...
Cliente: Um prego. Alguém está metendo um prego ali.
Terapeuta: Parece o quê?
Cliente: É surpreendente. Parece algo que está querendo chamar minha atenção.
Terapeuta: De onde, em seu corpo, vem essa coisa?
Cliente: Sinto uma pressão no estômago, também.
Terapeuta: Como é essa pressão?
Cliente: Ela vai subindo na direção de minha cabeça, como um tiro. Meu estômago está gritando: "Estou com raiva!"

Outra maneira de aquecer para a comunicação corpo–mente é o movimento. O terapeuta pode perguntar: "Qual o movimento que seu corpo pede agora?", "Qual parte do corpo está com mais dificuldade de se movimentar?", "O que o movimento está dizendo pra você?"

O cliente responde de acordo com sua prontidão para trabalhar com o corpo. Se não está pronto, sente poucas sensações e apresenta alguma dificuldade em descrevê-las metaforicamente. Se muito excitado, tem muitas sensações, mas pode ter dificuldade em nomeá-las, e a qualidade afetiva é fria. Entretanto, se experimenta facilidade em reconhecer as sensações e traduzi-las em metáfora, encontrando alívio ao expressar-se dessa forma ou fazendo conexão com eventos de sua vida atual com facilidade (por exemplo, "meu chefe é um saco"), então o cliente está pronto para entrar no trabalho emocionalmente extenuante que se segue.

O corpo e o momento catártico

A catarse é um evento intenso que envolve corpo, mente e emoção. Algumas vezes como uma explosão, o evento acontece nos três níveis simultaneamente.

A catarse rompe a armadura corporal, levando-nos a vivenciar o corpo de forma mais adequada às circunstâncias atuais. Por outro lado, essas novas experiências corporais nos sustentam e nos capacitam a escolher comportamentos que tenham mais relação com nossas preferências, em vez de agirmos de acordo com as velhas maneiras e de nos permitirmos ser governados por padrões.

Nem todo alívio emocional é catarse. Para uma verdadeira liberação em relação aos esquemas defensivos, é necessário que ocorram mudanças significativas. No corpo, o indicador de uma mudança significativa é o aumento da mobilidade; na mente, o sentimento de que há alternativas – espaço para ser espontâneo.

Quando experiências traumáticas ocorrem, é muito comum que não aliviemos a dor. Em conseqüência, a experiência não é confortavelmente integrada na memória. Ela se torna um fragmento que se desprende da mente consciente, provocando turbulência emocional acompanhada de desconforto corporal. Em decorrência, desenvolvem-se crenças que comprometem a adaptabilidade, como "eu sou uma pessoa totalmente errada", as quais servem para manter o fragmento isolado. O corpo responde de modo a se proteger dessas crenças com rigidez, num processo que podemos chamar de "armadura corporal". A tensão prolongada inibe a circulação, enfraquecendo e/ou enrijecendo os músculos.

Cliente: Sinto dificuldade na hora de fazer escaladas, porque meu peito fica todo comprimido. Parece o cordão de uma bola de beisebol enrolado bem apertado em volta do centro e costurado com crina de cavalo.
Terapeuta: E o que acontece então?
Cliente: Sinto que é insuportável e começo a gritar.
Terapeuta: Tudo bem, e o que acontece em seguida?
Cliente: Eu não acho que tudo bem. Sinto vergonha e não consigo respirar. Ah, eu lembro agora. A primeira vez que subi numa montanha eu estava desfazendo um namoro. Senti exatamente isso.
Terapeuta: O que aconteceria se você se permitisse gritar na próxima vez que fosse escalar?
Cliente: Eu gostaria de experimentar. Só preciso ter certeza de que não há ninguém por perto, que possa me interromper ou me chamar de louco.

Alguns de nós necessitam de mais intensidade para ter acesso às emoções no próprio corpo, outros precisam de menos. Com a medida exata, conseguimos experienciar o sentido corporal de nossas emoções – variações de soluço, estremecimento, grito, riso. Isso em geral é observado de fora. Entretanto, as expressões mais sutis – mudanças de energia ou pequenos alívios musculares e orgânicos – podem ser também de natureza catártica.

A catarse não é somente emocional. Há um elemento cognitivo importante, uma espécie de dupla consciência que nos permite saber o que estamos sentindo intensamente e ao mesmo tempo permanecer nesse sentimento intenso. O elemento cognitivo nos possibilita avançar na intensidade da experiência catártica com menos medo. Precisamos da segurança de saber que podemos sair do campo catártico quando quisermos, sem nos enroscarmos nele. E precisamos da segurança de saber que temos os recursos necessários para compreender o significado de nossa experiência catártica, tais como força de ego, estabilidade emocional, uma rede de apoio e âncoras positivas.

A segurança pode ser fomentada por outra pessoa, por uma referência espiritual ou por um conjunto adequado de técnicas e estruturas terapêuticas. Em primeiro lugar, entretanto, ela é proporcionada pelos recursos de nossa própria mente, ou seja, o desejo de escutar atentamente o corpo e as emoções.

Fisicamente, uma experiência catártica efetiva compreende elementos de respiração, som, gesto e movimento. A respiração que acompanha a catarse é mais profunda do que a normal. Para viabilizá-la, focalize a caixa torácica e o diafragma. Também é útil alongar lateralmente a caixa torácica, da mesma forma que massagear sob ela ou respirar lentamente, contando. A respiração rápida ajuda a desobstruir os dutos nasais.

Muitas pessoas têm vergonha de fazer barulho. Quem sofreu algum trauma nas mãos de um cuidador abusivo pode ter aprendido a manter silêncio como estratégia de sobrevivência. Pessoas assim talvez precisem reaprender a habilidade de fazer sons. Isso costuma ser um bom desafio emocional. O primeiro passo é começar com um suspiro ruidoso. Então, caso o som se conecte com alguma dor no corpo, repetir o som para aliviar a dor. O terapeuta pode fazer o som com o cliente, para facilitar o início. Indo mais profundamente, o cliente pode fazer um gesto para acompanhar o som. Finalmente, a pessoa pode liberar toda a extensão do som, acompanhada pela extensão máxima da emoção – suspirando, gemendo, lamentando, rangendo, gritando ou gargalhando.

Quando o terapeuta corporal trabalha com um grupo muscular enrijecido usando movimento, técnicas de manipulação ou foco mental, o cliente pode ter uma catarse corporal completa. O terapeuta percebe os tecidos do cliente amolecendo e se afrouxando como se desaparecessem as fibras faciais e musculares envolvidas num processo crônico de fabricação de armadura. O cliente pode relatar uma sensação de estiramento, seguida por uma sensação de calor, formigamento ou relaxamento muscular. Juntas e ligamentos podem se deslocar, permitindo à pessoa encontrar um novo alinhamento postural, menos rígido.

O que identifica a experiência catártica é o movimento. O movimento físico por si mesmo, sem foco explícito ou desejo de mudança terapêutica definida, pode levar diretamente a uma catarse emocional. Por exemplo, muitas pessoas relatam o aparecimento súbito de uma emoção ou de um *insight* em meio a uma aula de aeróbica ou de ioga. Estruturado ou não, o movimento que se faz com mente observadora e sem julgamento pode tornar-se espelho para um passado que esteja interferindo no presente.

Para otimizar a capacidade do corpo de ajudar-nos a conhecer as emoções, precisamos estar conscientes, sintonizados no que o corpo está dizendo, mesmo quando não esperamos que ele o faça.

Muitas pessoas insistem em resistir ao exercício porque ele tem o potencial de trazer emoções e lembranças que elas não têm certeza de poder manejar. Por mais segurança que essa escolha possa oferecer, ao decidir não movimentar-se essas pessoas também bloqueiam sua espontaneidade criativa. Estar vivo é estar em movimento.

Monólogo corporal: eu primeiro

Com raras exceções, o corpo e suas sensações não costumam ter tempo livre. Assim, antes de começar um diálogo mente-corpo, este necessita de um monólogo próprio.

Sugerimos um processo chamado de "acompanhamento do sinal corporal".

Inicie com o silêncio. Estimule respiração profunda, para sentir o fluxo interior. Quando as palavras vêm, o cliente deve começar com afirmações baseadas em sensações corporais como "sinto um aperto", "sinto-me torto", "sinto-me pesado" e, em seguida, passar a conexões metafóricas, como "sinto-me apertado como uma sardinha enlatada", "torto como um arame retorcido", "pesado como pedra". Estimule o cliente a mudar para afirmações que exprimam satisfação de demandas, como "sinto-me apertado como uma sardinha e quero me libertar". O que o corpo pede nesse momento geralmente é um alívio, físico ou emocional.

Finalmente, perto do encerramento da sessão, podem surgir interpretações do tipo "sinto-me torto como um arame retorcido porque estou confuso com as mensagens contraditórias de minha família".

Embora *insights* possam emergir espontaneamente, é importante não forçá-los. Primeiro, permita uma participação plena do corpo, de tal forma que o *insight* se baseie numa sensação corporal e numa metáfora. Isso cria a vitalidade que pode dar sustentação à mudança por ele apontada.

A experiência de sentir dor física pode evocar um tema emocional, pelo que é importante ouvir como o cliente descreve essa dor e então relacioná-la com a natureza de seu dilema emocional.

Também se pode ir por outro caminho. Quando o cliente está descrevendo um tema emocional, escute as palavras que têm o corpo como referência, como "pesado", "leve", "grande", "pequeno". Faça perguntas que possam ajudar o cliente a descobrir que parte do corpo pode estar expressando essa emoção.

Sarah tinha uma sensação que subia pela perna, ao longo do meridiano hepático. Kristi perguntou-lhe que tipo de sensação era, ao que ela respondeu que a parte inferior das pernas parecia pesada. "O que pesa?", perguntou Kristi. "Os detalhes", disse Sarah, "como ocorreu no meu último emprego, em que eu tinha de cuidar de todos os detalhes." Kristi comentou: "Você não podia voar". "Sim! É isso mesmo", respondeu Sarah. "Todos podiam voar, menos eu. Naquele ano, eu fiz muitos desenhos de pássaros."

Kristi então estimulou Sarah a dar chutes, o que ela fez com muita força, enquanto expressava vocalmente sua raiva. Numa pausa, Sarah se deu conta de que lhe faltara a experiência de reagir, tanto em família quanto em seu último emprego.

Kristi perguntou a ela onde se localizava, em seu corpo, aquela experiência faltante. Sarah mostrou a parte superior direita das costas. Quando Kristi começou a trabalhar as costas, também na área hepática, Sarah sentiu que as pernas lhe tremiam e as sacudiu. Nesse momento, teve a sensação de que se dirigia ao local onde fizera uma cirurgia. Kristi pediu uma imagem do que aqueles sentimentos estavam comunicando a sua bexiga cirurgicamente implantada. Sarah respondeu: "Parece água parada, com nuvens refletidas nela". Kristi disse: "Você está sendo refletida", ao que Sarah contestou: "Sim, está gostoso. É algo que eu queria muito".

Nem sempre é tão fácil decifrar sinais e metáforas, porque o sistema experiencial tem muitos vaivéns, saltos, mudanças bruscas, como parte de seu modo de ser. É importante ter bom vínculo com o cliente, de tal forma que os momentos de nebulosidade ou confusão possam ser navegados suavemente, com o terapeuta buscando seguir as dicas do cliente mais do que forçando uma programação rígida.

É igualmente importante discernir se existe um padrão nos comportamentos de resistência ou nas demandas do cliente. Para sobreviventes de abuso, costuma acontecer um estado de superexcitação. Suas tentativas de resolver os problemas são acompanhadas pela urgência, que somente reproduz e assegura a persistência em tal estado. Nesse caso, é melhor quando se enfrenta o padrão e o cliente é estimulado a diminuir o ritmo.

Quando há resistência, a expressão de uma emoção básica como medo ou luto costuma derivar para o deslocamento preferido, por exemplo a raiva, impedindo assim o cliente de encontrar soluções. O melhor, então, é que o cliente seja cuidadosamente guiado de volta para a emoção básica.

Como podemos saber se o trabalho corporal e a catarse emocional por ele proporcionada estão funcionando contra ou a favor de um padrão de mau ajustamento?

Estarão proporcionando alívio e redirecionamento ou meramente replicando alguns aspectos do padrão?

Como primeiro passo, é importante ter clareza a respeito do contexto em que são aplicadas técnicas estressantes ou profundas. A pessoa que vivenciou uma dor extrema pode ser retraumatizada por essas técnicas. Quando o cliente se sente seguro para trabalhar dessa maneira, o terapeuta deve avaliar o progresso da catarse, observando o funcionamento do sistema nervoso autônomo.

O sistema nervoso autônomo é composto de dois ramos, o simpático e o parassimpático. Os nervos simpáticos tomam parte em situações de atividade e esforço; os parassimpáticos, em estados de relaxamento e repouso. A saúde e o equilíbrio são garantidos por uma atividade regular seguida de igualmente regular retorno ao repouso. Este é tão importante quanto a atividade, porque é quando ocorre a absorção e a assimilação. O objetivo último, o ideal de uma terapia corporal é desenvolver a capacidade de transitar livre e facilmente entre atividade e descanso.

Um dos indicadores de qual sistema nervoso está operando em dado momento é a cor da face do cliente. Quando uma pessoa está assustada, os músculos se posicionam no modo "lute, fuja ou não se mexa" – todos estados simpáticos. A face fica pálida e comprimida; os olhos, arregalados. Se a face da pessoa está vermelha ou enrubescida e comprimida, os olhos estalados, o medo pode estar misturado com a raiva. De modo inverso, quando a pessoa está num estado parassimpático de relaxamento, a face fica levemente corada e suave em volta dos olhos.

O modo de respirar da pessoa é outra forma confiável de observar como está o sistema nervoso. No processo simpático, a respiração é mais curta e mais alta, no peito. No parassimpático, a respiração é lenta e profunda. O coração bate mais rapidamente no processo simpático e mais devagar no parassimpático. A expressão emocional do cliente tende a parecer rígida ou automática no estado de atacar ou fugir, mais solta e mais espontânea quando retorna ao estado de relaxamento. Músculos cerrados, padrões respiratórios sem ritmo ou dores no peito podem impedir que se complete o processo simpático. Destacar e reconhecer essas características, utilizando o acompanhamento dos sinais corporais, pode servir para processá-las e permitir que a pessoa mude para um processo parassimpático prazeroso, acompanhado por uma respiração plena, alívio muscular e temperatura amena no peito.

O cliente pode alternar várias vezes entre simpático e parassimpático no decorrer da sessão. Conforme vêm à tona lembranças no trabalho terapêutico, o corpo do cliente pode mudar para o modo simpático até que as memórias sejam suficientemente processadas, a ponto de o corpo retornar ao parassimpático. O terapeuta deve conduzir o cliente a uma zona de conforto ou lugar seguro no começo da sessão, para ajudá-lo a retornar ao processo de descansar-e-digerir. Isso é importante quando acontece uma superexcitação durante o trabalho. O cliente deve dar um nome para esse lugar seguro, que tenha para ele um significado forte. Algumas vezes o mero fato de mencioná-lo (por exemplo, "o espaço verde" ou "o parque") é suficiente.

Começar a sessão localizando essa zona de conforto numa sensação corporal (como "Onde fica o espaço verde no seu corpo neste momento?") pode facilitar um retorno a ele no final. Termine a sessão num estado parassimpático, de tal forma que o cliente possa elaborar tudo o que aconteceu ao longo da sessão.

Diálogo corporal: caminhando juntos

O corpo espelha conflitos mentais e emocionais. Por exemplo, quando as pessoas sentem-se em conflito, os músculos "sim" e "não" no alto do pescoço trabalham um em oposição ao outro. O impulso dos músculos "sim" é no sentido de inclinar a cabeça, enquanto os "não" pretendem sacudi-la. Esse conflito produz tensão no pescoço. O fato de dar um tempo para que cada impulso se realize sem interrupção – que no psicodrama nós chamamos de "subir ao palco" – proporciona uma compreensão profunda e uma descarga das emoções e dos pensamentos relacionados com cada uma delas. Uma conversa entre impulsos opostos pode levar a uma resolução tanto física quanto emocional.

Para ilustrar a técnica do diálogo corporal, usaremos o exemplo de um cliente que resolve promover uma conversa entre seus joelhos e seus ombros. O papel que o cliente não está fazendo deve ser desempenhado por um auxiliar; na terapia bipessoal, o terapeuta. Se o cliente escolhe assumir o papel dos joelhos, o auxiliar ou o terapeuta fará os ombros. Os dois devem, depois, inverter. Embora possam existir, nessas partes do corpo, genitores ou pedaços do eu mais antigos, é importante continuar trabalhando com a parte do corpo como tal (nesse caso, os joelhos), porque pode haver alguma informação física vital a ser comunicada, por exemplo "Eu preciso fazer exercícios para me fortalecer antes de me arriscar no plano emocional".

Uma vez no campo da experiência emocional direta, é igualmente importante permanecer nele o suficiente para a descarga emocional, antes de passar à interpretação ou à solução de problemas. É possível que nessa fase o terapeuta seja colhido pela pressão de suas próprias emoções não resolvidas. Pode forçar o cliente a um lugar que seja mais confortável para ele. É preciso exercitar a paciência. Devem-se observar, nessa etapa, as mudanças físicas do cliente na direção de um retorno ao parassimpático: respiração mais profunda, soltura das tensões posturais e coloração da face.

Algumas vezes, ocorre um problema na hora de aprofundar a catarse necessária para superar o conflito entre as duas partes do corpo. Pode ser ocasionado por uma questão contextual, como o cliente não estar presente de fato, seja consigo mesmo, seja com o terapeuta. Nesse caso, trabalha-se primeiro o relacionamento. Se o cliente não está conectado consigo mesmo, cliente e terapeuta podem tentar facilitar essa conexão.

Mas é possível também que o problema seja uma questão de introjeção, ou seja, tomar para si os sentimentos de outra pessoa. Nesse caso, o cliente pode tentar identificar a pessoa absorvida por sua psique e fazer a separação, encontrando, por exemplo, sua mãe em seus joelhos. Então, pede-se a um auxiliar que suba ao palco e represente a mãe; o cliente conversa com ela antes de voltar ao diálogo com os joelhos. Como em qualquer diálogo, é importante que a solução a que se chegue seja satisfatória para ambas as partes do corpo.

Finalmente, é bom fazer anotações precisas das mudanças na sensação corporal do começo ao fim da sessão. É um ótimo treino para a sensibilidade corporal e dá ao cliente um sentimento de realização.

O corpo no trabalho com sonhos: duplicar o efeito

As metáforas oníricas podem proporcionar mensagens simples e diretas a respeito de nossas necessidades corporais. Uma cliente sonhou que estava na fila de uma cafeteria. A pessoa que estava na frente dela pegava comida para seu patrão, um médico – peixe e salada. A interpretação era: "Exatamente como o doutor mandou!"

Os sonhos contêm metáforas vívidas como essa. Quando as trazemos ao palco do corpo, podemos vê-las muito mais claramente. Peça ao cliente que recorde o sonho e o conte em voz alta, com os olhos fechados. Tanto o cliente como o terapeuta devem observar qualquer movimento corporal espontâneo ou qualquer mudança no tom de voz, porque podem indicar a imagem que tem o maior tom emocional. Em seguida, peça ao cliente que escolha a imagem mais fácil ou mais vívida, que ele assuma o papel da imagem – o lago azul, o monstro ameaçador, o velho amigo – e encontre um lugar em seu corpo com o qual a imagem esteja mais conectada. À medida que ele continua a fazer associações com a imagem, faça perguntas sobre as sensações corporais para aprofundar a conexão com o corpo. A catarse costuma acontecer nesse ponto.

Depois do alívio, convide o cliente a pensar analiticamente, pedindo-lhe que pense na mensagem do sonho: "Por que você acha que esse sonho veio justamente agora?" Isso lhe permite retornar e procurar o contexto, assim como a emoção do sonho. Quando ele consegue articular a mensagem, sua mente e seu corpo estão vinculados. Nesse ponto, peça-lhe que escolha onde a imagem pode se situar em seu corpo, levando o foco novamente para a experiência. Isso pode significar realizar uma tarefa onírica, como comer peixe e salada. O ato físico de fazer isso fortalece a mensagem do sonho.

O sonho de Rachel aconteceu depois que ela teve uma discussão com um amigo, que foi resolvida satisfatoriamente. No sonho, ela estava relaxada, tomando sol junto de uma roseira, sentindo-se livre de qualquer preocupação. Nesse momento ela foi interrompida por seu ex-marido, que estava em sua antiga casa e a chamava de lá. Viu também seu antigo cachorro. Quando pensava no que fazer, sentiu um fio de cabelo na garganta e tentou tirar. Ele estava grudado no lado esquerdo e ela teve de fazer bastante força para conseguir. Quando finalmente o cabelo saiu, ela sentia vontade de chorar, mas também certo alívio.

Quando Rachel contou o sonho, Kristi notou que ela fazia movimentos bruscos com a cabeça enquanto descrevia o fio de cabelo. Percebeu também que as mãos dela mostravam a força que tinha de fazer para puxar. Kristi propôs que Rachel assumisse o papel do cabelo, dizendo: "Eu sou a raiva não explicitada. Eu puxo o pescoço dela. Faço-a ficar preocupada". Como a imagem negativa já estava associada a uma área corporal, Kristi a estimulou a buscar uma área corporal para as imagens positivas – o cachorro e o sentimento de estar junto de uma roseira. Rachel associou o cachorro com seu coração sendo aberto e o sentimento da roseira, com suas costas – ser capaz de repousar e confiar. Nesse momento ela começou a chorar e teve um *insight* catártico de que se sentia magoada e aborrecida por causa de todo o tempo que teve de gastar preocupando-se com o ex-marido. Veio-lhe à mente uma cena rápida, uma lembrança associada a situações de preocupação e, em contraste, de repouso e confiança.

Completada a catarse, Kristi perguntou: "O que esse sonho poderia estar dizendo a respeito de sua vida atual?" Rachel respondeu: "Se eu expresso minha raiva, não preciso ficar preocupada. Eu preciso viver mais essa sensação da roseira".

Elas encerraram a sessão identificando uma tarefa onírica: quando Rachel se sentisse preocupada, deveria perguntar-se pelo motivo de sua raiva e o que deveria fazer com isso. Ela decidiu também meditar sobre a imagem de deitar-se ao sol junto da roseira.

Aproveitar a energia de uma imagem onírica para reforçar uma metáfora de mudança confere a essa mudança certa facilidade. A metáfora de mudança localiza a metáfora mal-adaptativa que está encravada nos circuitos da memória e se contrapõe a ela: "Estou bem como eu sou", por exemplo, contradiz "Sou um patinho feio".

Encontrada a boa metáfora, ela se firma na memória com vitalidade duradoura. Da mesma forma que quando adultos nos lembramos de pesadelos da infância, podemos relembrar uma imagem onírica ou uma metáfora positiva, prosseguindo sua integração para uma mudança de longo prazo.

O corpo e o fechamento: a importância da retirada

As pessoas sentem o fechamento quando retornam a um estado parassimpático. Quando, porém, as experiências passadas de medo interferem, elas podem achar difícil mudar de um estado de atacar-ou-fugir para um estado de descansar-e-digerir. Podem ocorrer problemas de sono, pressão arterial elevada, sobressaltos, entre outros distúrbios relacionados com a tensão.

É importante reaprender a capacidade de mudar de uma situação de alarme para uma mais calma – aprender fechamento, da mesma forma como temos de aprender espontaneidade.

A energia *yin* está relacionada com o sistema parassimpático e a energia *yang*, com o sistema simpático. Os chineses acreditam que massagear as mãos, especialmente os dedos, onde há muitos pontos calmantes, facilita a transição de *yang* para *yin* e vice-versa, dependendo do que a pessoa precisa. Às vezes o mero fato de deitar e fechar os olhos produz um movimento na direção do estado parassimpático, da mesma forma que bocejar.

Algumas vezes é necessário o alívio emocional das tensões do cotidiano antes que se faça a mudança. Relembrar experiências leves e felizes pode ter o mesmo efeito. A música afeta o corpo rapidamente e pode também ser usada como fechamento corporal.

Autocuidado para o cliente e para o terapeuta: estamos nessa juntos

A consciência corporal antecede a consciência mental. O corpo expressa por meio de sinais corporais as informações a respeito da experiência que ainda não atingiram o racional.

Os sinais do corpo do terapeuta são tão importantes para o progresso da terapia quanto os do cliente. Os terapeutas foram treinados para ouvir cuidadosamente o cliente e para ficar alertas à contratransferência. Sinais do corpo do terapeuta são importantes indicadores de contratransferência. Por exemplo, quando o cliente aborda um tema bem defendido, a consciência corporal do terapeuta pode sentir uma onda de cansaço. Ele pode interpretar essa sensação física como sinal de que o cliente está perto de algo importante. Evidentemente, o cansaço pode ser um sinal de que alguma questão do próprio terapeuta esteja emergindo; as feridas não-resolvidas do terapeuta podem ameaçar reabrir-se. Nesse caso, a tarefa do terapeuta é procurar supervisão ou terapia, para buscar suas próprias resoluções terapêuticas.

Dublagem consciente e inconsciente

A relação terapêutica pode ecoar estágios primitivos de desenvolvimento, refletindo o vínculo entre genitor e filho. Esse vínculo "vai além da simples imitação; a mãe e a criança realmente sincronizam seus estados emocionais" (Ratey, 2002, p. 300).

A dublagem, uma ferramenta empática utilizada no psicodrama para entrar na realidade emocional de outra pessoa, funciona como uma espécie de sincronização emocional.

No dublê clássico, o terapeuta assume uma posição corporal idêntica à do cliente, colocando-se pouco mais atrás e lateralmente. Ele se imagina como o cliente e fala o que está sentindo como se fosse a voz interior do cliente, expressando o que está prestes a se tornar consciente. Quando o recurso é efetivo, o cliente experimenta um sentimento de ser conhecido, de ter uma companhia em seu caminho de exploração emocional.

Quando utilizada conscientemente, a dublagem facilita o vínculo empático, gera confiança e estimula a entrada do cliente no sistema vivencial. A dublagem inconsciente, ou seja, a absorção inconsciente das emoções não expressadas dos clientes, é difícil e cansativa para o terapeuta. Ela freqüentemente ocorre quando o terapeuta afrouxa os limites por problemas de saúde, hábitos de envolvimento ou falta de habilidade para identificar sinais emocionais. Em conseqüência, o terapeuta pode sentir o material não processado do cliente como uma espécie de pressão, o que pode resultar em comportamentos confusos do terapeuta, como identificar-se inadequadamente com o cliente. Se isso acontece, o cliente pode não se sentir empatizado, e sim invadido.

Lidar com esse problema terapêutico, assim como com muitos outros, é questão de ter consciência da situação de modo que se possam manter a força de ego do terapeuta e os limites adequados, sem prejudicar a conexão com o cliente. Uma das melhores formas de fazer isso é simplesmente aprender a se perguntar: "De quem é esse sentimento?" Se a resposta for "meu", então precisa ser posto de lado e enfrentado mais tarde. Se for "do cliente", o terapeuta deve verificar se o cliente está em condições de lidar com ele. Se o cliente tiver condições, então uma questão que venha diretamente do sentimento do terapeuta pode levar o cliente a avançar em seu processo.

Enquanto Lilian caminhava na sala de terapia, Kristi sentiu uma pancada dolorosa no lado direito da cabeça. Monotonamente, Lilian começou a relatar um incidente de irritação com seu chefe. Continuando a ter momentos de dor na cabeça, Kristi disse: "Estou pensando se tudo isso lhe provoca dor de cabeça". Num tom mais animado, Lillian disse: "Sim! É uma dor de cabeça terrível". Depois disso, ela conseguiu abordar sua raiva e seu desejo de sair da situação. Ao mesmo tempo, a dor na cabeça de Kristi passou.

Algumas vezes, quando o cliente não consegue ou não deseja abordar a história toda, por exemplo a profundidade de determinado sentimento, o terapeuta pode sentir isso emocionalmente ou em seu próprio corpo. Como o cliente não se expressa claramente, o terapeuta pode sentir dificuldade de prosseguir e nem mesmo ter consciência do que está acontecendo, dado o caráter inconsciente do processo.

O terapeuta pode então, ao encerramento da sessão, ficar com algum resíduo físico ou emocional. O grau desse fenômeno varia, dependendo da natureza do contrato terapêutico, da sensibilidade do terapeuta e do tipo de trabalho que está sendo feito. A terapia corporal é mais difícil para alguns terapeutas porque a maior proximidade com o corpo do cliente pode facilitar a dublagem inconsciente. Por outro lado, alguns terapeutas verificam que sentar e ouvir é mais difícil porque podem assumir a postura do cliente, entrando inconscientemente em sua realidade emocional e absorvendo-a.

Para os terapeutas, é importante conhecer suas próprias suscetibilidades, seu melhor método de criar limites adequados, a maneira de se livrar dos resíduos. Um método simples é sentir onde se localizam no corpo a dor, o peso, o cansaço e examiná-los. Algumas vezes, esse simples exercício é suficiente. Outras vezes, os terapeutas podem ter de trabalhar cognitivamente os sinais corporais, de modo que possam compreender sua contratransferência. Isso pode incluir uma catarse corporal ativa.

Com muita freqüência, os terapeutas ficam bloqueados em seu papel de cuidadores em vez de serem capazes de assumi-lo e exercitá-lo com facilidade. Exercícios consistentes, toque e trabalho terapêutico são ferramentas efetivas para o autocuidado do terapeuta. Por outro lado, também é bom equilibrar humor e beleza na vida.

CONCLUSÃO

"Meu corpo é meu amigo, não meu inimigo. Ele é um livro que eu posso ler, não um manual confuso que somente os médicos compreendem."

Quantos de nós podemos fazer essa afirmação? Nossas relações com o próprio corpo são suficientemente desenvolvidas? Elas se refletem em outras relações nossas?

Diálogos regulares com o corpo nos estimulam a buscar outras conversações com nós mesmos, com amigos e com a família. Quanto mais nós conversamos, mais fácil se torna conversar. Se vivemos dores corporais crônicas, podemos jogar no cônjuge e nos filhos frustração e desconforto. Mas, quando entramos em diálogo com o corpo e começamos a encontrar motivos e soluções para a dor, há menor tendência de jogarmos frustração em cima de pessoas queridas. É mais provável que sejamos capazes de saber e perguntar diretamente o que necessitamos para melhorar a situação. Quando ouvimos mais cuidadosamente os sinais do corpo e nos dedicamos a buscar menos dor, tornamo-nos mais proativos em relação a nossas necessidades. Sendo proativos, podemos ter relacionamentos mais fáceis e mais satisfatórios. Entrar no campo do núcleo sensorial, emocional e metafórico de nosso ser abre-nos um leque mais amplo de possibilidades, que nos ajuda a levar uma vida mais rica e mais expansiva. Podemos experienciar o mundo por meio do corpo, quando lhe damos essa oportunidade.

NOTA

Para nós, a "imagem" contém elementos de todos os sentidos, não apenas do visual. Uma imagem, nesse caso, evoca emoções intensas e pode incluir elementos auditivos, táteis, gustativos e olfativos.

REFERÊNCIAS BIBLIOGRÁFICAS

CARSWELL, M. A.; MAGRAW, K. "Embodiment as a metaphor in therapy". *Organdi Quarterly*, n. 2, 2001. Disponível em: <http://www.geocities.com/organdi revue>.

Fox, J. (ed.). *The essential Moreno*. Nova York: Springer, 1987. [*O essencial de Moreno – Textos sobre psicodrama, terapia de grupo e espontaneidade*. São Paulo: Ágora, 2002.]

GROSSBART, T. A.; SHERMAN, C. (orgs.). *Skin deep: a mind/body program for healthy skin*. Ed. rev. Santa Fé: Health Press, 1992.

MARINEAU, R. F. *Jacob Levy Moreno, 1889-1974: father of psychodrama, sociometry and group psychotherapy*. Londres; Nova York: Routledge, 1989. [*Jacob Levy Moreno, 1889-1974: pai do psicodrama, da sociometria e da psicoterapia de grupo*. São Paulo: Ágora, 1992.]

MELVILLE, H. *Moby-Dick: or, the whale*. Nova York: Bobbs-Merril, 1964.

RATEY, J. J. *A user's guide to the brain: perception, attention, and the four theaters of the brain*. Nova York: Vintage, 2002.

STEIN, G. *Selected writings of Gertrude Stein*. Nova York: Vintage, 1990.

_____. *Writings, 1903-1932*. Nova York: Library of America, 1998.

6 → SINERGIA ENTRE ARTETERAPIA E PSICODRAMA:
interligando os mundos externo e interno

Jean Peterson

Este capítulo discute como o psicodrama e a arteterapia podem ser usados conjuntamente, criando assim uma nova modalidade.

A arteterapia estabelece uma ponte entre o mundo externo e o mundo interno do indivíduo. A arte pode acessar e dar forma a sentimentos, pensamentos e lembranças profundamente sepultados, enquanto o grupo psicodramático é um lugar seguro para começar a trabalhar com o material descoberto.

A combinação de arteterapia e psicodrama, uma forma eficiente de trabalhar com a maioria das pessoas, é especialmente recomendada para clientes isolados e dissociados. Ela pode facilitar a cura de traumas de maneira mais completa do que qualquer das duas modalidades utilizada isoladamente. A arteterapia permite o acesso e o psicodrama proporciona correção e cura.

Este capítulo começa com uma síntese da história das relações entre arteterapia e psicodrama. Em seguida, explora o funcionamento da sinergia entre ambas e discute alguns problemas que aparecem quando se integram essas modalidades, temas concernentes à arteterapia, à produção de arte e a materiais artísticos, que não são necessariamente familiares aos psicodramatistas. Alguns casos e algumas técnicas específicas vão sendo apresentados, tendo em vista sua aplicabilidade profissional.

O objetivo deste capítulo é ajudar os psicodramatistas a entender o que acontece quando se trazem materiais artísticos para o teatro psicodramático.

BREVE HISTÓRIA DAS RELAÇÕES ENTRE PSICODRAMA E ARTETERAPIA

A integração de artes visuais com dramatização, no processo de terapia de grupo, é, na verdade, um retorno às origens das terapias artísticas criativas das tradições xamânicas antigas. As cerimônias de cura xamânica incorporavam todas as artes: música e percussão, fantasias e danças, trabalhos artísticos visuais como máscaras e pinturas na areia, além da encenação ritual da comunicação com os espíritos, tudo no contexto de uma comunidade de apoio (Eliade, 1964; McNiff, 1981, 1992).

Com a Revolução Industrial e o foco na ciência e na automatização tecnológica, as artes curativas xamânicas se esvaziaram no mundo ocidental. Os progressos médicos trouxeram tecnologias capazes de salvar vidas, mas perdeu-se uma visão mais holística das pessoas e de seus problemas. No início do século XX, entretanto, o papel curativo das artes começou a reemergir.

Carl Jung entendeu o papel da imaginação simbólica nos sonhos e nas artes como central para a compreensão do psiquismo humano e percebeu o processo criativo como essencial para seu auto-entendimento (Jung, 1965). Ele exerceu influência destacada sobre muitos arteterapeutas (McNiff, 1992).

Jung desenvolveu um processo terapêutico chamado "imaginação ativa", que em sua essência é um diálogo dramático imaginário com imagens oníricas. A imaginação ativa implica também a utilização de modalidades artísticas criativas, ou seja, desenho, pintura, escultura, canto, dança e poesia a respeito de imagens do sonho (Robertson, 1992; Singer, 1973).

O trabalho de Jung enfatizou também a alma e o inconsciente coletivo, ou seja, os universos espiritual e transpessoal (Robertson, 1992; Singer, 1973). Sob muitos aspectos, ele trouxe para o contexto presente as raízes xamânicas da psicoterapia. Enquanto Jung focalizava o psiquismo individual, Moreno voltava-se para o poder curativo do grupo.

Por volta da metade do século XX, as terapias artísticas criativas (arteterapia, terapia da dança e do movimento, musicoterapia, terapia poética e dramaterapia) começaram a emergir como profissões da saúde mental (Levy, 1995). No mesmo período, desenvolveu-se a terapia da caixa de areia de Jung, que envolve a criação de cenas espontâneas num tabuleiro com areia, água e figuras em miniatura (Weinrib, 1983).

Em sua maioria, as terapias artísticas criativas, inclusive o psicodrama, desenvolveram-se separadamente. As pessoas reagem a múltiplas formas de expressão artística. Isso vem sendo reconhecido na abordagem de alguns arteterapeutas destacados que enfatizam a importância da expressão intermodal, ou seja, o trabalho fluindo de uma modalidade criativa a outra (McNiff, 1981; Robbins, 1980, 1994).

Shaun McNiff, o mais "psicodramático" dos arteterapeutas conhecidos, discutiu especificamente as contribuições de J. L. Moreno. Ele encarava a dramatização como um guarda-chuva que abrange todas as arteterapias (McNiff, 1981).

Entretanto, o treinamento em arteterapia, como regra, limita-se às artes visuais e enfatiza o trabalho individual. A maioria dos arteterapeutas não tem o conhecimento dos recursos, como sociometria e dinâmica de grupo, que o psicodramatista pode utilizar para promover o trabalho artístico num contexto grupal.

J. L. Moreno pouco se referiu ao uso das artes visuais em psicodrama. Ele mencionou de passagem o uso de cenários improvisados, fantasias e máscaras, criados espontaneamente para incrementar a dramatização (Moreno, 1947).

Joseph Moreno, musicoterapeuta e psicodramatista, escreveu sobre os antecedentes do psicodrama no xamanismo e deu exemplos de como as artes eram usadas em conjunto na prática xamânica (J. J. Moreno, 1999).

Os poucos artigos na literatura psicodramática que discutem a arteterapia tendem a vê-la como uma modalidade secundária ou como mero aquecimento. Há pouca discussão a respeito da integração dos dois campos. Jaime Rojas-Bermúdez, um dos pioneiros do psicodrama na América Latina, incorporou o uso de materiais estéticos como tecidos coloridos, denominados por ele "objetos intermediários", que "permitem ao protagonista comunicar-se por imagens e movimentos, sem palavras, como uma ponte entre suas imagens internas e as do grupo" (Hug, 1997). Esse trabalho contribui para uma teoria da integração das duas modalidades.

Atualmente, muito mais psicodramatistas experimentam o uso de outras artes criativas (Hug, 1997). A mesma integração parece acontecer em outras terapias artísticas criativas (Jennings e Minde, 1993; Landy, 1994; Robbins, 1994).

Esse retorno a uma abordagem mais holística nos conecta com nossos precursores xamânicos. Explorando a sinergia entre arteterapia e psicodrama, a discussão que se segue oferece um panorama da integração teórica e clínica de ambos os métodos.

A SINERGIA ENTRE ARTETERAPIA E PSICODRAMA

Quando a arteterapia e o psicodrama são combinados como forma de tratamento, sua intersecção cria uma nova modalidade, que pode em geral trazer mais resultados do que cada uma delas separadamente. A eficácia dessa sinergia aparece mais claramente com clientes que são vítimas de traumas.

Judith Herman (1992) assinala os efeitos desastrosos do trauma na conexão da pessoa com a totalidade de seu mundo, especialmente o mundo das outras pessoas. Os eventos traumáticos "comprometem a construção do eu, que é formado e sustentado na relação com os outros" (Herman, 1992, p. 51). O eu fragmentado busca proteger-se da aniquilação por meio de defesas como negação, desconexão e dissociação. O conteúdo traumático é escondido internamente, isolado da consciência. A dissociação, como defesa criativa, confina sentimentos de intensidade arrasadora, lembranças concretas de eventos e de dor física insuportável (memória corporal). A pessoa traumatizada fica internamente dividida e se afasta externamente de relacionamentos verdadeiros que seriam essenciais para a superação do trauma. O que se faz necessário para a cura é uma reconexão segura, tanto interna quanto externa (Herman, 1992).

No curso do desenvolvimento humano, a capacidade de responder a imagens precede o surgimento de habilidades relativas à linguagem e à escuta. O desenvolvimento cognitivo não alcança o nível da compreensão formal senão por volta dos 11 anos de idade. Uma das decorrências dessas constatações é que "a arteterapia, que implica a criação de imagens, pode ser um meio mais efetivo de chegar a temas que envolvem relações objetais primitivas do que o uso de um recurso auditivo" (Robbins, 1980, p. 147). Imagens falam mais alto – e mais rápido – do que palavras.

Em minha experiência, a origem das dificuldades em muitos clientes situa-se em eventos precoces tais como abuso infantil. Seus problemas e seus sentimentos pré-verbais não podem ser alcançados, inicialmente, por meio da cognição e da verbalização. São empolados por sensações e imagens amorfas, em sonhos, devaneios, estados dissociativos, e pela "mediunidade" da arte.

A arte permite que sensações e pensamentos pré-verbais tomem forma simbolicamente. No caso do trauma, a arte se torna um canal para a informação que há muito tempo foi impedida, por meio de defesas extremamente poderosas, de ter acesso à consciência.

O trabalho artístico constrói uma ponte entre os mundos interno e externo. Os conteúdos inconscientes, quiçá informações relativas a traumas precoces e a sentimentos pré-verbais, escondidos por trás de defesas dissociativas, encontram seu caminho através dessa ponte de materiais artísticos, de forma simbólica.

As imagens criadas não precisam ser concretas nem "apropriadas" para que se inicie uma reconexão. O cliente com transtorno dissociativo de identidade (DID, na sigla em inglês), antigamente chamado de múltipla personalidade, pode concretamente não ter consciência de que construiu uma imagem. O fato, porém, de a imagem ter emergido é um indicador de que uma parte do eu estava desejosa de permitir uma reconexão com o mundo externo. Exemplo é o caso de uma mulher com transtorno dissociativo que, ao final de uma oficina, pegou a massa plástica e fez rapidamente uma cara de diabo. Eu percebi isso ao fazer a limpeza. A mulher também notou e perguntou quem tinha feito aquilo. Dei de ombros e disse que eu achava importante e que ia guardar. Durante vários meses ela me perguntava repetidamente se eu tinha descoberto quem fizera a imagem. Aos poucos, foi-se evidenciando que a história dessa mulher incluía um abuso ritual satânico. Embora ela não tivesse ainda assumido a imagem, permitiu que outras imagens e lembranças de seu passado traumático atravessassem a ponte da arteterapia, rumo à consciência.

Uma vez que as imagens tomam forma, a sociometria e o processo psicodramático grupal podem operar mais plenamente. Antes mesmo que se diga qualquer coisa, desenvolve-se uma sociometria visual, ou seja, uma rede de conexões entre os membros do grupo por meio de suas imagens. As pessoas respondem às imagens umas das outras sem necessariamente saber por quê.

Essa sociometria visual de vários níveis permite que as alianças interpessoais se desenvolvam mais plenamente do que aconteceria somente pela interação verbal, que exige mais consciência.

Na verdade, os sentimentos e as lembranças de traumas ocultos, ao se expressarem simbolicamente, tornam-se a essência de conexões interpessoais que não aconteceriam conscientemente. Dessa forma, a desconexão devastadora causada pelo trauma começa a ser curada graças a conexões sociométricas entre os sentimentos dissociados ocultos dos membros do grupo.

O processamento do trabalho de arte com foco nessa sociometria maximiza o apoio comunitário disponível para os membros do grupo. O eu individual ferido encontra sua oportunidade no meio grupal mutuamente terapêutico, que propicia apoio e cura. Cria-se uma "família" corretiva, na qual o dano ao desenvolvimento causado pelo trauma pode ser reparado e a linha de desenvolvimento que havia sido interrompida pelo trauma pode prosseguir.

De forma sintética, isso mostra como funciona a sinergia entre a arteterapia e o psicodrama no caso de sobreviventes de trauma, mesmo antes que ocorra o psicodrama clássico. Pode-se imaginar o que essa sinergia oferece a pessoas que tenham feridas menos graves para serem curadas. A arte oferece a pessoas tímidas e introvertidas um modo de participar mais confortavelmente de um grupo. A arte também "muda o canal" de quem tem fortes defesas verbais e intelectuais, oferecendo meios alternativos de expressão dos sentimentos.

Todos, e não apenas os sobreviventes de traumas, têm um mundo interior rico de imagens simbólicas, que pode ser trazido ao processo grupal psicodramático pela mediação do trabalho artístico. A abordagem dessa dimensão pode conectar os participantes com seus potentes recursos interiores.

Durante a produção artística, ocorre uma encenação interna preliminar a uma dramatização externa com as pessoas e as coisas. O psicodrama então facilita o exame posterior das imagens por meio da dramatização e incorpora as ricas contribuições da sociometria.

A arte pode ser integrada em todas as fases do psicodrama clássico – aquecimento, dramatização propriamente dita e o processo de compartilhamento e encerramento (Peterson e Files, 1989).

Não se espera que os psicodramatistas sejam arteterapeutas, ainda que determinadas sensibilidades, habilidades e conhecimentos a respeito do processo artístico possam ajudar os diretores a manejar potenciais dificuldades que surgem no uso de recursos artísticos.

Na seqüência, examinaremos essas e outras questões relevantes para as decisões da direção psicodramática.

VIVÊNCIA DE UM DIA

A combinação de arteterapia e psicodrama é sempre produtiva. O local, a diversidade, o tamanho do grupo, o foco grupal, o tempo disponível, a familiaridade dos participantes com a arte, o material disponível, tudo é importante para definir como as duas modalidades vão funcionar em conjunto.

Tenho experimentado esse interjogo com crianças transtornadas, pacientes psiquiátricos internados e grupos em consultório particular (grupos de psicodrama semanal, grupos de treinamento em arteterapia, grupos de formação em psicodrama, grupos de treinamento em arteterapia para psicoterapeutas, vivências de um período, vivências de dia inteiro, intensivos de fim de semana). Tenho também incorporado a arteterapia psicodramática na psicoterapia individual, boa parte dela com sobreviventes de traumas da infância.

A discussão que se segue toma como base o modelo de vivência de um dia inteiro, incluindo modificações para o trabalho com indivíduos e com grupos de tempo limitado.

A vivência de um dia começa com breve aquecimento verbal. Pode-se simplesmente pedir aos participantes que compartilhem sentimentos ligados à vinda para o grupo e ao contato com o material artístico.

Segue-se uma experiência artística, que pode focalizar um tema (por exemplo, deerminado relacionamento da vida da pessoa) ou ser um processo menos estruturado (por exemplo, explorar o material e permitir que apareça uma imagem, sem limitação prévia). As possibilidades são infinitas e podem comportar muitas formas diferentes de expressão. A experiência pode envolver trabalho artístico individual ou de todo o grupo, de subgrupos ou em parceria.

Em seguida, a arte é processada, dando-se a cada um a oportunidade de compartilhar verbalmente pensamentos e sentimentos que surgiram no decorrer de seu trabalho artístico. Quando o grupo é grande, o compartilhamento é mais bem-feito em subgrupos sociometricamente escolhidos; depois disso, o grupo é reintegrado e logo depois vem o intervalo para almoço. O período da tarde é dedicado ao psicodrama clássico ou a uma série de vinhetas psicodramáticas, integrando o trabalho artístico da manhã. O dia se encerra com compartilhamento e fechamento.

AQUECIMENTO PARA A ARTE E A ARTE COMO AQUECIMENTO

Os participantes do grupo podem ter experiências muito variadas com materiais artísticos. A primeira coisa a fazer é explorar seu aquecimento e sua transferência em relação às próprias modalidades artísticas, que raramente são neutras. Essa exploração pode consistir em exercitar um aquecimento estruturado ou simplesmente em pedir ao grupo que compartilhe sentimentos a respeito dos materiais. A pessoa que expressa ansiedade geralmente encontra vários dublês. Esse compartilhamento ajuda a diminuir a disparidade no aquecimento para os materiais.

A mera presença de materiais artísticos normalmente desperta experiências infantis intensas. Todos têm alguma experiência precoce em fazer coisas, mesmo que não seja com materiais artísticos formais. A criação de imagens e nosso relacionamento com as imagens que criamos constituem um processo psicológico complexo.

A psicologia da arte e da percepção visual tem sido amplamente estudada (Arnheim, 1971; Kreitler e Kreitler, 1972). Para os objetivos deste capítulo, é importante compreender que as pessoas ligam-se e identificam-se fortemente com suas criações. O trabalho artístico de uma pessoa representa uma projeção do eu no mundo físico (Kreitler e Kreitler, 1972). É significativa, portanto, a maneira como se encara a obra de arte. A identificação de uma pessoa com o trabalho artístico infantil cria uma situação sensível que pode resultar em lembranças altamente positivas ou negativas.

O exercício abaixo utiliza, como aquecimento para a arte, a imaginação dirigida.

> *Mantenha os membros do grupo relaxados e com olhos fechados. Conduza um breve período de relaxamento e respiração profunda. Peça a eles que se lembrem de uma experiência da infância envolvendo arte ou confecção de alguma coisa; que revivam e explorem essa experiência internamente, notando como se sentiram em relação ao que estavam fazendo e às outras pessoas envolvidas. Dê tempo para as pessoas irem fundo dentro dessa experiência e, em seguida, traga-as de volta à realidade presente. Peça que abram os olhos para que você possa saber que já retornaram. Peça que compartilhem o papel regredido no tempo. Trazer o passado ao presente ajuda as pessoas a se conectar mais poderosamente com sua experiência. Elas compartilharão dentro dos limites de seu conforto. Você pode entrevistá-las brevemente, para ajudá-las a se manter no papel e a se expressar mais plenamente. Pode acontecer que toda a sessão seja tomada pelos sentimentos despertados por essa experiência, portanto você talvez precise limitar o compartilhamento, a não ser que o objetivo da sessão seja esse mesmo.*

Quanto mais aquecido estiver o grupo para o trabalho artístico, mais complexas serão as expressões artísticas e mais tempo elas vão tomar. No processo de fazer arte, as imagens podem emergir espontaneamente, sem intenção consciente. Como a linguagem simbólica dos sonhos, essas imagens parecem ter vida própria. Elas se movimentam o tempo todo, entrando e saindo, circulando pelo entorno, proporcionando assim um aquecimento poderoso.

Da mesma forma que a produção artística em si, também a observação da arte dos outros proporciona aquecimento de vários níveis. Além das reações conscientes, as pessoas respondem à imaginação, seja ela representativa ou abstrata, em múltiplos níveis inconscientes e profundos.

A ARTE COMO DRAMATIZAÇÃO

A arte não é simplesmente um aquecimento para a ação. Ela é encenação. Enquanto uma pessoa trabalha com materiais artísticos, ocorre um psicodrama interno.

Por exemplo: primeiro, a cliente depara com uma folha de papel em branco e tinta. Como resposta, surgem seus sentimentos. Ela fica animada ou, quem sabe, ansiosa. Decide que cor vai usar primeiro. Faz um traço. Cor e forma falam dela, consciente ou inconscientemente. Faz outro traço com a mesma cor ou com uma cor diferente. As cores, linhas e formas no papel começam a ficar parecidas com alguma coisa, um rosto. Talvez ela tenha decidido conscientemente desenhar um rosto, talvez não. Mas está lá. Pensamentos e sentimentos vão surgindo como resposta. Ela pinta um pouco mais. Talvez decida fazer um rosto feliz, um auto-retrato positivo. Mas então, sem querer, talvez o rosto pareça triste. Ela reage a isso e começa nova ação de pintar. Deixa o rosto ficar triste ou tenta mudá-lo. Talvez consiga transformá-lo em feliz, mas pode ser que ele "não queira". Isso provoca sentimentos nela. À medida que o desenho vai progredindo, segue o diálogo interior de pensamentos e sentimentos em resposta aos estímulos visuais que se vão sucedendo. Esse processo como um todo pode ser consciente ou antes de tudo inconsciente. Como dito antes, no caso de clientes com histórico de trauma infantil o trabalho artístico pode ser produzido em um estado de transe dissociativo. Entretanto, um psicodrama ocorre internamente à medida que o cliente pinta e algo de seu interior atravessa a ponte na direção do mundo externo.

Fritz Perls (1972) cunhou a expressão "vazio fértil" para descrever o espaço vivido quando entramos no terreno da produção artística. Quando os membros do grupo fazem trabalhos artísticos individuais simultaneamente, cada um deles entra nesse estado de "estar no meio", enfrenta o vazio fértil e vive alguma cena interna com o processo criativo, como uma imagem que se move do interior para o exterior. Em outras palavras, os indivíduos constituem um grupo de protagonistas.

Isso tem implicações óbvias para a direção do processo grupal. Todos precisam compartilhar e sair do papel. Se, como diretor, você pensa a arte apenas como aquecimento para a dramatização, os participantes do grupo não escolhidos para trabalhar podem ficar com muito material não processado. Podem, portanto, permanecer envolvidos em si mesmos e ter dificuldade de se conectar com o grupo, escolher sociometricamente um protagonista e participar da dramatização subseqüente.

Ao desenhar um retrato da família, por exemplo, uma pessoa do grupo pode ver algo assustador relativo ao relacionamento com seu pai. O retrato visual do relacionamento pode gerar um sentimento de violação que soa como verdadeiro. Essa mulher pode sentir muita vergonha e medo de falar voluntariamente num grupo grande. A menos que se proporcione um formato de compartilhamento mais íntimo ou dirigido, ela pode ficar perdida em seu drama interior durante toda a sessão. A utilização de subgrupos sociometricamente escolhidos para compartilhar a experiência artística é um método eficiente de oferecer a todos a oportunidade de compartilhar, reconectar e processar sentimentos.

SOCIOMETRIA VISUAL

A sociometria que emerge pela arte é distinta da que emerge de um aquecimento verbal. Diferentes pessoas tornam-se visíveis como estrelas sociométricas. Membros do grupo que sejam tímidos e menos comunicativos, por exemplo, podem estar entre os artisticamente mais expressivos. As pessoas respondem umas às outras de maneira diferente na presença de sua arte. Umas respondem às imagens das outras e as imagens dentro do grupo conectam-se e ressoam entre si.

Clientes com história de trauma podem não conseguir participar verbalmente, encontrando, porém, sua voz por intermédio da arte. Seu trabalho atrai respostas sociométricas. Por exemplo: uma sobrevivente de trauma que participava de um grupo semanal feminino de psicodrama veio para uma vivência de dia inteiro da qual participavam também homens. Ela se sentia desconfortável ao falar na frente de homens. Entretanto, sua arte é sempre potente e evocativa. O grupo, inclusive os homens, respondeu forte e empaticamente a seu desenho. Ela se tornou o centro sociométrico de um grupo de arte que fazia trabalhos de colagem. Apoiada pelas mulheres que conhecia, ela conseguiu falar e foi escolhida como protagonista.

As imagens abstratas podem expressar algo que desafia a verbalização. Algumas vezes, um sentimento ou uma idéia emergente precisa permanecer no plano abstrato e não verbalizado, em benefício da segurança de quem criou a imagem. No entanto, os outros participantes do grupo podem reagir visceralmente.

Num grupo em que a modalidade artística era fazer arranjos com tecidos de diferentes texturas, cores e padrões, uma mulher sentiu atração por dois tecidos: um pedaço de veludo leve preto e um pedaço de estopa grosseira. Ela ficou muito perturbada com a idéia de pôr esses tecidos em contato. Embora não houvesse nenhum conteúdo específico, nenhuma cena, o grupo respondeu ao intenso sentimento mobilizado pela estopa sobre o veludo. Na dramatização que se seguiu, a protagonista, temerosa, experimentou aproximar e afastar os tecidos, esfregar um no outro e chorar.

Uma encenação abstrata como essa começa a diminuir a negação do conteúdo histórico conectado com a imagem. Algumas hipóteses cognitivas que ocorreram à mente dessa mulher a respeito de um possível abuso sexual na infância, numa cocheira, foram muito menos importantes para ela, entretanto, que o apoio terapêutico que recebeu do grupo por meio das dublagens em resposta a sua imagem. A dublagem aconteceu quando ela simplesmente notou como os outros foram mobilizados por seu trabalho.

Lugares escuros e desconhecidos podem ser explorados por esse meio, diminuindo o isolamento do protagonista. Quando se inclui a arte, o potencial da sociometria para mobilizar no grupo uma rede de relacionamentos mutuamente terapêutica pode operar com maior profundidade.

FALANDO SOBRE O TRABALHO ARTÍSTICO

Um aspecto singular do uso da arte é que o artista vivencia interiormente todo o poder da dramatização do ato artístico e pode, então, escolher se e quanto quer compartilhar verbalmente.

As especificidades do drama interior podem ser ameaçadoras demais para se exporem ao grupo. O terapeuta pode ajudar a criar segurança, permitindo que se verbalize somente o que a pessoa sente como confortável.

O trabalho artístico é uma exposição do eu interior, e o artista fica vulnerável quando permite que seu eu seja visto. Os comentários a respeito do trabalho artístico de uma pessoa são vivenciados como comentários a respeito do eu dessa pessoa. Comentários analíticos ou interpretativos, ou questionamentos, são sempre vivenciados como espelhos agressivos e podem criar defesas.

O conceito de compartilhar, não analisar, é básico para o psicodrama. Entretanto, isso é esquecido mais facilmente quando se fala não ao artista, mas sobre a arte. Do ponto de vista da experiência, são na essência a mesma coisa. A verbalização intelectual pode diminuir o poder de uma imagem. Quando alguém analisa sua arte, o artista pode se sentir violentado, transformado em objeto ou não visto. Isso pode ser uma defesa, um distanciamento do pleno impacto emocional da imagem. É o caso, por exemplo, de uma vítima de seqüestro que vivencia silenciosa e profundamente a imagem de uma corça solitária na floresta, rodeada de caçadores; isso tem um poder fenomenológico maior do que falar intelectualmente sobre "vulnerabilidade" ou sobre "indefensabilidade" (Adams, 1999).

É importante dar instruções claras a respeito do compartilhamento verbal da arte. Peça aos participantes que não façam interpretações analíticas, mas simplesmente compartilhem suas vivências pessoais, emocionais e as associações que fazem com o trabalho de cada um dos outros. Lembre a eles que a imaginação e o simbolismo são ao mesmo tempo idiossincráticos e universais em seus significados. Esses significados variam também de cultura para cultura (Fincher, 1991).

As imagens simbólicas geralmente têm significados complementares, tanto positivos quanto negativos, e apresentam vários níveis (Bradway, 2001). O arquétipo da grande mãe, por exemplo, é ao mesmo tempo criativo e destrutivo (Singer, 1973). A torre, no baralho do tarô (a imagem de uma torre atingida por raios e ardendo em chamas), significa tanto destruição como potencial de transformação (Pollack, 1980). De maneira mais simples, a cor vermelha pode significar raiva, especialmente quando combinada com preto, mas também amor e paixão. Pode representar sangue e dor, assim como vida ou energia vital. Muitos outros significados idiossincráticos são possíveis.

A riqueza das associações compartilhadas entre os participantes pode, sem análise, interpretação ou conselho, ajudar o artista a ampliar a janela do autoconhecimento que a arte proporciona. Cada pessoa vai reconhecer a sensação de "clique" ou "é isso!" quando a associação feita por outros se encaixa.

A arte pode ser um dublê confortável, mas também um poderoso espelho, proporcionando um nível inédito de autoconsciência. É difícil escapar do fato de que a imagem em meu desenho veio de mim. Ela é somente minha, sou eu. Isso torna a arte um espelho menos ameaçador (e mais difícil de evitar) que um espelho feito por outra pessoa. Em caso de transtorno dissociativo de identidade, o espelho pode precisar ser evitado temporariamente, para proteger o artista de saber muitas coisas rápido demais. Mas o fato de que a imagem saiu para o mundo externo é terapêutico em si. As partes internas isoladas do eu podem segregar algo, e talvez sentir algum alívio, no momento em que a pessoa ouve os outros respondendo a sua arte.

Por causa das fortes conexões sociométricas visuais, uma pessoa pode querer usar numa dramatização a imagem de outra. A mesma sensibilidade requerida ao falar a respeito do trabalho artístico é importante no uso do trabalho artístico de outra pessoa. Deve-se obter a permissão do artesão, da mesma forma que a pessoa tem de concordar em fazer o papel auxiliar que o protagonista queira atribuir a ela.

DA EXPERIÊNCIA ARTÍSTICA AO PSICODRAMA CLÁSSICO

Quando o trabalho artístico precede um psicodrama, a escolha sociométrica do protagonista pode ser complexa. Quanto mais intensamente engajados com a arte tiverem estado os participantes, mais aquecidos eles estarão. Expor-se a muitas imagens poderosas pode resultar em ficar "superacalorado", ou altamente aquecido, para diversos temas.

O aquecimento amplo e profundo cria um clima de grupo em que a maioria dos participantes, quando não todos, se oferece para protagonizar. Em minha experiência, isso acontece mais freqüentemente quando a arte está incluída do que em outros grupos de psicodrama.

A escolha do protagonista pelo diretor pode ser uma solução simples, desde que a estrela sociométrica visual esteja clara. Esse método deixa, entretanto, muitos membros do grupo superaquecidos em relação aos próprios problemas. Quando o protagonista é escolhido sociometricamente, um tempo extra pode ser necessário para dar aos voluntários a oportunidade de explicitarem qual seria o foco de sua dramatização. Isso ajuda os que não foram escolhidos a refocalizar e apoiar o protagonista quando têm de deixar de fora seu "gás".

TRABALHANDO PSICODRAMATICAMENTE COM A IMAGINAÇÃO

Antes de iniciar a dramatização, retire todos os trabalhos artísticos das imediações do palco, para reduzir a distração. O trabalho do protagonista pode ser colocado à mostra como pano de fundo ou ponto de referência para a cena.

Da mesma forma que a imaginação onírica, a imaginação no trabalho artístico pode relacionar-se com vários âmbitos da experiência do artista-protagonista. Usualmente relaciona-se com mais de um. Qualquer das dimensões seguintes pode ser o foco de exploração na arena psicodramática da "realidade suplementar": situações da realidade externa, dinâmica interpessoal, dinâmica intrapessoal, problemas somáticos, inconsciente pessoal, inconsciente coletivo, espiritual e transpessoal.

O protagonista, naturalmente, tem precedência na definição do foco da dramatização. Entretanto, a consciência da multiplicidade de níveis de significado das imagens pode aquecer a intuição do diretor e servir de inspiração para que uma simples pergunta traga à luz áreas que estejam maduras para serem investigadas, por exemplo: "Existe uma situação caótica como esta (apontando para uma área caótica do desenho) acontecendo em algum lugar em sua vida interna ou externa?" ou "Se aquele cavalo representasse alguém em sua vida, quem seria?"

Com o trabalho artístico à mostra, um bom jeito de começar é recriar e explorar a imagem psicodramaticamente no palco. O protagonista pode escolher objetos e as pessoas do grupo para representar os diferentes aspectos do desenho. Inclua imagens menos óbvias e menos concretas, como sombras, espaços vazios, o céu, o pano de fundo. (Agradeço a Ken Sprague, artista e psicodramatista, por ter chamado minha atenção para esse aspecto.) Promova inversão de papéis e diálogo entre esses auxiliares e o protagonista. Ao estimular a interação espontânea entre as imagens, lembre-se de que as respostas dos auxiliares podem ser surpreendentemente intuitivas, dublando o protagonista, ou então meramente idiossincráticas. Vá sempre conferindo com o protagonista sua relevância.

Falar do ponto de vista do papel de dublê da imagem pode ajudar a alcançar dimensões mais profundas do eu. É possível explorar níveis de significado que talvez estejam fora da consciência, retrocedendo passo a passo numa série de dublagens cada vez mais profundas. Pode-se assim chegar ao inconsciente coletivo e à dimensão espiritual.

É melhor manter o protagonista no papel da imagem, o que permite acurar as informações psíquicas mais profundas que venham a aparecer. Essas vozes internas dubladas algumas vezes falam de um ponto profundo de atenção sem julgamento, fornecendo um "retrato ampliado" significativo dos temas que estão sendo explorados.

Na filosofia iogue, esse lugar de intuição profunda, plena de compaixão e não-julgamento, é conhecido como consciência testemunhal (Cope, 1999). Seguindo a voz de uma imagem por todo o caminho até suas profundezas, pode-se obter a rara experiência de alcançar a consciência testemunhal da pessoa.

TRABALHANDO PSICODRAMATICAMENTE COM A OBRA E COM OS MEIOS DE EXPRESSÃO ARTÍSTICOS

No decorrer de uma dramatização, pode ser interessante utilizar espontaneamente materiais artísticos. Por exemplo, caso o protagonista esteja conectado com o ódio que sente em relação ao pai, expressar a intensidade dessa emoção talvez lhe pareça ameaçador. Ou então o próprio diretor pode preocupar-se com a contenção segura dessa expressão.

Nessas situações, a arte configura-se como uma opção. Dentro dos limites seguros de uma folha de papel ou de uma porção de massa plástica, qualquer coisa pode ser feita. Por meio da imaginação ou do uso abstrato de formas e cores, podem ter lugar assassinatos e esquartejamentos, talvez em traços rápidos, em vermelho e preto, numa folha de papel ou numa figura pouco elaborada de massa plástica, picada no chão. Ninguém ou nada fica prejudicado enquanto a energia é aliviada.

Em sessões individuais, a arte também é capaz de prover um lugar seguro para expressar emoção intensa quando a ação psicodramática é demasiadamente ameaçadora ou inadequada.

Quando o protagonista fica paralisado, congelado ou dissociado, o material artístico pode ajudar. Algumas vezes, o lugar mais seguro para que a ação seja reiniciada é um lápis ou um giz de cera e um pequeno pedaço de papel.

Isso pode ser útil também no tratamento individual. Dê à pessoa um pedaço de papel e uma caixa de giz de cera ou guache (não ofereça muitas opções). Peça que deixe a mão pegar uma cor. Se ela não conseguir, ponha um giz de cera em sua mão. Peça que faça um traço no papel. Se a dissociação for severa, você terá de colocar a mão dela no papel ou pegar o giz de cera e começar o movimento. Quando se inicia uma ação, por pequena que seja, a pessoa começa a "descongelar" e "voltar". Esse é mais um exemplo da eficácia da arte em proporcionar uma ponte que vai do isolamento interno a uma conexão interpessoal.

O trabalho artístico pode ser usado psicodramaticamente numa conversa direta entre o cliente e a imagem. Coloque o desenho em frente ao criador ou peça à pessoa que escolha sociometricamente alguém para segurá-lo. Se o grupo não está familiarizado com o processo psicodramático, falar diretamente com o desenho pode ser menos ameaçador do que trabalhar com um auxiliar, mas a utilização de um auxiliar facilita a inversão de papéis e o diálogo. Algumas vezes é crucial agir imediatamente. Com alguém que raramente se aquece para sentimentos, por exemplo, é importante não interromper o fluxo espontâneo. Coloque a pintura em frente à pessoa, dizendo: "O que você gostaria de dizer a ele (ou ela) agora?"

Trabalhar com a arte dessa maneira pode facilitar a catarse quando alguém está aquecido e o processo psicodramático completo não é adequado ou factível. Diversas pessoas podem dizer algo a suas pinturas colocadas no chão no tempo que uma pessoa levaria para escolher um auxiliar e ter um diálogo. Num grupo de psicodrama experiente ou num grupo de treinamento, os participantes podem dialogar simultaneamente com suas imagens. Um cliente individual pode também processar o trabalho artístico dessa forma.

O conceito de arte como dramatização é central. Os próprios meios de expressão (papel, massa plástica, colagem etc.) podem literalmente vir a ser o palco, e as imagens emergentes se tornam os auxiliares. O atendimento da necessidade de expressão psicodramática, conhecida como "fome de atos", pode ser conseguido diretamente com os meios artísticos.

Depois de compartilhar sua arte, as pessoas talvez queiram mudar, aperfeiçoar, acrescentar ou remover alguma coisa. Estimule-as a fazer isso. Após o compartilhamento em subgrupos, pergunte ao grupo todo se há algo que precisa ser mudado em seu trabalho. Quando os participantes compartilham no grupo maior as mudanças que fizeram, isso reintegra o grupo. Esse processo funciona especialmente bem com massa plástica, um meio maleável que muda de forma com facilidade. Se as imagens são bidimensionais, assegure-se de providenciar tesoura, cola e fita adesiva.

Um cliente, por exemplo, descobriu que precisava desvencilhar-se de uma imagem enredada do relacionamento com sua mãe. Cheio de sentimentos, ele cuidadosa e lentamente recortou sua própria imagem, libertando-a. Outra pessoa descobriu, depois do compartilhamento, que precisava liberar-se de um aspecto seu identificado em sua pintura. Ao tentar recortá-lo e descartá-lo, descobriu, chorosa, que não conseguia. Ela não estava pronta.

A ARTE NO FECHAMENTO, NO COMPARTILHAMENTO E NA INTEGRAÇÃO

A arte pode facilitar também o fechamento. Nessa etapa, a arte é útil quando o grupo está altamente aquecido pela dramatização e o tempo é limitado. Expressar brevemente as respostas com materiais artísticos leva menos tempo e pode processar mais que o compartilhamento grupal verbal. Depois do período de produção artística, os participantes podem expor suas pinturas e compartilhar não-verbalmente com o protagonista. Alguns, então, escolhem compartilhar verbalmente, mas o meio artístico terá absorvido parte do calor. A ação de fazer o desenho terá sido catártica em si, tornando menos necessário o compartilhamento verbal extensivo.

A arte também facilita o fechamento quando a resposta do grupo à dramatização é tão intensa que as pessoas não conseguem falar de imediato. Quando o grupo está em silêncio, o protagonista vulnerável pode sentir-se isolado.

O compartilhamento verbal fica mais fácil depois que as pessoas processaram sua experiência de algum modo por meio do trabalho artístico e, assim, arrefeceram o fluxo de sentimentos.

O trabalho artístico pode também ser compartilhado em silêncio. O protagonista sente-se apoiado ao ver as imagens. Compartilhando suas imagens, os membros do grupo que não conseguem falar talvez se sintam vistos. Em razão do potencial para tornar acessível material novo, é importante estruturar cuidadosamente as experiências artísticas no encerramento. Dê instruções claras para um período curto de trabalho artístico, que enfatize a expressão de algo a ser compartilhado com o protagonista ou crie uma imagem para facilitar o fechamento.

ALGUMAS QUESTÕES DE DIREÇÃO RELACIONADAS COM A ARTE

Administração do tempo

O tempo total disponível determina muitas coisas a respeito do uso da arte em grupos de psicodrama. Quanto mais curta a sessão, mais simples devem ser o meio de expressão e a experiência artística. Provavelmente seja demasiado fazer psicodrama clássico e trabalhar sociometricamente com a produção artística, sendo o tempo limitado. Em alguns casos, pode ser bastante produtivo fazer um processamento sociométrico mais completo da arte em vez de direcionar para a dramatização. Num grupo pequeno ou com tempo limitado, a melhor alternativa talvez seja dirigir diversas vinhetas psicodramáticas pequenas em vez de um psicodrama completo.

Algumas vezes, as pessoas familiarizadas com a arte podem trabalhar durante uma hora, enquanto as que dominam menos o meio de expressão terminarão em 15 minutos. O diretor precisa encontrar um meio-termo e informar antecipadamente aos membros do grupo qual o tempo disponível. Diga aos participantes, de vez em quando, quanto tempo ainda falta. As pessoas ajustarão seu nível de envolvimento com o meio ao esquema de tempo oferecido. Num grupo com tempo extenso, um período longo de trabalho artístico proporciona oportunidade de auto-expressão plena e profunda. Quando há apenas poucos minutos para a arte, a expressão talvez seja menos completa, mas imagens importantes ainda assim emergirão.

Como os membros do grupo completam seu trabalho artístico em tempos diferentes, o diretor pode encorajar os que terminaram rapidamente a ir mais além com sua arte:

> *Sugira aos que "terminaram" que parem por um minuto, depois retornem e perguntem-se: "Se eu pudesse fazer uma coisa mais, o que seria?" Estimule-os a agir, caso concordem. Sugira então que eles se questionem novamente. Isso pode ajudar aqueles que param mais cedo por causa da resistência em ir mais fundo a dar um passo a mais que mudará a imagem total de maneira inesperada, levando-a para outro nível* (Cassou e Cubley, 1995, p. 89-92).

As pessoas que terminam mais cedo talvez sejam aquelas que se sentem menos confortáveis com meios de expressão artística e mais com palavras. Você pode sugerir que escrevam de forma psicodramática, ou seja, que escrevam um diálogo com suas imagens.

Meios de expressão: apoio técnico e emocional

Quem não está muito familiarizado com a arte pode precisar de estímulo para utilizar plenamente os materiais. Observe como as pessoas se relacionam com os materiais e fique disponível para oferecer ajuda. Note quando alguém parece estar paralisado ou não consegue começar. Muitas vezes, basta aproximar-se, perguntar como a pessoa está indo e ouvir. Talvez seja necessário fazer alguma sugestão específica, como "Por que você não pega outro papel e não experimenta fazer uns rabiscos nele primeiro?" Isso permite à pessoa sentir-se confortável com os materiais, sem ter de desenhar algo.

O diretor precisa ser um apoio técnico, além de dar suporte emocional. Por exemplo, uma mulher tentava expressar sentimentos intensos a respeito de abuso sexual infantil num desenho, pintando uma cena gráfica específica. Ela se frustrava porque não conseguia que ficasse parecido. Fiz alguns esquemas rápidos em outro papel, mostrando-lhe como criar uma imagem anatomicamente mais correta. Ela sentiu que podia crescer com essa ajuda imediata.

MEIOS DE EXPRESSÃO ARTÍSTICA

O ambiente de estúdio artístico completo desloca a ênfase mais para a arte do que para o psicodrama. A maioria dos psicodramatistas não conta com um ambiente assim. Há, entretanto, muitas alternativas de meios de expressão disponíveis que podem ser utilizados num espaço tipicamente psicodramático.

A qualidade dos meios de expressão faz diferença. É difícil ter experiências significativas com uma folha de papel sulfite e uma caixa de seis lápis de cor baratos. A questão do custo é real, mas a qualidade importa. O mínimo é um papel com 30 × 35 cm e uma caixa de lápis com oito cores. Um conjunto rico de materiais leva o grupo a sentir-se bem cuidado e possibilita um aprofundamento significativo no nível de auto-expressão.

Arteterapeutas gastam muito tempo estudando as características dos materiais artísticos, suas aplicações clínicas e as contra-indicações. Recomendo enfaticamente que os diretores só utilizem materiais ou técnicas que tenham experimentado pessoalmente. Isso ajuda os que não são arteterapeutas a evitar dificuldades relacionadas com os materiais em si.

Mesmo que tenham vivenciado um processo artístico específico, sugiro que os terapeutas invertam papéis mentalmente com alguém que tenha sentimento tênue do eu e força de ego pobre e imaginem como tal pessoa viveria a atividade. Ninguém deve ser pressionado a utilizar meios de expressão pelos quais tenha aversão ou forte resistência. O indivíduo terá provavelmente uma boa razão para isso. Convide e estimule, mas não force.

Os meios de expressão artística variam numa linha contínua em termos de fluidez/rigidez e imediação – quando usados diretamente com as mãos – ou mediação – quando requerem ferramentas (Kagin e Lusebrink, 1978). Trabalhar com materiais rígidos (por exemplo, lápis, pincel atômico) proporciona um sentimento de maior controle. Meios fluidos (como, têmpera, aquarela, pintura a dedo) são menos controláveis, mais expansivos e podem ser regressivos.

O trabalho com cores dá acesso imediato ao afeto (Kreitler e Kreitler, 1972). Trabalhar com preto e branco (por exemplo, lápis, carvão) é uma forma de manter distanciamento afetivo. Papéis menores proporcionam maior senso de controle ou geram frustrações. Papéis maiores podem ser assustadores ou libertadores. Oferecer variedade de meios permite escolhas que respeitam as defesas do ego, assim como desejos criativos.

Costumo oferecer tanto papel pequeno quanto grande, material de cor e sem cor (como pastel, guache, carvão e lápis). Escolho meios com alguma variedade em termos de fluidez/rigidez, a maioria situada entre esses extremos (por exemplo, pastel, giz de cera, lápis de cor). Sempre tenho tesoura, cola e fita adesiva disponíveis, além dos meios básicos para desenho bidimensional. A possibilidade de tridimensionalidade ou a capacidade de mudar a forma do papel pode ser muito importante.

A colagem é um meio de expressão que se adapta ao contexto terapêutico. Em sua forma mais simples, consiste em uma seleção de revistas contendo todo tipo de figuras vívidas, além de tesoura e cola para montar as imagens em cartolina ou papelão. Pode ser aumentada e enriquecida acrescentando-se papéis coloridos, purpurina, miçangas, fios e assim por diante. Na colagem, é possível criar impacto visual poderoso com um mínimo de habilidade técnica ou experiência artística. Entretanto, a colagem toma muito mais tempo que o trabalho com materiais de desenho.

A massa plástica é um meio de expressão psicodramaticamente potente, servindo para a criação de cenas e, por sua maleabilidade, para a experimentação de mudanças nas relações. Entre os vários tipos de massa disponíveis, eu utilizo a Kleen Klay, massa plástica menos oleosa, com menos odor que a maioria e que vem num cinza neutro, parecido com argila natural. Como base, folhas individuais de cartolina. Ferramentas básicas de cerâmica permitem um trabalho mais articulado e minucioso.

Não trabalho com um meio muito fluido e colorido como a têmpera ou imediato como a tinta para pintura a dedo, exceto em grupos pequenos que eu conheça muito bem. Pessoas cujo ego se defende por meio da vergonha podem ser afogadas pelo afeto e pela imaginação liberados por esses meios. Esse tipo de material, assim como a argila natural, também envolve questões mais práticas: água corrente, potencial de sujeira, limpeza mais complicada, além de questões ligadas à administração do tempo.

CONCLUSÃO

Moreno falou sobre a "lei sociogenética" (Moreno, 1978), o conceito de metamorfose e evolução do grupo, que amadurece por intermédio do desenvolvimento sociométrico (Grachek, 1999). Acredito que acrescentar a arteterapia à experiência grupal ajude a alcançar a dinâmica inconsciente e pré-consciente do indivíduo, estimulando a sociogênese ou desenvolvendo a sociometria.

A expressão pela arte proporciona aos que têm menos facilidade de interação verbal um meio de serem vistos e reconhecidos pelo grupo. O fazer artístico estabelece uma ponte para que mesmo os clientes mais comprometidos ou afastados possam começar a permitir que seu mundo interior isolado se conecte com um grupo apoiador, um lugar onde seus traumas possam começar a ser curados.

Diretores que têm experiência pessoal com arte compreenderão intuitivamente muito do que eu apresento aqui. Os psicodramatistas são pessoas criativas. Muitos começaram a integrar o uso da atividade artística em seu repertório de papéis como diretores. Cada diretor possui seu estilo, que influenciará a maneira como ele incorpora a arte. Este capítulo apresentou um pouco de meu estilo. Espero que possa ajudar outros diretores e seus clientes a explorar mais a sinergia entre psicodrama e arteterapia.

REFERÊNCIAS BIBLIOGRÁFICAS

ADAMS, K. "The power of sandplay". *Journal of Sandplay Therapy*, v. 8, n. 2, p. 89-100, 1999.

ARNHEIM, R. *Visual thinking*. Berkeley: University of California Press, 1971.

BRADWAY, K. "Symbol dictionary: symbolic meanings of sandplay images". *Journal of Sandplay Therapy*, v. 10, n. 1, 2001.

CASSOU, M.; CUBLEY, S. *Life, paint and passion*. Nova York: Putnam, 1995.

COPE, S. *Yoga and the quest for the true self*. Nova York: Bantam Books, 1999.

ELIADE, M. *Shamanism: archaic techniques of ecstasy*. Nova York: Pantheon Books, 1964.

FINCHER, S. *Creating mandalas: for insight, healing and self-expression*. Boston; Londres: Shambala, 1991.

GRACHEK, R. M. "The synthesis of addiction treatment theory and Moreno's interpersonal developmental theory and the implications for treatment". 1999. (*Paper* não publicado.)

HERMAN, J. *Trauma and recovery: the aftermath of violence – From domestic abuse to political terror*. Nova York: Basic Books, 1992.

HUG, E. "Current trends in psychodrama: eclectic and analytic dimensions". *The Arts in Psychotherapy*, v. 24, n. 1, p. 31-35, 1997.

JENNINGS, S.; MINDE, A. *Art therapy and dramatherapy: masks of the soul*. Londres; Filadélfia: Jessica Kingsley, 1993.

JUNG, C. G. *Memories, dreams, reflections*. Nova York: Vintage Books, 1965.

KAGIN, S.; LUSEBRINK, V. B. "The expressive therapies continuum". *Art Psychotherapy*, v. 5, n. 4, p. 171-179, 1978.

KREITLER, H.; KREITLER, S. *Psychology of the arts*. Durham: Duke University Press, 1972.

LANDY, R. "Three scenarios for the future of drama therapy". *The Arts in Psychotherapy*, v. 21, p. 179-184, 1994.

LEVY, F. *Dance and other expressive art therapies: when words are not enough.* Nova York; Londres: Routledge, 1995.

MCNIFF, S. *The arts and psychotherapy.* Springfíeld: Charles C. Thomas, 1981.

_____. *Art as medicine: creating a therapy of the imagination.* Boston; Londres: Shambala, 1992.

MORENO, J. J. "Ancient sources and modern applications: the creative arts in psychodrama". *The Arts in Psychotherapy*, v. 26, n. 2, p. 95-101, 1999.

MORENO, J. L. *The theater of spontaneity.* Nova York: Beacon House, 1947.

_____. *Who shall survive?* 3. ed. Beacon: Beacon House, 1978. [*Quem sobreviverá? Fundamentos da sociometria, psicoterapia de grupo e sociodrama.* v. 1, 2 e 3. Goiânia: Dimensão, 1992.]

PERLS, F. *In and out the garbage pail.* Nova York: Bantam Books, 1972. [*Escarafunchando Fritz – Dentro e fora da lata de lixo.* 4. ed. São Paulo: Summus, 1979.]

PETERSON, J.; FILES, L. "The marriage of art therapy and psychodrama". In: WADESON, H.; DURKIN, J.; PEARCH, D. (orgs.). *Advances in art therapy.* Nova York: Wiley, 1989, p. 325-334.

POLLACK, R. *Seventy-eight degrees of wisdom: a book of tarot.* Londres: Thorsons, 1980.

ROBBINS, A. (org.). *Expressive therapy: a creative arts approach to depth-oriented treatment.* Nova York: Human Sciences, 1980.

ROBBINS, A. *A multi-modal approach to creative art therapy.* Londres; Nova York: Taylor & Francis, 1994.

ROBERTSON, R. *Beginner's guide to Jungian psychology.* York Beach: Nicolas-Hays, 1992.

SCHLOSS, G.; GRUNDY, D. "Action techniques in psychopoetry". In: LERNER, A. (org.). *Poetry in the therapeutic experience.* 2. ed. St. Louis: MMB Music, 1994.

SINGER, J. *Boundaries of the soul: the practice of Jung's psychology.* Garden City: Anchor, 1973.

WEINRIB, E. *Images of the self.* Boston: Sigo, 1983.

PARTE II
APLICAÇÕES A GRUPOS DIVERSOS

7 → "MAIS QUE MEROS ATORES":
aplicações do psicodrama na vida diária

Adam Blatner

Embora o psicodrama tenha começado como modalidade psicoterápica, sua metodologia pode ser modificada para que ele seja utilizado pelas pessoas para melhorar seu cotidiano (Blatner, 1985).

Moreno, o inventor do psicodrama, vislumbrava essas aplicações: promoção de níveis crescentes de espontaneidade na ação comunitária (que era um tipo de religião para Moreno em sua juventude); intuição de que o teatro precisava ser revitalizado e ganhar relevância para a comunidade; sentimento de que os grupos poderiam aprender a trocar mais informações e assim organizar-se mais congenialmente (sociometria); e naturalmente a descoberta de que a dramatização poderia ajudar na cura psicológica pessoal e familiar (v. Blatner, 2000a, p.13-25, ou Blatner, 2001a, p. 536-537, para uma revisão sucinta da história de Moreno e do psicodrama).

Para Moreno, necessário não era apenas trabalhar o indivíduo, mas uma cura para a sociedade mais ampla. Parafraseando o termo "*psiqu-iatria*", tratamento médico para a mente, ele cunhou o termo "*soc-iatria*", abordagens para curar grupos e sistemas sociais maiores. (A principal revista de psicodrama de Moreno, *Group Psychotherapy*, que publicou a maior parte de seus artigos mais importantes durante seu período profissionalmente mais ativo, chamava-se, no começo, *Sociatry*.)

Parte do problema era que a psicoterapia individual, em moda por volta da metade do século passado, não conseguia chegar a uma camada mais ampla da população. A realidade econômica tornava isso impossível. Mesmo a psicoterapia de grupo, que Moreno considerava o futuro real da psiquiatria, tornou-se muito custosa.

A visão de Moreno pode ganhar importância, porém, além do campo da terapia, na aplicação de seus métodos em empresas, educação, religião e outros contextos sociais.

O jogo de papéis é um veículo natural para aprender pela vivência a inteligência emocional e para a alfabetização psicológica. Historicamente, isso já começou com a integração entre o psicodrama e o movimento para o potencial humano (Moreno, 1969). Essa tendência envolvia o uso de "grupos de encontro" para incrementar a consciência interpessoal e o crescimento pessoal, sintetizando, para alcançar esses objetivos, os métodos de ação juntamente com a imaginação dirigida e outras abordagens. Embora o movimento para o potencial humano tenha estado mais em moda no final da década de 1960 e ao longo da seguinte, ele sobreviveu, de modo mais sutil e organizado, em um largo espectro de programas de desenvolvimento pessoal, grupos de apoio e mesmo retiros espirituais.

Um movimento similar, que também absorveu muitos aspectos dos métodos de Moreno, foi o crescente campo do tratamento de adições em geral, incluindo a ajuda para familiares de usuários de drogas. Portadores de adições têm uma história bastante freqüente de traumas e, por sua vez, costumam infligir traumas a terceiros. Em razão disso, a florescente área de pesquisa e tratamento de traumas reconheceu, na seqüência, a necessidade de mais abordagens terapêuticas vivenciais (Kellermann e Hudgins, 2000).

A fonte, entretanto, foi uma síntese do trabalho feito por pesquisadores em dinâmica de grupo associados a Kurt Lewin, no final dos anos 1930 e princípio dos 40, vários dos quais estudaram também com Moreno. A bem dizer, muitos de seus primeiros escritos profissionais foram publicados nas revistas de Moreno (por exemplo, Lippitt, Bradford e Benne, 1947). Eles visavam à dinâmica do treinamento de líderes grupais para o trabalho comunitário, mas o projeto também apareceu como o *"T-group"*, que evoluiu para o "treinamento da sensibilidade" e daí para os grupos de encontro, dos quais já falamos.

Na década de 1960, foram escritos vários artigos e livros sobre as aplicações dos métodos psicodramáticos em educação (Haas, 1949; Shaftel e Shaftel, 1982), em empresas (Corsini, Shaw e Blake, 1961) e em outras áreas. Algumas aplicações contemporâneas são discutidas a seguir.

APRENDIZAGEM DE HABILIDADES EMOCIONAIS E SOCIAIS

Uma das aplicações de largo alcance do psicodrama se dá na área do desenvolvimento de habilidades emocionais e sociais (Blatner, 1995). Escolas e empresas vêm considerando um amplo espectro de capacidades (Goleman, 1995, 1998). Embora parte dessa aprendizagem possa ser oferecida por meio de palestras, discussões e livros, as habilidades nela envolvidas são adquiridas de maneira melhor com o uso de um veículo mais vivencial e holístico, o sociodrama e o jogo de papéis. Algumas maneiras como isso pode ser alcançado:

- Treinamento da espontaneidade geral, ajudando as pessoas a improvisar no pensamento e no comportamento.
- Aprendizagem da comunicação não-verbal: como as pessoas podem usar o corpo, o rosto e a ação para se expressar de forma congruente e para identificar incongruências alheias.
- Treinamento da assertividade: aprendizagem das maneiras de estabelecer vínculos e obter a atenção dos outros de forma modulada.
- Treinamento da empatia, usando a inversão de papéis para entender os outros.
- Análise de papéis, participando das encenações dos outros com dublagens e compartilhamentos, assim como do sociodrama, para explorar papéis sociais com os quais não se tem familiaridade.
- Treinamento de papéis, utilizando retroalimentação, modelos e repetições, com o objetivo de aprender como comportar-se, por exemplo, numa entrevista de emprego ou como apresentar-se em situações sociais novas.
- Resolução de conflitos, aprendendo como conseguir apoio, esclarecer problemas e negociar.
- Autoconhecimento, usando solilóquio, espelho, dublagem e outras técnicas.

APROFUNDANDO O SIGNIFICADO PESSOAL

O significado pessoal não é uma simples fórmula ou doutrina. Mais que isso, é uma experiência sentida, mais comumente derivada da conjunção de uma variedade de experiências:

- Contar sua história para outros (e ser um bom ouvinte para as histórias de outros, por meio das quais podemos validar e estimular a imaginação e a compreensão mútua).
- Aprender a descobrir situações que parecem histórias nos acontecimentos mundanos da vida cotidiana.
- Começar a reconhecer temas culturais gerais que tenham relação com nossas histórias de vida pessoal, ajudando-nos a transformá-las em "mitologias pessoais".
- Criar e revisar cerimônias e rituais, de tal forma que se tornem mais relevantes e vitais, sensíveis às particularidades das pessoas e situações envolvidas, incluindo os indivíduos que se agregam como platéia ou como participantes.

Nesse campo, sobre o qual já se escreveu muito, há lugar para os métodos psicodramáticos, porque as técnicas de ação do psicodrama e seus princípios gerais podem ajudar as pessoas a experienciar esses processos de maneira mais vívida e a ancorar suas experiências no sentido mais profundo da individuação.

Sugeri um tempo atrás, por exemplo (Blatner, 2001b, nota 1), que os psicodramatistas poderiam utilizar seus conhecimentos a respeito de dinâmica de grupo, psicologia, arte e dramatização, além de espiritualidade, para se tornar mestres-de-cerimônia, facilitando o uso mais criativo de rituais e celebrações em nossa cultura.

"FALAR PAPEL"

A modificação feita por Moreno na teoria de papéis, "teoria de papéis aplicada", descrita em detalhes em *Foundations of psychodrama* [Fundamentos do psicodrama] (Blatner, 2000a, p. 150-187), é outro veículo potencial para a aplicação à vida diária de conceitos subjacentes ao psicodrama. A chave aqui é simplesmente usar o conceito de papel como a unidade central para a discussão de questões humanas.

Só o ato de chamar de papel um comportamento, atitude ou parte do eu já desencadeia o processo de cura. A idéia é mudar o núcleo da identidade, saindo do papel e indo para o metapapel, ou seja, a escolha pela pessoa do modo como desempenhar o papel. Isso permite maior flexibilidade e criatividade. Na verdade, a idéia da dramatização como uma das artes criativas é um convite a uma atitude de pensar mais como artista criativo, buscando uma nova maneira de lidar com dado problema, do que como advogado tentando justificar uma posição passada.

A análise de papel é um conceito associado. Os papéis são complexos de expectativas e comportamentos, podendo envolver componentes que são, por sua vez, moderadamente complexos. Algumas vezes, na forma como um papel é definido há subcomponentes e sub-subcomponentes. A questão é não tentar definir todo o papel intelectualmente, mas focalizar um aspecto específico de um comportamento de papel problemático e investigá-lo. Por exemplo, um casal recém-casado, analisando a questão da limpeza da casa, pode preocupar-se não apenas com quem faz o quê, mas também com quais padrões de limpeza devem ser aplicados, com que freqüência a tarefa deve ser feita e sob que circunstâncias essa distribuição de papéis poderia ser alterada. Isso não envolve necessariamente outros componentes de papel tais como masculinidade e feminilidade, o significado do amor ou da meditação ou outros fatores. A focalização na especificidade evita que a pessoa se identifique com o papel, tornando-o um pouco mais distante e manejável.

A METÁFORA DRAMÁTICA

O trabalho de Moreno não só envolve uma linguagem "amigável ao usuário" na fala do papel, mas também começa a pensar sobre a vida como se ela fosse uma espécie de dramatização improvisada em curso.

Essa aplicação da poderosa metáfora da vida como uma espécie de teatro não é idéia nova. Shakespeare também afirmava, numa referência bastante conhecida, que "o mundo é um palco". Existe até mesmo uma escola de psicologia social que usa essa abordagem.

Entretanto, o psicodrama acrescenta outra dimensão, que é convidar aqueles que utilizam essa metáfora não somente a analisar situações da vida como se elas fossem partes de uma peça teatral, mas a implementar também os papéis daqueles que criam as peças: atores, diretores, autores, críticos e público.

Assim, o psicodrama questiona a seqüência da afirmação de Shakespeare: "... e todos os homens e mulheres meros atores". Não somos meros atores, porque podemos co-criar o modo como a cena vai ser representada e como pode ser representada de maneira diferente, melhor, com mais liberdade e abertura (Blatner, 1999b p. 129-130).

Desse modo, a metáfora dramática torna mais concretos os conceitos utilizados na abordagem psicológica de Roberto Assagioli, chamada de "psicossíntese", assim como em inúmeras disciplinas psico-espirituais da Índia que influenciaram essa abordagem. A idéia é a desidentificação: participar da vida e, ao mesmo tempo, perder o sentido do eu totalmente envolvido no papel que está sendo representado. Esse passo atrás figurativo (de resto concretizado na técnica psicodramática do "espelho") é na realidade a base da "mentalidade psicológica".

A vida como teatro é uma metáfora particularmente poderosa e evocativa, porque oferece muitas idéias úteis a ela associadas. Um ponto de discussão é a diferenciação entre ator e pessoa, entre quem desempenha o papel e a consciência que comanda, que escolhe quando e como desempenhar aquele papel (o dramaturgo-diretor interno).

Outro subproduto do pensar a vida como teatro é a integração da imaginação no pensamento, especialmente o diálogo dramático que poderia, supostamente, tornar a situação pior ou melhor. A pessoa precisa aprender a passar, nesse ponto, de uma abordagem analítica voltada para a solução de problemas para uma instância mais subjetiva e receptiva, a fim de permitir que a imaginação autônoma opere e "escute" as vozes.

Assim, quando se analisa um problema interpessoal, a técnica é abordá-lo como se as pessoas não fossem os indivíduos concretos que têm o problema, mas dramaturgos planejando o texto para uma comédia situacional ou uma novela de televisão. Entretanto, em vez de permitir aos personagens comportar-se alucinadamente, arcando depois com as conseqüências, o objetivo é imaginá-los comportando-se de forma sábia.

A pergunta que se faz, nesse caso, é: "Qual seria, neste momento, a reação mais edificante, sensível, tática, encorajadora ou, em outras palavras, mais positiva?" Como autores dessa cena, os participantes trabalham, assim, para encontrar interações que sejam mais refinadas do que grosseiras. (Em algumas ocasiões, como autores, para quebrar a tensão e liberar-se, no aquecimento eles podem divertir-se com as mais esdrúxulas alternativas. Essa é a técnica do "faça da pior maneira possível", que funciona como tomada catártica de consciência dos sentimentos confusos despertados e das tentações para agir movidos pelos piores desejos.)

AQUECIMENTO

Outro conceito derivado do psicodrama e também bastante conhecido em outras artes criativas é a necessidade de aquecimento. Em muitos contextos de nossa cultura, esse processo não é levado suficientemente em conta. As pessoas muitas vezes esperam que os outros e elas mesmas sejam capazes de dar um salto e oferecer idéias bem embaladas.

Em certo sentido, é isso que se pede em muitas situações de prova na educação superior, embutindo-se a idéia de que essa é a melhor maneira. Na verdade, nós nos envolvemos gradativamente em muitas situações, se não na maioria delas. As idéias criativas vão surgindo à medida que a mente relaxa e se torna mais espontânea, e isso acontece no decorrer da prática, de forma mais ou menos lúdica.

As pessoas podem aprender a dizer de modo explícito: "Agora vamos nos aquecer gradativamente para isso". Podemos ajudar pessoas a abrir espaço para manejar de maneira mais confortável, criando frases modelares para fazer isso. Também é útil mostrar como se pode ajudar os outros a se aquecerem naturalmente. Por exemplo, eu digo ao cliente que se sente atrapalhado, não conseguindo apresentar suas idéias de forma ordenada: "Tudo bem. Comece de qualquer jeito e vamos trabalhar juntos até chegarmos aos pontos relevantes".

TORNANDO-SE MAIS ESPECÍFICO

Um problema bastante comum na cultura contemporânea é o uso de generalidades e de terminologia ambígua. Os termos psicológicos foram acrescentados a essa tendência e, quando utilizados indiscriminadamente, são chamados de "psicobobagens".

Muitos clientes (e terapeutas) lançam no ar palavras que são muito inespecíficas. A exigência psicodramática de representar uma cena sugere um movimento do abstrato para o concreto no discurso. Digo às pessoas: "Não sei o que essas palavras significam. Se pudesse ver isso como se estivesse numa televisão, num documentário ou numa peça, eu poderia entender melhor o que você está tentando dizer. Vamos detalhar isso". A seguir eu faço perguntas a respeito de tempo, lugar, quem está na situação, suas idades e outras questões relevantes. Uso as respostas para montar uma cena concreta em minha imaginação e, se eu não consigo formulá-la, sigo perguntando. Esse processo de tornar mais específico proporciona detalhes e permite estruturar interpretações que não eram possíveis quando se utilizavam termos abstratos.

Devemos reconhecer também que a generalização e o refúgio em abstrações excessivas são manobras defensivas concretas, maneiras de evitar pensar realmente sobre a situação e suas ambigüidades. Quando alguém, por exemplo, descreve um problema afirmando "ele me agrediu", há uma conclusão implícita, uma atribuição de culpa, com correspondente impedimento da investigação de possibilidades; ou seja, a outra pessoa pode ter reagido a alguma coisa que estava sendo feita por quem falou ou a pessoa que falou pode ter reagido excessivamente a um nível razoável de assertividade da outra pessoa, entre outras possibilidades.

Não se pode pensar em solução real de problema sem investigação dessas hipóteses alternativas, idealmente por meio de uma apresentação dos detalhes da cena. A ação física é então melhor que a narração, porque acrescenta o poder da comunicação não-verbal e o sentido de direção ao encontro que mobiliza os sentimentos mais autênticos.

Outra qualidade da imaginação específica é que ela impede o uso da generalização como defesa contra sentimentos. Ao trabalhar o luto, pode-se chegar a uma catarse saneadora, ajudando o enlutado a retratar em detalhes lembranças específicas (Blatner, 2001c).

SOCIOMETRIA

É possível que os grupos comecem a se retroalimentar mais sistematicamente a respeito de sua própria dinâmica? Os mencionados criadores dos *T-groups* foram influenciados por Moreno, e os elementos da dinâmica do grupo aparecem de certa maneira no movimento subseqüente dos grupos de encontro.

Entretanto, um conjunto de dinâmicas geralmente deixado de lado foi a categoria de interações que primeiro estimulou Moreno a pesquisar a terapia de grupo: os sentimentos dos membros do grupo, uns em relação aos outros, ou seja, suas preferências no sentido de estar ou fazer com alguns indivíduos, dentro do grupo, e não com outros (Blatner, 1994).

Isso é ainda mais válido se as questões a respeito da preferência são formuladas tendo em vista determinadas dimensões de papel. Em outras palavras, Moreno visava à dinâmica da relação e aos modos como essa dinâmica se relaciona com o nível de coesão grupal. Mesmo na atualidade, poucos grupos se arriscam a avançar nesse âmbito sensível. Com certeza, nesse aspecto Moreno era um visionário. As pessoas conseguem hoje revelar suas fantasias sexuais mais facilmente do que discutir sentimentos mútuos em termos de preferência.

Na verdade, muito da dinâmica do ciúme, descrita pelos psicanalistas como parte do desenvolvimento psicossexual na média infância, pode relacionar-se tanto quanto, se não mais, com o surgimento da dinâmica sociométrica.

Esses temas se repetem e se intensificam na puberdade e no começo da adolescência, especialmente em relação a panelinhas, clubes, estar por dentro ou por fora e outras interações entre companheiros. A eles acrescenta-se uma nova dimensão, as comparações quanto ao *status* social relacionado com a atratividade sexual – quem amadurece antes, cedo demais, estilos e modas na vestimenta e assim por diante.

Está na hora de incluir esses temas no currículo geral da aprendizagem emocional e social nas escolas. Algumas noções fundamentais não são ensinadas ainda, e talvez muitos professores nem sequer as conheçam. Por exemplo, crianças e adultos tendem a trabalhar melhor em grupos por eles escolhidos com base em suas próprias preferências do que quando são arbitrariamente designados.

Não existe um critério único para a popularidade; algumas crianças precisam de ajuda para descobrir os próprios critérios e para encontrar outras que compartilhem suas preferências "sociotélicas", ou seja, aquelas que têm interesses comuns. Assim, dentro desses grupos e, por vezes, em outros grupos a pessoa encontra poucos parceiros com quem possa sentir uma relação pessoal, uma conexão "psicotélica". Por outro lado, se uma pessoa não sintoniza com outra, isso não significa que se deva culpar uma ou outra.

Essas lições podem ser importantes para o pleno desenvolvimento social.

Auto-afirmação

O sentimento de raiva pode ser manifestado com diversos níveis de intensidade, e cada um deles é considerado um tipo diferente de comportamento. Todos eles, com exceção da ira, têm seu lugar, desde uma reclamação mais branda até as expressões mais fortes, chegando à perda de controle histérica.

Quanto mais se consegue ampliar a capacidade de expressão dos níveis intermediários de raiva e de auto-afirmação agressiva, mais se consegue também uma escalada gradual, com cautela e confiança. Dosar dessa forma a irritabilidade evita que se perca a calma e, por outro lado, aqueles que tendem a ser excessivamente reservados desenvolvem maneiras mais moderadas, mas mesmo assim efetivas, de expressar suas necessidades, sem terem de se sentir "muito ruins".

Consigo imaginar uma série de situações de jogo de papéis em que as pessoas demonstrem, discutam, dêem *feedback* e comecem a se familiarizar com comportamentos que estão fora de seu repertório costumeiro de papéis. Esses comportamentos incluem, por exemplo, a projeção da voz: não gritar, porém falar em alto e bom som (muitos terapeutas têm enorme dificuldade para elevar a voz). Uma das formas de expandir o repertório de papéis é jogá-los como se o grupo estivesse em "treinamento para a ação".

Comunicações não-verbais

Do mesmo modo, aprender a tomar consciência dos próprios padrões habituais de reação não-verbal e, assim, empenhar-se em descobrir algumas variações torna-se um elemento importante para a flexibilidade e para a competência interpessoal. Também se pode aprender (fazendo) a respeito de categorias e modalidades de comportamento não-verbal, de modo a poder comentar esses elementos no decorrer das interações do cotidiano (Blatner, 2002a).

Muitos conflitos interpessoais no lar e no trabalho se devem à maneira como as coisas são expressas – as expressões faciais, o tom da voz, a postura e assim por diante. Observar isso é muito útil, porque do contrário as pessoas tenderiam a cair na negação, perguntando-se apenas a respeito do conteúdo e não da tonalidade de sua fala. Muitas vezes, a maneira como se diz uma coisa comunica tanto quanto, se não mais, do que aquilo que é dito. E as pessoas precisam ser validadas, dizendo: "A maneira como você disse foi..." (e então descrever o comportamento, ou melhor, representá-lo como num espelho).

Repetição

A norma da cultura contemporânea parece ser: "Você tem uma única chance, e é esta". Trata-se de uma norma artificial, baseada em testes escolares, trabalhos acabados e coisas semelhantes.

Ao contrário, uma norma igualmente plausível, se tivéssemos de enunciá-la, seria: "Se não funcionar, vamos tentar outra vez de um jeito diferente". Essa é a essência do jogo: ter espaço de manobra. Ao tocar *jazz* ou ensaiar uma música ou uma encenação, a chave é tentar novamente, fazer de novo e experimentar com pequenas ou moderadas variações. Nesse modelo, a vida seria encarada não como produto acabado, mas como trabalho em desenvolvimento, um ensaio improvisado permanente.

As pessoas podem ser ensinadas a construir repetições em seus relacionamentos. Se alguém entra numa situação de tensão, pode dizer: "Espere um pouco, vamos tentar de novo, desde o começo. Gostaria de ver de um ângulo diferente" ou "Espere aí, esse jeito não funciona. Deixe-me tentar novamente". Isso implica uma espécie de pedido de desculpas e começa a desconstruir o conflito, transformando-o numa pesquisa a respeito de como o problema começou.

Inversão de papéis

Aprender a mudar o ponto de referência constitui o cerne do que Moreno chamava de "encontro" e, talvez, a técnica psicodramática singular mais importante e mais poderosa.

Implica abrir mão, ainda que por um instante, da perspectiva egocêntrica e imaginar como seria estar na situação do outro. Essa técnica é incrivelmente útil nos relacionamentos mais próximos e, muitas vezes, nas situações de grupo. O simples fato de dizer "Espere, deixe-me ver isso de seu ponto de vista" já possibilita uma abertura.

A capacidade de inverter papéis envolve a aprendizagem do pensar como ator. Exige um pouco de prática, implica habilidade. Parte dessa capacidade não corresponde exatamente à clássica inversão de papéis descrita por Moreno. Consiste em falar da perspectiva de um papel imaginado e então convidar a pessoa com quem se busca empatia a comentar e fazer correções; em seguida, tentar novamente até que a outra pessoa diga: "É assim mesmo que eu sinto" ou "Agora eu vejo que você compreendeu meu ponto de vista".

Como exemplo, imagine uma situação em que um casal está discutindo a possibilidade de mudar de cidade, ponderando vantagens e desvantagens. O marido não consegue argumentar muito e sente-se cada vez mais desconfortável. A esposa expõe generosamente seu ponto de vista e se imagina na situação do marido, abrindo-se para aspectos mais sutis. Algumas idéias menos racionais e potencialmente um pouco vergonhosas lhe vêm à mente, tais como: "Eu não quero abrir mão do conforto que me cerca. Sei que não devo ter medo de mudar, mas não se trata de medo, e sim de uma dúvida: por que faríamos isso? Isso vai ser bom? Acima de tudo, nós não somos obrigados a fazer essa mudança!"

O marido respira aliviado e diz, com voz rouca: "Sim, e eu tenho medo de admitir isso para mim mesmo, não tenho espírito aventureiro". A mulher responde: "Eu sei, e me preocupo com seus sentimentos, mesmo que eles não sejam tão nobres".

Um dos obstáculos a superar é uma crença prevalente: "Se eu admitir que seu ponto de vista pode ser plausível, não vou conseguir afirmar o ponto de vista contrário". Dito assim tão explicitamente, pode parecer falacioso do ponto de vista lógico. É bastante viável que duas pessoas sejam razoáveis, opondo pontos de vista conflitantes. Só não apreciaria isso o pensamento imaturo e simplista, lamentavelmente tão comum, que estabelece categorias colocando o bom contra o mau. Mas as pessoas costumam ter um pouco desse resíduo, e por isso é necessário treinar. A inversão de papéis começa a operacionalizar essa mudança.

Diálogo interior

Uma das habilidades mais úteis para uma pessoa é imaginar um palco dentro de si, com diversos personagens, como forma de abordar sua própria confusão, sua perplexidade ou seus conflitos interiores.

O problema é que as pessoas tendem a se enredar em muitas manobras desqualificadoras sutis, com as diferentes partes interrompendo e tornando obscuras as questões, como se dissessem: "Eu não consigo me ouvir pensando".

O metapapel seria, pois, um mediador ativo, que busca permanecer neutro (pelo menos em aparência), para ouvir respeitosamente cada parte e também impedir que as vozes contrárias façam cortes. Isso exige um pouco de prática, mas dá resultado à medida que a pessoa vai ganhando traquejo.

Um jeito de fazer isso é escrever, num diário, um diálogo ou um triálogo, com uma parte interrogando, formulando, compreendendo, mediando, com abertura para todos os lados.

Outra possibilidade é conversar com um amigo próximo, dizendo: "Uma parte de mim deseja... enquanto esta outra parte pensa...".

O segredo é manter o diálogo por um tempo, trazendo para uma discussão franca, em primeiro lugar, as expressões mais honestas das necessidades e preocupações.

É comum que a primeira ou segunda tentativas não levem a níveis mais profundos. Só depois que todos os papéis da "subpersonalidade" tiverem sido ouvidos, o metapapel mediador poderá atuar para começar a considerar conscientemente alternativas ou soluções criativas.

Outra técnica é começar a acrescentar, conscientemente, novos papéis ao diálogo interior. Algumas vezes o conflito envolve uma parte autocrítica severa e uma "criança interior" vulnerável. O que é necessário, talvez, é um terceiro papel, um "advogado de defesa" que possa responder vigorosamente a alguns hábitos do acusador interno. Como alternativa, a pessoa pode introduzir um "instrutor de gerenciamento", que dialoga com a parte autocrítica, ensinando-a a fazer críticas mais construtivas e a apresentá-las não de forma humilhante, mas encorajadora. Novos papéis podem ser criados para outras circunstâncias. O objetivo, aqui, não é apenas refinar o papel, mas expandi-lo.

O diálogo interior pode ser externalizado num ritual de exploração espiritual. A pessoa pode convidar seu poder mais alto, na forma de alguma entidade espiritual personificada, e iniciar uma conversa com ele. Novamente o importante é que os questionamentos e respostas se sucedam numa série suficientemente extensa, para não permitir que a pessoa se sinta intimidada e que possa imaginar que o poder mais alto realmente deseja acolher e responder a todas as questões possíveis. As pessoas constatam que esse processo gradativamente atravessa vários níveis de clichês e freqüentemente, na espontaneidade da inversão de papéis e ousando identificar-se com o poder mais alto, vêem-se em contato com respostas mais sábias do que aquelas que já conheciam (Blatner, 1999a).

Trabalho com sonhos

Não é preciso estar em terapia para desenvolver um relacionamento constante com o subconsciente. Nas prateleiras de auto-ajuda das livrarias, podem-se encontrar inúmeros livros sobre interpretação de sonhos.

O psicodrama acrescenta algumas técnicas:

1. Para compreender, uma das possibilidades é assumir o papel do elemento enigmático do sonho, seja ele uma pessoa, animal ou objeto inanimado. A estratégia é imaginar o que poderia se parecer com ele. O que acon-

tece conosco no papel naturalmente vai incluir nossas projeções, nossa própria seleção de qualidades. Se sonhamos com um gato, tornamo-nos um gato e dizemos "Não estou nem aí com as pessoas", o que constitui nossa própria associação intuitiva, não uma descrição objetiva.

2. Para uma exploração mais profunda, permitir que os diferentes elementos personificados dialoguem diretamente entre si, porque na dinâmica do encontro novas intuições virão à tona. Em síntese, recriar o sonho como se ele fosse memória real de um evento enigmático. Isso costuma proporcionar mais compreensões pessoais do que quando outros, mesmo que sejam terapeutas, aportam suas "interpretações". É sempre melhor que as pessoas descubram seus próprios significados.

CONCLUSÃO

Muitos outros métodos, técnicas e idéias têm sido apresentados e são desenvolvidos continuamente para que o psicodrama ajude as pessoas a viver a vida mais efetivamente (Booth, 1997; Blatner, 2003, p. 43-45). São ferramentas, não respostas prontas ou resultados garantidos. No entanto, é melhor utilizar ferramentas e ter algumas estratégias do que simplesmente seguir errando ou, pior que isso, reagir de velhas maneiras que, embora familiares, são geralmente inócuas ou mesmo contraproducentes.

Este capítulo está ampliado num livro: *Creating your living: applying role playing in everyday life* [Criando sua vida: aplicações do jogo de papéis ao cotidiano].

REFERÊNCIAS BIBLIOGRÁFICAS

BLATNER, A. *Creating your living: applying role playing in everyday life*. San Marcos: Author, 1985.

_____. "Tele: the dynamics of interpersonal preference". In: HOLMES, P.; KARP, M.; WATSON, M. (orgs.). *Psicodrama since Moreno: innovations in theory and practice*. Londres: Routlege, 1994. [*O psicodrama após Moreno*. São Paulo: Ágora, 1999.]

_____. "Drama in education as mental higiene: a child psychiatrist's perspective". *Youth Theatre Journal*, v. 9, p. 92-96, 1995.

_____. "Enacted dialogue: a psychodramatic technique". 1999a. Disponível em: <http://www.blatner.com/adam>.

_____. "Psicodrama". In: WIENER, D. (org.). *Beyond talk therapy: using movement and expressive techniques in clinical practice*. Washington: American Psychological Association Press, 1999b, p. 125-143.

_____. "Deepening personal meaning". In: KLASSEN, D.; WONG, P. (orgs.). *Proceedings of the First Internacional Conference: personal meaning in the new millenium*. Vancouver: Trinity Western University, 2000a, p. 12-25.

_____. *Foundations of psicodrama: history, theory & practice*. 4. ed. Nova York: Springer, 2000b. [*Uma visão global do psicodrama: fundamentos históricos, teóricos e práticos*. São Paulo: Ágora, 1996.]

_____. "A new role for psychodramatists: master of ceremonies". *International Journal of Action Methods*, v. 53, n. 2, p. 86-93, 2001a.

_____. "Psychodrama". In: CORSINI, R. J. (org). *Handbook of innovative therapies*. Nova York: Wiley, 2001b, p. 535-545.

_____. "Psychodramatic methods for facilitating bereavement". In: KELLERMANN, P. F.; HUDGINS, M. K. (orgs.). *Psychodrama with trauma survivors: acting out your pain*. Filadélfia: Jessica Kingsley; Taylor & Francis, 2001c, p. 41-50.

_____. "About nonverbal communications. Part I: general considerations". 2002a. Disponível em: < http://www.blatner.com/adam/level2/nverb1.htm >.

_____. "Psychodrama". In: SCHAEFER, C. E. (org.). *Play therapy with adults*. Hoboken: Wiley, 2002b.

BOOTH, E. *The everyday work of art*. Naperville: Sourcebooks, 1997.

CORSINI, R. J.; SHAW, M. E.; BLAKE, R. R. *Roleplaying in business and industry*. Nova York: The Free Press of Glencoe, 1961.

GOLEMAN, D. *Emotional intelligence*. Nova York: Bantam, 1995.

_____. *Working with emotional intelligence*. Nova York: Bantam Books, 1998.

HAAS, R. B. (org.) *Psychodrama and sociodrama in American education*. Beacon: Beacon House, 1949.

KELLERMANN, P. F.; HUDGINS, M. K. (orgs.). *Trauma and psychodrama: acting-out the pain*. Londres: Jessica Kingsley, 2000.

LIPPITT, R.; BRADFORD, L. P.; BENNE, K. D. "Sociodramatic clarification of leader and group roles, as a starting point for effective group functioning". *Sociatry*, v. 1, n. 1, p. 82-91, 1947.

MORENO, J. L. "The Viennese origins of the encounter movement". *Group Psychotherapy*, v. 22, p. 7-16, 1969.

SCHAFTEL, F.; SCHAFTEL, G. *Role-playing in the curriculum*. 2. ed. Englewood CliffsPrentice Hall, 1982.

8 → VIAGEM NO TAPETE MÁGICO:
métodos psicodramáticos com pré-púberes

Mary Jo Amatruda

INTRODUÇÃO

O psicodrama é um tratamento psicoterápico eficiente para crianças de 6 a 12 anos, que estão na fase conhecida como de latência. Ele facilita a expressão de sua florescente capacidade cognitiva e se coaduna com seu gosto pela novidade, com sua disponibilidade para se expressar, com seu amor pela ação e com sua crescente capacidade de se envolver em trocas com os companheiros.

O psicodrama oferece às crianças a oportunidade de escutar, cooperar e expressar-se por meio da ação. Favorece o aprofundamento de seu nível de liberação e expressão de sentimentos.

Esse método pode apoiá-las em sua tarefa de ganhar domínio sobre o mundo, assim como em outros desafios próprios do desenvolvimento. Tendo em vista que as crianças têm um nível de rigidez mais baixo que o dos adultos (Slavson e Schiffer, 1975), o psicodrama pode traduzir-se mais facilmente em mudanças comportamentais no mundo "real".

J. L. Moreno começou seu trabalho com crianças. Ele escreveu:

> *Eu costumava passear pelas praças de Viena, juntando as crianças e formando grupos para jogos improvisados [...] Era [...] uma cruzada das crianças em favor delas mesmas, por uma sociedade própria de sua idade, com regras próprias. As crianças tomavam partido [...] da espontaneidade e da criatividade*

[...] *Comecei a tratar dos problemas das crianças permitindo que elas atuassem de improviso* (Moreno, 1985, p. 3).

A despeito de suas origens e de sua eficácia com pré-púberes, pouco se aplica o psicodrama nesse contexto e pouco se escreve sobre isso. Este capítulo descreve meu trabalho com essa faixa etária e alguns aspectos em que ele difere do que se faz com adolescentes e adultos.

A PRÉ-PUBERDADE E A TEORIA DO DESENVOLVIMENTO DE MORENO

Moreno acreditava que a saúde psicológica tem relação com o número de papéis aos quais temos acesso: quanto mais, melhor.

Os bebês têm papéis somáticos: comedor, defecador, dormidor. Os papéis sociais – filho, irmão, caçula – vêm depois. Nosso comportamento nesses papéis é aprendido por meio da ação de assumi-los: observar e experienciar os outros em seus papéis e experimentar os vários chapéus.

À medida que as crianças se desenvolvem, elas começam a individualizar esses papéis. Na pré-puberdade, as crianças não estão apenas expandindo seus papéis sociais, extrapolando suas constelações familiares, mas também definindo, por meio das relações recíprocas, como serão nesses papéis: crianças amorosas, amigos cuidadosos, estudantes aplicados.

O psicodrama é parte de um sistema triádico: sociométrico, psicodramático e psicoterapêutico grupal. Esse sistema ao mesmo tempo espelha e promove a progressão ao longo das fases de desenvolvimento dos indivíduos e dos grupos.

Na etapa sociométrica, os participantes do grupo pensam a respeito de si mesmos; tudo gira em torno deles. Durante o aquecimento, as crianças começam a tomar consciência dos que estão ao redor, de suas reações diante deles e das reações dos outros diante delas.

A segunda etapa do grupo, a psicodramática, segue o eixo de desenvolvimento da criança na pré-puberdade. Os participantes do grupo concretizam os pensamentos e imagens que lhes passam pela cabeça em suas dramatizações. Eles atribuem papéis aos outros em suas cenas e desempenham papéis nas cenas dos outros. Ao desempenhar papéis nas cenas dos outros, têm a oportunidade de expandir sua compreensão dos outros, pelo fato de vivenciarem, muitas vezes, papéis desconhecidos ou reprimidos em seu repertório. A inversão de papéis colabora para o desenvolvimento futuro da empatia para com os outros.

O compartilhamento, ou a parte de psicoterapia de grupo da sessão, permite aos membros do grupo experimentar-se como quem contribui e participa de um todo, ao mesmo tempo que integram o que precisam para deixar a sessão, sentindo-se mais completos e conectados com os outros.

SLAVSON E MORENO: A BUSCA DO EQUILÍBRIO ENTRE ESTRUTURA E PERMISSIVIDADE

Slavson e Redl foram os primeiros a utilizar a terapia de grupo com crianças. Slavson observou que o grupo terapêutico baseado na atividade poderia proporcionar os meios para que as crianças expressassem sentimentos e fantasias.

Axline, sob influência de Carl Rogers, desenvolveu posteriormente um modelo de terapia grupal utilizando o brinquedo (Lomonaco, Scheidlinger e Aronson, 2000). O psicodrama pode ser considerado um tipo de ludoterapia. Mas, enquanto na ludoterapia as crianças se revelam ao interagir com objetos, no psicodrama elas o fazem ao interagir com metáforas. Por exemplo, como aquecimento eu pedi que as crianças pensassem em suas famílias como um corpo e identificassem qual parte do corpo elas eram. Brian, um menino muito inteligente de 9 anos, disse: "Os glóbulos brancos do sangue". No compartilhamento, ele contou que havia escolhido os glóbulos brancos porque eles combatem a infecção. Brian conseguiu concretizar o sentimento de estar em terapia, chamando a atenção e pedindo ajuda para os problemas familiares.

Moreno e Slavson acreditavam no potencial do grupo. Moreno via o terapeuta como parte ativa do processo grupal. Slavson o via como um observador, cujo papel era o de analisar. Diferentemente da permissividade que Slavson promovia, o psicodrama é altamente estruturado. O desafio para o psicodramatista que trabalha com crianças consiste em equilibrar segurança, espontaneidade e criatividade.

CONTEXTO

Os exemplos utilizados neste capítulo foram extraídos principalmente de grupos de psicodrama que coordenei num hospital comunitário. Os nomes das crianças foram modificados, assim como informações que as identificassem. As sessões aconteciam uma vez por semana e duravam uma hora. O esquema de horários impedia trocas de informação antes e depois das sessões.

Constatei que os membros da equipe profissional ficavam impressionados com o alto nível de envolvimento das crianças na sessão de psicodrama e com o fato de que elas costumavam incorporar, durante a semana, técnicas de ação. Era evidente também que a equipe gostava de ficar sabendo, por intermédio do psicodrama, a respeito da vida e das competências das crianças.

Participavam do programa até quinze crianças, a maioria meninos. Permaneciam no hospital em média seis semanas, dedicando ao programa em torno de quinze horas semanais. Representavam diversos grupos raciais e socioeconômicos e estavam em tratamento em razão dos mais diversos problemas psiquiátricos.

Um dos objetivos terapêuticos era desenvolver habilidades sociais, inclusive ouvir, contribuir e respeitar sua vez. Eu perseguia esses objetivos e mantinha vivos sua espontaneidade e seu interesse, pedindo às crianças que explicitassem as cenas que imaginavam ou sentiam, consultando-as sobre o que gostariam de fazer como protagonistas ou convidando uma delas a assumir o papel de diretor por alguns minutos. Além disso, busquei criar uma coesão grupal, que eu encarava como facilitador do desenvolvimento de cada criança.

O processo psicodramático ajudou as crianças a se sentir capazes e positivamente conectadas, ao mesmo tempo que proporcionou oportunidades para que elas se experimentassem em diferentes papéis. Eu considerava a experiência grupal e a cena representada corretivos e potencialmente transformadores.

A EXPERIÊNCIA

Começando

A primeira sessão psicodramática que dirigi tinha oito meninos e três meninas, com idades entre 6 e 11 anos. Sentamo-nos com as cadeiras em círculo e, depois de terem feito algumas apresentações, ficou claro que eles se sentiam mais confortáveis e prontos para participar de alguma atividade.

Pedi que pensassem em um sentimento que vivenciassem a maior parte do tempo. Apareceram tristeza, susto, felicidade, alegria e raiva. Perguntei então sobre a intensidade e a cor do sentimento. Cada criança, voluntariamente, uma a uma, dirigiu-se para a cadeira que estava colocada em frente às demais e se tornou aquele sentimento. Em seguida, entrevistei cada uma no papel do sentimento: "Qual é sua intensidade? Qual é sua cor? Que som você faz?" As questões foram respondidas sem hesitação. Algumas das respostas foram "Eu sou vermelho e tão grande quanto esta sala" e "Eu sou duro e solto gritos estridentes". A mágica começou. Perguntei então a cada uma delas, ainda no papel de sentimento, com quem estava quando se sentiu daquela maneira. O que me deixou feliz foi sua capacidade de sair da descrição, tornando-se e concretizando sentimentos abstratos para vinculá-los à realidade. Elas puderam mover-se entre fantasia e realidade, entre concreto e abstrato, indo e voltando com grande fluidez. Também gostaram de ser desafiadas dessa forma. Foi um novo "jogo". Além disso, tiveram a oportunidade de estar à frente e no centro, com toda a atenção de seus companheiros e da equipe. Em nenhum momento as diferenças de maturidade física e emocional ou os diagnósticos de déficit de atenção, déficit de inteligência, depressão e impulsividade obstruíram o processo. O aquecimento levou o grupo para uma dramatização.

Elena, de 8 anos, disse que sentia tristeza, especialmente na presença de sua tutora, uma tia com quem ela e seu irmão viviam depois de terem experimentado vários lares adotivos.

Na cena, Elena falou com a tia sobre o temor dela e de seu irmão de serem removidos daquela casa, porque a tia recebera ali pessoas perigosas, inclusive a mãe drogadita de Elena, proibida judicialmente de ver os filhos. Enquanto ela falava com a tia, seus olhos miravam a equipe e o grupo, num evidente esforço de ler as reações a seu relato.

Perguntei ao restante do grupo se havia alguém mais na sala que tinha sido colocado em situações perigosas por um membro da família. Das onze crianças, oito levantaram a mão. Foi um momento importante para Elena, que expressava o sentimento de ser incompreendida e desamparada e continha os sentimentos dentro de si até que a raiva explodisse perigosamente.

Quando ela retratou a resposta depreciativa de sua tia, os companheiros de grupo foram convidados a fazer um dublê dela. Tomando como referência o próprio sentimento, eles deram voz a sua raiva, frustração e confusão. Elena conseguiu, então, expressar com as próprias palavras os sentimentos de raiva revelados.

Cada um dos membros do grupo, sucessivamente, foi colocando a mão sobre seu ombro. Elena ouviu e acatou as vozes de seus companheiros, ecoando sua tristeza e solidão, assim como a tensão por ser a "crescida" da casa.

Ao mesmo tempo, os outros membros do grupo puderam ir além da necessidade de expressar os próprios sentimentos e estar ali para apoiar Elena. Mesmo não tendo nada a dizer, quiseram estar próximos dela. Sendo dublada, foi possível a Elena sentir a aprovação e a aceitação de que as crianças precisam para sobreviver (Slavson e Schiffer, 1975). Depois de experimentar a dublagem, ouvindo e sentindo fisicamente, ela caiu num afeto mais profundo, capaz de expressar sua vulnerabilidade e tristeza.

Essa era minha orientação ao trabalhar psicodramaticamente com pré-púberes. Desde então, venho confirmando que a sessão psicodramática pode oferecer às crianças um espaço de segurança, estrutura, humor, paciência e acolhimento, com um desejo da parte dos outros de ouvi-las e de levá-las a sério.

O ritual do tapete mágico

Um ritual que se foi desenvolvendo aos poucos e quase casualmente, como início do trabalho de cada grupo, foi útil para construir confiança.

Um dia eu trouxe um tapete para utilizar num exercício de aquecimento que chamei de "viagem no tapete mágico". Na semana seguinte, as crianças perguntaram onde estava o "tapete mágico". Essa pergunta me fez perceber que uma sessão psicodramática tem os componentes de uma viagem num tapete mágico. Assim, esse pequeno tapete tornou-se meu palco portátil. Serviu para diferenciar o grupo de psicodrama de outros grupos que aconteciam na mesma sala. Criou um espaço mágico. No início de cada sessão escurecíamos a sala, acendíamos uma pequena lâmpada e desempacotávamos lenços, chapéus, mantas e bichos de pelúcia que serviam de suporte.

Como ajudantes, as crianças participavam espontaneamente da criação do espaço para o psicodrama e entravam no espírito da sessão. Esse processo se encaixava na sessão, dava às crianças um sentimento de segurança e promovia socialização e treinamento de papéis positivos, na medida em que elas trabalhavam em conjunto. Tornava as crianças parte do processo, ajudava a facilitar sua relação comigo e diminuía a ansiedade que eu, como adulto, e o próprio grupo de psicodrama com certeza mobilizávamos.

Métodos

Descrevo, a seguir, alguns aspectos peculiares da utilização do psicodrama com crianças.

O aquecimento

As crianças precisavam de pouco aquecimento para se sentir seguras, confiar em mim e achar-se competentes para fazer o que eu esperava delas.

Uma das maneiras de me conectar com elas, toda semana, era fazer um rodízio entre os participantes para me apresentarem a alguém do grupo e falarem sobre a mudança que algum companheiro de grupo estava tentando fazer, o que eles queriam dessa pessoa ou um progresso que observaram na outra criança.

Se a comunidade não se sentia coesa, eu estimulava cada criança a contar às outras como estas a tinham ajudado com palavras e atos durante a semana. Isso acelerava o processo de socialização, mostrando aos membros do grupo que eles eram notados, oferecendo-lhes oportunidades de dar e receber retorno.

Esse processo era também um modo de tirar as crianças de seu mundo egocêntrico, ao mesmo tempo que me permitia compreender a sociometria do grupo.

Sociometria ativa

Mooney e Schamess (1991) escreveram sobre a ansiedade que as crianças sentem durante a primeira fase de um grupo, em razão de suas preocupações com a aceitação e a inclusão.

Embora a sociometria ativa possa aumentar essas preocupações, descobri que ela é útil para lidar com elas. As crianças decidiram que o objetivo de uma das atividades sociométricas, o jogo do círculo, seria incorporar todos no grupo. Nesse exercício, uma criança fica no centro do círculo, explicita um sentimento que tem a respeito de si e os outros que têm o mesmo sentimento se juntam a ela dentro do círculo. Em seguida, as crianças começam a formular perguntas que elas acham que levariam a criança isolada a adentrar o grupo. Isso deu às crianças a oportunidade de incluírem outras, serem incluídas, exercerem a liderança e sentirem-se à vontade no jogo.

A escolha do protagonista

Ao decidir a forma de selecionar o protagonista, o diretor leva em conta, entre outras coisas, o tempo disponível, o estágio em que se encontra o grupo e a capacidade de seus membros de tolerar os sentimentos mobilizados por escolher, por ser ou por não ser escolhido.

No hospital-dia as crianças conseguiam colocar de lado a necessidade de previsão e de consistência e não se importavam que a equipe as selecionasse uma semana, que sua vez fosse na semana seguinte ou que se fizesse uma escolha sociométrica na terceira.

A escolha feita pela equipe era muito útil, uma vez que se sabia quem precisava trabalhar e se cuidava daqueles que já tinham dramatizado. Também encorajava as crianças tímidas a participar.

A escolha dos auxiliares

As crianças costumavam apresentar-se voluntariamente para desempenhar papéis auxiliares. Para evitar sentimentos de rejeição e confusão do protagonista, insistíamos para que elas esperassem até que ele fizesse sua escolha.

Os personagens negativos eram escolhidos de várias maneiras: eu podia orientar a criança a indicar o membro da equipe com o qual ela se sentia mais segura ou então pedir à equipe que ajudasse a indicar uma criança que pudesse ser beneficiada terapeuticamente com a atuação, por exemplo, no papel de um agressor.

Andar e falar

Depois de escolhido o protagonista, ele e o diretor podem caminhar juntos e conversar, construindo a parceria à medida que aprofundam seu aquecimento para a dramatização e começam a identificar o foco.

Com crianças, entretanto, essa parte da sessão raramente acontece, uma vez que elas já estavam prontas para passar adiante. Andar e falar com crianças pode ser um recurso para diminuir o ritmo, mas é preciso ser breve, porque se pode perder rapidamente a atenção do restante do grupo.

O foco da cena

Escolhida uma criança, não era incomum ela querer dramatizar o mesmo tema e a mesma estrutura que alguém apresentara na semana anterior. Isso acontecia independentemente do tema surgido na fase de aquecimento. Creio que essa maneira de abordar os temas e estruturas de suas cenas ajuda as crianças a se sentir seguras e confiantes. Nunca experimentei esse fenômeno com adultos ou adolescentes.

Uma diferença adicional é que, da perspectiva das crianças, o objetivo da representação psicodramática é mostrar sua história e não, como no caso de adultos e mesmo de adolescentes, trabalhar uma situação, resolver sentimentos ou alcançar nova compreensão. A terapia para pré-púberes acontece, portanto, no relato.

Montagem da cena

No caso de crianças é preciso, sempre que possível, autorizar a montagem da cena. As crianças queriam mostrar em detalhe seu quarto ou sua casa, real ou imaginária. Isso faz sentido porque reflete o fato de que as crianças costumam gastar a maior parte do tempo com certos aspectos do jogo: decidir sobre ele, montar, escolher quem vai estar em que time ou quem vai desempenhar que papel. Elas eram muito criativas na utilização de lenços e de outros acessórios para delinear seu mundo.

Como aquecimento, eu pedia às crianças do grupo que se recordassem de quando eram pequenas e dessem nome aos brinquedos que eram seus favoritos naquela época. Cada uma escolhia um lenço para representar o brinquedo. Quando convidadas a levar seu brinquedo a um lugar seguro, especial, real ou imaginário, todas as mãos se levantavam oferecendo-se como voluntárias. Elas usavam os elementos para criar seu espaço seguro.

Para ampliar o exercício, eu lhes pedia que identificassem uma pessoa que gostariam de ter naquele espaço com elas e também alguém que gostariam que ficasse fora. Cada criança tinha a oportunidade de dizer alguma coisa para a pessoa desejada e para a pessoa não desejada.

Algumas crianças precisavam de todo um time de auxiliares vocais (o restante do grupo) para ajudá-las a falar com as pessoas que elas queriam que ficassem fora. Muitas falavam do desejo de ver fora os traficantes de drogas do parque ou parentes que as tiraram da mãe.

O entusiasmo para trazer à sala seu brinquedo favorito virtual encorajava-as a mostrar seu espaço seguro e a fazer uma minicena a respeito de algum aspecto de sua realidade. A brevidade do exercício dava a várias crianças a oportunidade de mostrar e atuar, mantendo dessa forma o interesse de todas.

Dado que manter a atenção do grupo é um desafio permanente, para que mais crianças permaneçam ativamente envolvidas é de grande utilidade que várias delas desempenhem os papéis de alguns dos acessórios. Isso amplia a informação que estará disponível durante a dramatização.

Andrew, de 8 anos, fez o papel de televisão na cena de Mimi. Como televisão, ele disse que via um monte de confusão na família e sentia-se triste. À pergunta se ele sentia isso em casa, ficamos sabendo que sim e por quê. A reflexão e o compartilhamento de Andrew deram à cena um novo foco, levando o afeto de Mimi para um nível mais profundo. Ao desempenhar o papel de televisão, Andrew, garoto muito agitado, permaneceu concentrado na cena, deu apoio ao protagonista para que se movesse mais profundamente em sua história e forneceu à equipe novas informações a respeito dele.

Dublagem e inversão de papéis

Quando uma criança faz dublagem, pronunciando palavras não explicitadas por outra pessoa, ela inicialmente se torna uma segunda protagonista, expressando a própria experiência mais do que a do protagonista. Depois dessa experiência purificadora, a criança dá um passo além em seu desenvolvimento e consegue penetrar nos sentimentos da outra.

A dublagem serve também para criar oportunidades para que a criança que está sendo dublada sinta-se mais conectada e apoiada. Freqüentemente, só a experiência de ter a mão do dublê em seu ombro já é suficiente para fazer a criança chorar.

A terapia parece vir do ato de ser dublada mais do que do conteúdo da dublagem. Como notaram Schaefer, Johnson e Whery (1982), em referência a Slavson, o *insight* nas crianças é menos verbalizado.

A inversão de papéis, outra técnica fundamental do psicodrama, é utilizada para desenvolver a compreensão do ponto de vista do outro e para treinar outros membros do grupo para desempenhar papéis numa dramatização. Minha experiência mostra que a espontaneidade das crianças e o conforto no jogo fazem delas inversores naturais e que, na inversão de papéis, elas são atores menos autoconscientes e se confundem menos que os adultos.

Atores auxiliares

Quando as crianças se sentem espontâneas ao desempenhar papéis auxiliares, elas representam mais as pessoas de sua vida do que as da vida do protagonista. Ao fazer isso, mostram ao grupo como são as pessoas que a cercam. Em meus grupos elas eram, não obstante, efetivas e capazes de desafiar o protagonista para novos papéis. Como na dublagem, uma vez que expressavam sua realidade, elas conseguiam avançar nos papéis auxiliares da vida do protagonista.

Envolvimento

Em geral, crianças gostam de estar ativamente envolvidas. Cenas de família, de sentimentos ou esculturas coletivas, que requerem diversos auxiliares, são sempre bem-sucedidas.

Quando criavam uma história completa, as próprias crianças tinham consciência intuitiva do desejo de envolver todo mundo, e freqüentemente o protagonista criava uma cena que requeria todos os membros do grupo.

Desvestir o papel

Desvestir o papel é o momento em que os auxiliares voltam a ser eles mesmos no grupo e se desligam dos papéis que estavam desempenhando.

As crianças não dão muito tempo para isso, talvez porque desempenhem papéis o tempo todo e, em minha experiência, nunca se fundem neles, tampouco aprisionam os outros neles.

Compartilhamento

O compartilhamento é a parte da sessão psicodramática em que os membros do grupo dividem entre si aspectos pessoais que foram emergindo à medida que participaram da dramatização ou assistiram a ela.

No caso de crianças, o compartilhamento era breve. A menos que a situação fosse exatamente a mesma que as suas, necessitavam de orientação para encontrar uma forma de relatar. As perguntas tinham de ser diretas: "Diga o que você lembrou de sua vida" ou "Diga ao grupo o que você pensou a respeito de sua vida quando assistiu à dramatização".

Os adultos precisavam suscitar a integração cognitiva do trabalho, perguntando às crianças especificamente o que elas encontraram na cena e comentando a cena na interação posterior à sessão.

O processo
Exemplo 1: Do aquecimento para a cena

Numa unidade de internação, duas crianças esperavam por mim. Depois de me ajudar a montar o espaço, Peter, de 7 anos, avisou-me que ele deixaria o hospital no dia seguinte, devendo ir para um abrigo ou para uma residência terapêutica. Apresentava dificuldades em controlar seus impulsos e perturbava os cuidadores com seu comportamento inquieto e com agressões físicas a sua irmã mais nova. Impressionava por sua dedicação, uma característica marcante.

A outra criança era Monika, de 9 anos, que tinha sido hospitalizada por tentativa de suicídio. Sem nenhum afeto, ela disse que não voltaria mais a seu lar substituto, esperando ser encaminhada a outro.

Utilizando miniaturas como aquecimento, pedi a eles que escolhessem uma que os fizesse relembrar algo a respeito de si mesmos. Monika escolheu uma chave e disse que ela poderia abrir qualquer porta que quisesse, caso se empenhasse. Poderia estudar e fazer tudo por si mesma. Em seguida, tomou o caleidoscópio, falou sobre todas as belas cores que via ali e disse que gostaria de poder entrar nele. Essa pista me levou a convidá-la a dramatizar seu desejo.

Entrando no caleidoscópio, ela se colocou na sala de uma casa que imaginava ter comprado. Usando faixas de pano, criou uma sala com paredes coloridas e brilhantes, pintada em tons de laranja, vermelho e amarelo. Outras faixas transformaram-se em doces em forma de árvore do lado de fora da janela e em um rio de chocolate no jardim. Abriu seu armário e o encontrou cheio de roupas com as mesmas cores brilhantes dos pedacinhos de vidro do caleidoscópio. Sentou-se na cama, feita com faixas azuis e cor-de-rosa e lençóis do baú de acessórios. Ali, começou a tricotar uma blusa colorida para o irmão, enquanto ouvia música. Disse que ouvia Beethoven e cantarolamos juntas um trecho da *Quinta sinfonia*.

Sem pedir licença a Monika, solicitei a Peter que representasse Beethoven e perguntei a ela se gostaria de lhe dizer alguma coisa. Ela lhe agradeceu por ter composto essa música maravilhosa e contou que a música a ajudava a relaxar. Perguntei se havia mais alguém na sala; ela disse que era o irmão, de quem havia se separado três anos antes.

Peter alternava esses papéis, o que acabou sendo uma maneira construtiva de dar vazão a sua impulsividade. Ao final, como irmão e como Beethoven, ele agradeceu espontaneamente a Monika por ter permitido que a visitasse.

Antes que fosse finalizada a dramatização de Monika, Peter mostrou sua inabilidade, própria da idade, de superar a descrença. Perguntou a ela como uma criança de 9 anos poderia comprar uma casa. Ela piscou para mim e disse que tinha trabalhado duro para ganhar dinheiro. Foi meia hora de prazer para Monika, que nos permitiu ver o rico potencial que havia dentro dela esperando para ser liberado. Mostrou-nos que sua vida poderia ser mais do que as tragédias que a rodeavam.

Exemplo 2: Dublando, conduzindo e acompanhando

Uma ocasião, quando cheguei ao hospital-dia, um dos médicos me contou que algumas crianças vinham se queixando repetidamente nos últimos tempos de ter pesadelos. Depois de um aquecimento, em que pedi às crianças que escolhessem faixas que fizessem lembrar alguns de seus sonhos, começamos.

Bill, de 9 anos, foi escolhido pelos médicos para dramatizar um sonho em que a mãe o acordava toda noite, o que o impedia de voltar a dormir. Embora eu não soubesse disso, ele tinha sido incluído no programa por causa de múltiplas suspensões escolares, por brigar com colegas e ameaçá-los; em casa, sua raiva ficava fora de controle.

Usando acessórios, Bill criou seu quarto, deitou na cama e fechou os olhos como se fosse dormir. Começou a descrever seus pesadelos como se eles estivessem ocorrendo naquele momento. Contou que estava sendo perseguido num bosque.

Bill levantou-se e escolheu Michael para ser o homem que o perseguia, vestindo-o com panos pretos. Pedi que Bill invertesse papéis com Michael. A expressão facial do homem era assustadora. Bill usou um lego como o punhal que o homem portava. Reinvertendo os papéis, começou a perseguição. Solicitei que congelassem a cena, como numa foto. Pedi a Bill que saísse e escolhesse alguém para ficar no lugar dele. Ele fez isso e observou a foto que tinha criado. Com isso, fortaleceu-se e pareceu ganhar controle sobre seu pesadelo. O fato de observar o retrato e ver-se espelhado ajudou-o a considerar aquilo fora dele.

Fiz um dublê de Bill e disse: "Eu estou fugindo de outras pessoas". Ele respondeu: "Sim, meu amigo Ed". (Com essa revelação, os médicos que estavam na sala tiveram seu momento de "ahhh!") Ele admitiu que algumas vezes tinha maltratado Ed e temia uma retaliação.

Bill escolheu um colega do grupo, Daniel, para fazer o papel de Ed. Pedi a ele que desse uma faixa para Daniel, a qual poderia representar Ed. A equipe me lembrou, naquele momento, que Daniel não poderia usar a faixa, porque na sessão da semana anterior ele havia tentado se enforcar com uma delas. Bill sorriu. Daniel reclamou que Bill estava rindo dele.

Perguntei então a Bill se ele alguma vez havia feito gozação com alguém fora do programa, em momentos inoportunos. Quando ele respondeu que sim, perguntei se poderia fazer algo que fosse diferente em sua dramatização. Nesse momento, Bill conseguiu dizer a seu companheiro, Daniel, que se sentia constrangido por ele e por isso tinha rido. Pediu-lhe desculpas.

Enquanto a cena estava congelada como pano de fundo, Bill pediu desculpas a Ed, o amigo da dramatização, por ter caçoado dele, dizendo que o tinha importunado algumas vezes porque queria sua atenção.

Explicando a Bill que querer atenção é algo natural, sugeri que ele deixasse o comportamento de buscar atenção, que acabava criando-lhe problemas, fora da cena e o colocasse em algum lugar na sala. Pedi então que, quando fosse o caso, ele o pegasse de volta se quisesse, depois da dramatização. Ele apanhou um pano vermelho para ser seu comportamento de buscar atenção e o colocou num canto, com duas cadeiras como proteção.

Voltamos então ao sonho. Perguntei a Bill o que ele gostaria de fazer com seu pesadelo. Ele começou tomando o lego das mãos do perseguidor e eu perguntei o que mais ele estava pensando. Ele disse que talvez o homem vestido de preto fosse sua própria raiva, que o perseguia. Nós, adultos, consideramos isso um *insight* brilhante, mas para Bill a afirmação não representou nenhuma surpresa.

O grupo o ajudou oferecendo sugestões a respeito do que ele poderia fazer com a raiva. Ele escolheu alguns membros do grupo com faixas que representassem a capacidade de manejo que ele tinha aprendido no hospital-dia. Cada faixa se tornou uma ferramenta: chame um amigo para jogar, faça mais amigos, vá andar de bicicleta, desenhe. Bill juntou todas essas "ferramentas", no sonho, para desviar o perseguidor e criar uma prisão onde colocá-lo.

Foi interessante observar como essas crianças puderam conduzir tantas cenas ao mesmo tempo. Dentro dessa dramatização, tivemos a cena do sonho, a cena com Bill e seu amigo Ed e o encontro real com Daniel. Para Bill, não houve nenhum momento de confusão.

Lembrei-me aqui da descrição de Lindqvist (1994) da superposição de realidade e realidade suplementar, papéis, sentimentos e experiências que ocorrem nas dramatizações. Como observou Moreno, crianças não têm os filtros que os adultos têm. Sua espontaneidade não é limitada pela voz da razão. Então, elas podem ter uma "torrente de cenas", similar às brincadeiras infantis em que um jogo vai gerando outro.

Depois dessa dramatização, o pesadelo de Bill desapareceu, tendo perdido poder ao ser concretizado e visto por todos. A consciência de Bill a respeito de como ele expressava sua raiva também foi ampliada, e com isso ele conseguiu utilizar melhor as habilidades de manejo que aprendeu no programa.

Exemplo 3: Treinamento de papel

O psicodrama proporciona múltiplas oportunidades para treinamento de papéis. Já foram citados alguns exemplos, como a ajuda na montagem da sala, a aprendizagem do comportamento grupal adequado e a prática de fazer as coisas de maneira diferente.

A força do treinamento de papel ficou mais evidenciada em minha experiência com Evan, de 9 anos, que era extremamente envergonhado e sofria de fobia escolar. Ele e sua família estavam sob pressão, por causa das ameaças de ir ao juizado, e ele tinha medo de ir para uma instituição para crianças.

Depois de ter presenciado várias dramatizações, ele me disse que gostaria de "fazer uma cena de ir à escola e dizer 'oi' a alguns colegas". Queria praticar. Mesmo a situação psicodramaticamente simulada mobilizava muito medo em Evan. Para ajudá-lo a sentir-se à vontade na cena, que deveria ser o mais parecida possível com a situação escolar que lhe provocava medo, montamos uma série, em escala crescente, de cenas para ele ameaçadoras.

Na primeira cena ele foi sendo saudado por um único colega, de quem gostava e com quem se sentia à vontade. Ele escolheu Alex para desempenhar esse papel. Escolheu Paul, um garoto grande que ironicamente estava no programa por intimidar os colegas, para ser seu dublê, o "companheiro invisível" que entraria na escola com ele.

Depois de uma série de cenas com dificuldades crescentes que ele mesmo criou, Evan chegou às que experienciava como intimidadoras. Treinou os papéis, dizendo diretamente aos personagens como eles zombavam dele e o empurravam. Então, em seu próprio papel, ele experimentou ir à escola e enfrentar esses indivíduos. Ensaiou diferentes formas de lidar com o medo: ficar com alguém que ele conhecia, focalizar onde estava indo, contar para o orientador pedagógico. Num esforço para fortalecê-lo no papel de si mesmo, não propus que invertesse papéis com seus auxiliares.

Quando terminaram as vinhetas, ele estava sorridente e dizia como se sentia bem por conseguir caminhar na direção de seu objetivo por meio dessa sessão psicodramática. As outras crianças estavam satisfeitas por terem sido objeto de confiança e logrado encorajá-lo.

No compartilhamento, algumas delas consideraram normais os medos de Evan. Paul, que o dublou, confessou que intimidava pessoas como Evan e concordou com a sugestão de que esse comportamento maldoso poderia ser sua maneira de lidar com o mesmo medo.

Essa experiência não apagou magicamente a fobia escolar de Evan, mas lhe deu a oportunidade de viver uma nova experiência, menos assustadora, ao ir à escola. Foi da maior importância o fato de que essa criança extremamente tímida, e muitas vezes paranóica, assumiu o risco de fazer alguma coisa diante de um grupo de companheiros de hospital-dia. Ele ficou tão orgulhoso de si mesmo que falou sobre o episódio até o último dia em que permaneceu no hospital.

Exemplo 4: Dramatizações formuladoras

Um dia, quando cheguei ao hospital, fui avisada de que três participantes tinham sido desligados do programa. Ofereci às demais crianças a oportunidade de dizer como elas se sentiram com essa perda.

Pedi que respondessem, num espectrograma, se era fácil ou difícil quando as pessoas iam embora. Elas ficaram todas na extremidade mais difícil do espectrograma. Falaram das pessoas da família que tinham partido: avós que tinham se mudado ou morrido, tios e tias que foram presos, pais que se mudaram ou se casaram de novo e formaram novas famílias.

Michael, de 8 anos, contou detalhes sobre o que tinha ouvido a respeito da morte de sua avó. Era óbvio que ele estava aquecido para focalizar esse evento. Com o assentimento da equipe, perguntei-lhe se gostaria de nos mostrar o que sabia sobre a morte da avó. Ele escolheu Elsa para fazer o papel de sua mãe e Anna, de 6 anos, para ser sua irmã mais nova. Michael montou no palco a sala de estar, onde ele estava sentado no sofá com a mãe vendo televisão quando o telefone tocou com a notícia da morte da avó. O personagem de Anna estava tomando banho nessa cena. Esse era o primeiro grupo de psicodrama de Anna, mas ela foi deliberadamente aos panos e escolheu um azul-claro e o pôs na cabeça para representar a água! Michael então reencenou o chamado telefônico. Mostrou ao grupo sua reação e, na inversão de papéis, a reação histérica da mãe.

Em seguida, Michael foi para uma cena em que ele conseguiu dizer ao pai ausente quanto tinha sido difícil ter tido de apoiar a mãe nessa ocasião. Ele representou também a cena em que se despediu da avó.

Os membros da equipe correlacionaram essas situações com alguns de seus problemas atuais: agressividade física em relação à mãe e resistência crescente em deixar a casa. Um trabalho posterior com a família permitiu que a mãe de Michael compreendesse o impacto de sua carência sobre o filho e a fez buscar ajuda terapêutica, além de ter promovido um processo mais saudável de separação-individuação.

Na semana seguinte, Tamika quis dramatizar a ocasião em que descobriu a verdade sobre a morte de sua tia. Algo da estrutura foi parecido com a dramatização de Michael. Ela estava vendo televisão, mas em seu quarto. Anna, novamente chamada para ser a irmã, estava tomando banho. Desta vez ela se sentou sobre o pano azul-claro.

A cena seguinte de Tamika aconteceu no hospital, onde todos se encontravam postados em volta do leito de morte da tia. Embora a equipe do hospital-dia soubesse que essa cena nunca tinha acontecido, na realidade o sentimento era real e genuíno. Foi um final desejado para uma relação importante.

Durante a dramatização, houve também a oportunidade de Tamika e algumas outras crianças resolverem, por meio da dublagem, a culpa que sentiam com respeito à morte de uma pessoa amada.

Tamika apresentava problemas de comportamento na escola e em casa. Desde a morte da tia, praticara vários atos suicidas. A culpa que ela sentia por essa morte foi o que apareceu na dramatização.

As crianças queriam muito participar e, naquele dia, de seis a dez delas, incluindo Tamika, fizeram inversão de papéis com a tia. Nesse papel, tiveram a oportunidade de absolver a criança da responsabilidade por sua morte. Foi uma boa ocasião para conversar sobre sentimentos de culpa e para esclarecer as causas da morte de pessoas próximas.

Na semana seguinte, no início da sessão, Ronald, de 7 anos, me cumprimentou dizendo: "Mary Jo, posso fazer meu morto hoje?" Eu respondi: "Lembro que na semana passada você quis fazer uma cena a respeito da morte de sua avó. Será que não haveria outra cena com ela que você gostaria de fazer?" Ele respondeu definitivamente: "Não, essa é minha lembrança".

Estava pronto para a dramatização. Não teve nenhum problema em inverter papéis com cada membro da família para treinar os auxiliares no papel de irmãos, irmãs, pais e avós. Como local, escolheu um hotel próximo do hospital, onde todos os irmãos estavam na banheira ou no chuveiro. Sua mãe estava fora da sala quando soube que sua avó tinha morrido. Ronald e seu irmão discutiam sobre qual programa de televisão iam ver. Em aparte, ele nos disse: "A gente sempre briga e grita na minha família". A mãe voltou para a sala e mandou todos se vestirem para ir ao hospital. Seguiu-se uma elaborada preparação de todos os atores nos respectivos papéis, vestindo-se com faixas de pano. Então, todas as crianças, depois de vestidas, ficaram de pé em volta da bisavó morta, representada por um membro da equipe, e disseram adeus de acordo com a orientação dada por Ronald.

Vestidas e envoltas nas faixas, como crianças prestes a brincar de casinha, elas estavam sérias e completamente dedicadas a criar esse momento para Ronald. O que ficou evidente nessa encenação foi a importância que teve para Ronald o tempo dedicado à montagem e à caracterização. Ele se sentia isolado em sua família, e a oportunidade de ter essas crianças, com quem tinha relações positivas, participando de sua vida foi obviamente satisfatória e poderosa. Isso superou em importância a despedida da bisavó.

Para mim, duas coisas ressaltaram na dramatização de Ronald: a importância da participação do grupo em sua vida e a necessidade para mim, como diretora, de ficar de fora. Meu medo inicial de que a dramatização de Ronald fosse uma repetição não tinha razão de ser. Era sua dramatização pessoal, que provou ser um desafio ao qual todos os outros generosamente responderam.

CONCLUSÃO

Este capítulo abordou uma parte do trabalho psicodramático que se pode fazer com pré-púberes e alguns aspectos específicos de tal trabalho.

O psicodrama pode ajudar as crianças a liberar suas emoções e alcançar papéis positivos de seu repertório. Dublar as outras e ser dubladas pode curá-las. A participação em um psicodrama tem o potencial de proporcionar às crianças sentimentos de importância e de conexão. Ao participar, elas se experimentam mutuamente como seres que sentem e desfrutam a oportunidade de ajudar-se por intermédio do desempenho de papéis.

Os exemplos ilustram como o psicodrama responde à necessidade das crianças de mostrar suas histórias e de concretizar suas fantasias. Seu amor pelo jogo encontra expressão no uso que fazem dos acessórios e na detalhada montagem de cena.

A estrutura da sessão de psicodrama dá segurança às crianças que foram traumatizadas e abandonadas e permite a elas expressar seus sentimentos. O treinamento de papel, a concretização tanto dos demônios quanto das esperanças, a conquista de domínio sobre esse método, tudo ajuda a municiar crianças que devem encarar desafios difíceis. Saber o que as outras viram e compreenderam facilita-lhes sentir-se seguras e em terra firme.

Slavson e Schiffer (1975) escreveram: "O caráter é [...] o resultado da interação de forças intrapsíquicas com realidades externas; sua correção pode ser alcançada em condições que se contrapõem às influências negativas que o conformaram". O psicodrama pode proporcionar essas condições, porque oferece às crianças uma corda firme para nela se segurarem, uma nova experiência de si mesmas e algumas ferramentas com as quais podem enfrentar os desafios de maneira construtiva.

REFERÊNCIAS BIBLIOGRÁFICAS

BARSKY, M.; MOZENTER, G. "The use of creative drama in a children's group". *International Journal of Group Psychotherapy*, v. 26, p. 105-114, 1976.

ERICKSON, E. *Childhood and society*. Nova York: Norton, 1963.

HOLMES, P.; KARP, M.; WATSON, M. (orgs.). *Psychodrama since Moreno*. Nova York: Routledge, 1994. [*O psicodrama após Moreno*. São Paulo: Ágora, 1999.]

LINDQVIST, M. "Religion and the spirit". In: HOLMES P.; KARP, M.; WATSON, M. (orgs.). *Psychodrama since Moreno*. Nova York, Routledge; 1994. [*O psicodrama após Moreno*. São Paulo: Ágora, 1999.]

LOMONACO, S.; SCHEIDLINGER, S.; ARONSON, S. "Five decades of children's group treatment". *Journal of Child and Adolescent Group Therapy*, v. 10, n. 2, p. 77-96, 2000.

MOONEY, S.; SCHAMESS, G. "Focused, time-limited, interactive group psychotherapy with latency-age children". *Journal of Child and Adolescent Group Therapy*, v. 1, p. 107-146, 1991.

MORENO, J. L. *Psychodrama*. v. 1. Amber: Beacon House, 1985.

SCHAEFER, C. E.; JOHNSON, L.; WHERY, J. N. *Group therapies for children*. São Francisco: Jossey-Bass,1982.

SHEARON, E. M. "Psicodrama with children". *Group Psychotherapy, Psychodrama and Sociometry*, v. 33, p. 142-155, 1980.

SLAVSON, S. R.; SCHIFFER, M. *Group psychotherapies for children*. Nova York: International Universities Press, 1975.

9 → DOMANDO A PUBERDADE:
psicodrama, sociodrama e sociometria com grupos de adolescentes

Mario A. Cossa

INTRODUÇÃO

Desde o início dos anos 1970, venho trabalhando de uma forma ou de outra com adolescentes. Fui professor, diretor de teatro e sou atualmente psicodramatista e dramaterapeuta, além de diretor do ActingOut, programa para adolescentes e jovens adultos que atua na região sudoeste de New Hampshire.

Existe algo na energia desses jovens que atrai os adultos para trabalhar com eles ou os leva a fugir para longe gritando. Às vezes, quem escolheu trabalhar com essa população sente vontade de fugir e gritar. Na maior parte do tempo, entretanto, as recompensas me deixam feliz por estar envolvido nesse trabalho.

Como terapeuta, acredito que existe um trabalho curativo possível, no período da adolescência, baseado nos desafios de desenvolvimento e nas realidades próprias dessa fase.

A adolescência é um momento de recapitulação, durante o qual são retomadas algumas tarefas relativas ao desenvolvimento do recém-nascido e da primeira infância. Para jovens que não tiveram na infância um ambiente favorável e que não lograram ter "pais suficientemente bons" (Winnicott, 1958), a adolescência é um período em que o grupo de amigos adquire papel crucial. Com uma cultura positiva de amigos e a intervenção de adultos cuidadores, a reparação torna-se possível.

Os terapeutas de adultos costumam trabalhar por um tempo individualmente, preparando o cliente para integrar um grupo e trabalhar nele com sucesso. Com adolescentes, ocorre exatamente o contrário. Na verdade, tenho visto muitos jovens utilizando a experiência grupal como preparação para um tratamento individual produtivo.

Em meus primeiros anos de treinamento como terapeuta, meus professores me ensinaram que "o grupo é o tratamento ideal para adolescentes". Com o tempo, percebi que isso é verdade.

Erikson (1950) considerava como principal desafio do desenvolvimento na primeira infância a questão "confiança *versus* desconfiança". Na verdade, esse é o primeiro desafio a ser enfrentado por qualquer terapeuta que trabalhe com qualquer cliente.

No trabalho com jovens considerados "de alto risco" pelos profissionais da área social, tenho visto muitos que não confiam nos "velhotes" aos quais eles são encaminhados ou que se gabam da facilidade com que enlouquecem esses conselheiros, sabendo que tipo de coisas dizer.

Não sei se existe uma desconfiança intrínseca entre gerações que atinge os jovens por força de mudanças hormonais ou se ela vem da experiência de encontros negativos com adultos incompetentes. Independentemente disso, creio que um contexto grupal com normas claras e consistentes que respeitem e capacitem seus adolescentes é ainda o tratamento de escolha para a maioria, se não para todos os jovens dessa faixa etária.

RAZÕES PARA EMPREGAR O PSICODRAMA COM ADOLESCENTES

A tendência atual de utilizar currículos "com base científica" em programas de prevenção contra HIV, violência e drogas baseia-se em resultados de pesquisas que mostram vários fatores como críticos no desenvolvimento de programas eficazes para a mudança do comportamento de alto risco na juventude.

Entre esses fatores estão o trabalho com adolescentes antes que os comportamentos se fixem, a educação por pares, oportunidades para a prática de comportamentos e habilidades sociais saudáveis, a adoção de abordagens "ativas".

O psicodrama, o sociodrama e a sociometria são, por isso mesmo, adequados para muitos grupos de adolescentes. A adolescência é a fase em que se experimentam muitos comportamentos, e o psicodrama permite experimentá-los com segurança. Sua natureza grupal proporciona o importante elemento da parceria, e a forma especializada de encenação psicodramática conhecida como treinamento de papel é especialmente importante para que os jovens pratiquem as habilidades sociais de que precisam (Moreno, 1946).

Nessa faixa etária a tendência é ver o mundo por extremos, e é totalmente inútil dizer: "Calma, não é tudo isso!" O psicodrama oferece uma alternativa para a enorme "fome de atos" que os jovens acrescentam ao desafio de imaginarem quem são eles e o que é a vida (Garcia e Buchanan, 2000, p. 177). Como parte de um processo natural, esses desafios são dignos de apoio; não constituem, como alguns pensam, evidências de distúrbios de personalidade.

É intrinsecamente difícil sinalizar um caminho nessa fase de desenvolvimento humano chamada de adolescência. O indivíduo tem de lutar contra imensas mudanças emocionais e físicas, enfrentando ao mesmo tempo demandas sociais que também mudam, pressão crescente dos companheiros e mensagens confusas a respeito do que seja comportamento infantil ou adulto.

Há enorme necessidade de experimentar comportamentos, avaliar sua adequação e viabilidade para o indivíduo e adotar, ao mesmo tempo, comportamentos que lhe permitam ajustar-se ao grupo de amigos.

Pode ser interessante e recomendável um período de ensaio (treinamento de papel) para experimentar esses comportamentos, o que ensejaria uma transição bem-sucedida ao mundo adulto. Alguns ensaios de comportamento podem ser práticos e objetivos, por exemplo, para uma entrevista de emprego ou para questões mais pessoais e abstratas, como expressar sentimentos em relação a outras pessoas.

A adolescência é também uma época de desenvolvimento da consciência dos relacionamentos, quando se praticam habilidades interpessoais que estabelecem a base para a escolha de amigos e parceiros de vida. Atividades sociométricas conduzidas habilmente podem ajudar os jovens a se tornar mais conscientes desse processo.

Eles podem também se tornar mais conscientes da natureza mutável das escolhas relacionais dentro do grupo de companheiros e mais sensíveis às pressões inerentes ao fato de ser tanto um "cara popular" (estrela sociométrica) como um "perdedor" (isolado sociométrico) (Moreno, 1934).

Um fator geralmente desconsiderado no trabalho com jovens é a profunda necessidade de desenvolver conexões transpessoais. Desenvolva ou não uma ligação positiva e forte com as práticas religiosas mais tradicionais, a juventude tem enorme necessidade de sentir-se conectada com algo maior do que o eu, qualquer que seja a linguagem utilizada para descrevê-lo.

Numa época em que a "ciência" parecia marginalizar a "religião", J. L. Moreno (1941) foi um dos poucos que não tiveram medo de falar sobre o relacionamento com "a divindade" e de tornar esse aspecto uma das bases de sua filosofia.

O psicodrama proporciona continência dentro da qual os jovens se sentem livres para explorar a crença cósmica e para aprender a desenvolver forças transpessoais, da mesma forma que pessoais e interpessoais.

TÉCNICAS ADEQUADAS ÀS VÁRIAS ETAPAS DO DESENVOLVIMENTO GRUPAL

Assim como os indivíduos encontram determinados desafios e obtêm certas recompensas em cada etapa do desenvolvimento humano, também os grupos se movimentam ao longo de vários estágios de desenvolvimento com os respectivos desafios e recompensas.

Apesar de diferentes teóricos de grupos oferecerem vários pontos de referência para a abordagem dessas fases, utilizarei para esta exploração uma seqüência que quase rima: formar, normalizar, questionar, executar, suspender[5] (Tuckman e Jensen, 1977).

Embora esses estágios possam ser articulados linearmente, na maioria dos casos eles se superpõem; em alguns, nesse desenvolvimento o grupo vai ora para frente, ora para trás.

Formar

Na fase inicial de desenvolvimento do grupo, as principais preocupações relacionam-se com confiança e segurança. Os integrantes do grupo procuram definir se vale a pena se comprometer com esse grupo e se dentro dele se sentem suficientemente seguros e confiantes para se abrir. Ainda que tais decisões devam ser tomadas individualmente, o processo é de natureza interpessoal.

É preciso alcançar certo nível de coesão grupal antes que normas claras possam ser elaboradas, muito embora se saiba que o desenvolvimento de normas grupais claras, com as quais todos concordem, é um elemento vital para a criação da segurança e da confiança.

No ActingOut, nós geralmente apresentamos no início de um novo grupo uma síntese das normas do programa e mais tarde, quando o grupo começa a formar um senso de identidade, nós as revemos e expandimos.

As técnicas de ação são muito eficazes na construção de um senso inicial de identidade grupal. Empregamos grande variedade de técnicas de apresentação, selecionadas de acordo com a idade e o nível de maturidade do grupo, para ajudar os participantes a se conhecer mutuamente.

Uma dessas técnicas consiste em dividir o grupo em pares ou trios. Para muitos, isso cria um meio menos ameaçador do que falar na frente do grupo todo. Nesses espaços menores, cada pessoa despende alguns minutos para entrevistar outra. Em seguida, os participantes apresentam seus parceiros, com a ajuda destes (para ajudá-los a lembrar a informação a ser compartilhada), ao restante do grupo.

Em grupos cujos membros sejam mais articulados e extrovertidos, utilizamos o formato de um programa de televisão, o *Late night TV show announcer*. Os coordenadores do grupo geralmente modelam a atividade previamente para que as expectativas sejam claras, enquanto explicitam que eventuais variações no formato são bem-vindas.

Para essas apresentações, um dos membros adentra o espaço cênico (no ActingOut, temos um pequeno palco) e diz algo como: "E agora, senhoras e senhores, eis aqui uma pessoa que é caloura em Ourtown High. Ela mora com a mãe e três irmãos bem aqui, na rua principal, e tem três gatos. Ela adora *skate* e dança. Ela é a Kim!" Os membros do grupo aplaudem enquanto Kim sobe ao palco, agradecendo.

---

5 No original: *forming, norming, storming, performing, adjourning*. (N. T.)

Se o parceiro de Kim esqueceu algum ponto que ela queira que o grupo saiba, ela pode dizer: "Gostaria de acrescentar que eu sou também faixa-preta de caratê e gosto de cozinhar".

Também nesse estágio inicial do grupo, uma atividade sociométrica que empregamos de maneiras variadas é o jogo de Semelhanças e Diferenças. Em uma das modalidades mais simples, o grupo senta-se em círculo e o coordenador (ou os coordenadores) anuncia determinados critérios básicos. Se alguma das categorias mencionadas (por exemplo, ser filho único, ter pelo menos um cachorro, gostar de basquetebol) se aplica a determinado membro, ele levanta a mão, ou talvez um pé, para indicar sua inclusão naquela categoria. Depois de um tempo, os participantes do grupo passam a propor seus critérios.

Outras versões desse jogo são mais ativas, como ficar em pé num círculo e dar um passo à frente quando uma pessoa deseja mostrar sua identificação com determinado critério ou distribuir subgrupos em vários pontos da sala com as pessoas que tenham a mesma cor de cabelo ou nasceram no mesmo mês.

Quaisquer que sejam as versões que utilizamos, sempre dizemos aos membros do grupo, desde o começo, que qualquer informação será compartilhada de espontânea vontade e que não haverá problema em não revelar uma vinculação a determinado subgrupo caso se proponha algum critério com o qual a pessoa não deseje se vincular.

Os tipos de atividade de apresentação mútua são tantos que poderiam preencher todo este capítulo. Todos, entretanto, têm em comum o caráter lúdico e a naturalidade da participação.

Utilizar a ação em vez da fala torna a atividade interessante e permite aos que têm mais dificuldades que fiquem tranqüilos e mantenham a atenção no próprio envolvimento, sem perderem o interesse nem representarem problema para o grupo.

O objetivo geral é ajudar os participantes a descobrir que eles partilham semelhanças e diferenças que podem ser examinadas de forma neutra ou mesmo positiva. Nesse tipo de ação, muita informação pode ser compartilhada com segurança e em tempo relativamente curto.

Normalizar

Faz parte das tarefas iniciais do grupo criar normas claras, o que é mais adequado que seja feito em conjunto pelos participantes e pelos coordenadores.

Em geral, é importante que os coordenadores estabeleçam algumas normas gerais por ocasião da abertura. Entretanto, quanto mais o grupo se envolve diretamente no processo, é mais provável que se conquiste adesão a essas normas.

Uma vez mais, a utilização da ação pode ajudar a tornar a tarefa mais atraente e inclusiva, além de aumentar a probabilidade de que todos entendam os benefícios das normas.

As regras que criamos se enquadram nas áreas gerais de confidência, respeito, participação, relacionamento entre os membros e encerramento. Depois de alguma discussão e da elaboração de uma lista de fatores que os integrantes consideram importantes para a segurança e para o funcionamento tranqüilo do grupo, investigamos em que medida determinadas normas (por exemplo, não vir ao grupo sob a influência de drogas controladas) se encaixam numa categoria particular (respeito).

Podemos então dividir os participantes em pequenos grupos e pedir que cada subgrupo crie algumas cenas curtas (vinhetas sociodramáticas) que exemplifiquem essas normas, apresentando casos em que as regras são seguidas ou não.

Essa estratégia permite "afinar" exatamente o que queremos dizer com as prescrições. Por exemplo, a regra segundo a qual "o que é dito no grupo deve permanecer dentro do grupo" significa que Tammy não pode compartilhar informações que ela recebeu a respeito da vida de Mary com ninguém de fora do grupo, mas é bom que queira compartilhar o que conversou sobre isso com uma pessoa que não é do grupo.

Questionar

Pais de crianças pequenas em geral experimentam uma fase do desenvolvimento conhecida, em algumas teorias, como *rapprochement*[6] (Mahler, Pine e Bergman, 1975) ou, em linguagem popular, "os dois terríveis". No desenvolvimento de grupos, esse fenômeno é geralmente replicado durante o estágio de turbulência ou "transição". Nessa altura, o grupo já está relativamente coeso no nível interpessoal para que haja desafios pessoais aos coordenadores e às regras do grupo. Os participantes "testam" se o grupo e os coordenadores são suficientemente fortes para manejar conflitos, discordâncias e/ou rupturas, ao mesmo tempo que mantêm um ambiente cuidadoso e respeitoso.

Alguns grupos estacionam nessa fase e nunca avançam; isso é particularmente visível em grupos cuja composição muda constantemente. Atividades sociodramáticas e sociométricas podem desempenhar papel importantíssimo na negociação dessa fase potencialmente caótica e redirecionar comportamentos negativos.

Em vez de lutar contra o grupo, nessa etapa nós procuramos celebrar a conquista desse patamar. Podemos dizer: "Parabéns! O grupo finalmente atingiu a fase de transição, e nós agora temos o desafio de lidar com esse (pausa dramática) *medo da referência segura* (Langs, 1981)". Isso em geral chama a atenção dos participantes.

Prosseguimos explicando que, na vida do grupo, chega um momento em que a segurança é suficiente para permitir que sentimentos e problemas reais comecem a emergir e que isso pode ser um pouco assustador. Perguntamos aos participantes se eles estão prontos para encarar esse fenômeno e encontrar recursos para seguir em frente num trabalho grupal mais pessoal, difícil e intenso.

---

6 Aproximação, estabelecimento de relações. (N. T.)

Um exercício sociométrico que empregamos nesse ponto é a escultura grupal. Colocamos um objeto no centro da sala e pedimos aos participantes que se organizem em relação a esse objeto, para representar como eles sentem que o grupo está conectado nesse momento: ficar em pé junto ao objeto representa uma conexão próxima, por exemplo. Invariavelmente, eles se postam de forma espontânea uns em relação aos outros também. Se não o fazem, uma pequena intervenção ajuda a criar essa escultura completa.

Em seguida, pedimos que cada um complete a seguinte sentença: "Eu estou aqui porque…"

Algumas vezes, recriamos essa escultura em nossa caixa de areia, utilizando um objeto ou uma figura para representar cada participante. Isso proporciona aos membros do grupo a oportunidade de observar a escultura tanto de fora quanto de dentro, o que em geral motiva excelentes discussões sobre sentimentos em relação ao grupo e sobre os tipos de vínculo, ou subgrupos, isolados, panelinhas ou díades que se formaram dentro do grupo.

Podemos então prosseguir, pedindo ao grupo que crie a escultura de como, idealmente, eles gostariam de ver ou sentir o grupo ao final de nosso período de convivência. Feito isso, podemos discutir os passos necessários para ir de onde estamos aonde queremos ir. Em geral, revemos nossas normas e observamos quanto nós de fato aderimos a elas. Tentamos agir partindo de uma perspectiva não culposa, que os coordenadores podem oferecer como modelo, sabendo o que eles sentem que poderiam fazer de modo diferente para apoiar o processo grupal. Podemos pedir que o grupo se manifeste a respeito da coordenação e oferecer nossas observações, caso os membros o queiram.

Também é possível criar um sociodrama do que o grupo tem de pior e em seguida um sociodrama do que ele tem de melhor. Pode-se assim ver os comportamentos grupais de outra perspectiva e praticar habilidades em geral novas para os integrantes, porém suscetíveis de ajudá-los a caminhar na direção por eles escolhida. Na medida em que se enfrentam os desafios dessa fase, a disposição do grupo torna-se mais focalizada e cooperativa. Transtornos serão menos freqüentes e intensos.

É comum que o grupo se paralise nesse ponto quando os coordenadores tentam controlar mais do que facilitar, e o encontro grupal se transforma numa disputa de desejos. A chave para "domar a puberdade" é que o adolescente o faça por si mesmo. Os coordenadores podem apenas proporcionar os instrumentos e apoiá-los no desenvolvimento dos processos cognitivos e emocionais necessários.

Executar

Uma vez que o grupo atinja o estágio de execução ou de trabalho, os integrantes já estarão aquecidos para o processo psicodramático. Isso significa que o grupo está pronto para utilizar a imensa gama de atividades psicodramáticas, sociodramáticas e sociométricas com o objetivo de explorar os problemas individuais e grupais.

Esse aspecto será discutido em detalhe na seção a seguir, "O psicodrama no trabalho com grupos de adolescentes".

Suspender

Os adolescentes de nossos grupos geralmente não gostam de mudanças nem de despedidas. Embora no ActingOut os participantes de primeiro ano tenham a opção de entrar em nosso grupo Encore, no período seguinte, é importante ter plena consciência de que esse grupo está terminando e que o término mobiliza sentimentos, mas também proporciona a oportunidade de examinar o que cada participante leva do grupo.

Discute-se ou criam-se vinhetas sociodramáticas a respeito da maneira como os participantes usualmente se despedem. Em ambos os casos, é a oportunidade para explorar antigos padrões de comportamento e considerar novas possibilidades.

Alguns enfrentam separações e encerramentos recorrendo à negação; pensam ou dizem, por exemplo: "Tudo bem, vamos nos encontrar novamente algum dia, ou no grupo do próximo ano, o que significa que nada acabou de verdade". Algumas vezes o *modus operandi* tem sido a minimização: "Não vai ser nenhum absurdo. Eu estou contente porque está terminando". Em outros casos, o participante deixa de vir ao grupo quando o final do ano se aproxima, ou começa a burlar, de propósito, as normas do grupo.

Em qualquer dessas alternativas, os mecanismos de defesa podem tornar-se mais conscientes, o que significa que os participantes têm a oportunidade de tentar uma abordagem diferente e participar conscientemente, com devido apoio, do processo de fechamento.

Sempre damos tempo a cada um para refletir a respeito do que ganhou do grupo e para oferecer retornos aos outros companheiros e aos coordenadores.

Há os que têm dificuldade de avaliar com precisão seu progresso. A inversão de papéis pode ser útil aqui. Patty faz o papel de Doug e pode, assim, falar sobre o progresso feito por Doug. Joanna inverte papel com um dos coordenadores e oferece *feedback* a respeito de seu crescimento ao longo da experiência grupal.

Terminamos o ano com a graduação no programa, em que os integrantes de nosso grupo Premier (primeiro ano) ganham uma camiseta do ActingOut ao participar de uma cena com um membro do grupo Encore. Também oferecemos um grupo de verão, com duração de seis a oito semanas, aberto a todos os participantes e que serve como transição para o programa do ano seguinte.

O PSICODRAMA NO TRABALHO COM GRUPOS DE ADOLESCENTES

Os exemplos que se seguem mostram as possibilidades de utilização do psicodrama com grupos de adolescentes.

Sociometria

A atividade sociométrica continua a ser uma opção viável ao longo de toda a vida do grupo. A escultura grupal, explicada anteriormente, permanece como ferramenta útil para ajudar o grupo a explorar e compreender a natureza mutante das relações grupais.

O espectrograma ativo pode ser interessante quando emergem novos problemas que o grupo está pronto para enfrentar. Solicita-se aos participantes que se localizem ao longo de uma linha contínua baseada num par específico de critérios opostos. Por exemplo, um dos extremos pode ser "Eu tomo bebida alcoólica freqüentemente, a ponto de ficar bêbado" e, na outra ponta, "Eu nunca bebo". É importante que cada participante defina e ajuste sua posição ao longo do contínuo. Permite-se que mude de lugar conforme ouça os comentários dos outros, para se colocar não só em relação a cada pólo, mas também em relação a cada um dos demais. Um espectrograma de acompanhamento pode ser "A bebida me traz problemas" *versus* "Eu não tenho nenhum problema de consumo de álcool".

No momento em que o grupo alcança a fase de trabalho, a necessidade de agradar ao coordenador ou impressionar o grupo em geral dá lugar à expressão sincera das percepções, embora no caso do segundo espectrograma a percepção de determinado participante possa não refletir sua verdadeira situação.

Com facilitação cuidadosa e aderência às normas grupais de respeito, os participantes podem aprender a refletir e mesmo fazer mudar as afirmações dos outros de maneira produtiva.

O locograma ativo é uma forma dinâmica de abordar a tomada de decisões. Nessa atividade, alguns objetos são colocados para representar certo número de escolhas ou sentimentos possíveis. Podem-se, por exemplo, colocar quatro objetos no chão e pedir que o membro do grupo dirija-se a um objeto que represente seus sentimentos ou necessidades para aquela sessão: sociodrama (com o envolvimento de todos os que queiram participar ativamente), psicodrama (focalizando um único "protagonista"), discussão grupal ou outra opção (caixa de areia, trabalho artístico etc.). O movimento nessas direções desencadeia discussão até que o grupo chegue a um acordo a respeito de como utilizar o tempo.

Sociodrama

O sociodrama é uma modalidade eficiente para trabalhar problemas que vários membros do grupo têm em comum (Sternberg e Garcia, 1994). No decorrer da conversa inicial, determinados temas podem emergir. Talvez alguns participantes tenham conflito com os pais a respeito do horário de voltar da balada ou talvez alguns sintam que o namorado ou a namorada esteja se comportando abusivamente.

Dentro da estrutura do sociodrama, os participantes são estimulados a experimentar cada um dos papéis genericamente pertinentes e a explorar as várias táticas para lidar com a situação em pauta. Eles podem ampliar sua perspectiva, por exemplo, fazendo o papel de um dos genitores. Podem também desenvolver um repertório amplo de possíveis respostas experimentando novos meios de manejar uma situação ou observando o trabalho dos outros.

Além disso, o sociodrama serve para que o grupo se conscientize de seus problemas. Por exemplo, em um grupo que tende a ser dominado por uma minoria que fala, enquanto alguns fazem piada todo o tempo e outros permanecem em silêncio frustrado, pode-se montar um sociodrama em que os personagens principais sejam o falador, o palhaço e o ouvinte frustrado. Pode-se pedir que outros membros do grupo desempenhem o papel de coordenador ou porventura de conciliador. O coordenador do grupo deve esclarecer, desde o início, que o importante é examinar comportamentos e que, conquanto seja bom levá-los ao extremo, não se trata de acusar ou fazer gozação a respeito da maneira como os participantes reais do grupo interagem.

Na proporção em que avança o sociodrama, o coordenador pode pedir ao grupo que permaneça parado enquanto determinado personagem pensa alto aquilo que não está sendo dito (solilóquio). Os participantes podem também ser divididos em pares, um deles fazendo o eu público e o outro verbalizando os pensamentos não ditos. Nesse tipo de atividade, o importante é que os participantes consigam experimentar papéis que eles não assumem usualmente durante as sessões regulares do grupo.

Para o grupo de adolescentes, em que o objetivo é trabalhar problemas específicos por meio do psicodrama, o sociodrama proporciona notável prática nas habilidades necessárias para assumir papéis, fazer inversão e assim por diante.

Trabalhar sociodramaticamente em papéis definidos pelo coordenador ou por outros membros do grupo também propicia aos participantes boa prática em desempenhar um papel na perspectiva de outra pessoa, habilidade essencial para fazer um personagem no psicodrama de outrem.

Psicodrama

É importante reconhecer que o psicodrama não é um jogo nem um recurso, mas uma modalidade terapêutica sofisticada e, como tal, requer que os coordenadores tenham treinamento e experiência antes de tentar dirigir sessões psicodramáticas completas.

Os métodos de ação podem mobilizar os clientes no sentido de passar rapidamente das defesas normais para afetos intensos que o indivíduo, o grupo ou o coordenador ainda não estão preparados para manejar. A seção seguinte, "Alertas quanto ao uso do psicodrama com certas populações", examina mais amplamente esse problema. Entretanto, algumas técnicas psicodramáticas podem ser utilizadas por coordenadores grupais experientes que não são psicodramatistas treinados. Esse tipo de atividade constitui o tema da presente seção.

No psicodrama, o foco se dirige para o material concreto de um dos membros do grupo e, embora essa pessoa possa estar pronta para explorar seu material, o processo exige certas habilidades dos participantes chamados a desempenhar papéis. Especificamente, se os membros do grupo são convocados para servir como auxiliares na dramatização de outra pessoa, eles devem ser capazes de colocar de lado suas questões e percepções para poder desempenhar o papel do ponto de vista do protagonista, servindo às necessidades deste. Pode ser necessário, assim, que o diretor treine os membros do grupo para esse papel.

É importante também que, nas sessões de psicodrama, cada participante consiga permanecer focado no trabalho dos outros. A possibilidade de ver o próprio material apresentado e testemunhado tem força considerável, e se o grupo não oferece atenção adequada isso pode perturbar o protagonista, ou mesmo prejudicá-lo, mais do que apoiá-lo. Por isso, em geral começamos com vinhetas psicodramáticas (cenas curtas) nas quais vários participantes são protagonistas numa mesma sessão, proporcionando-lhes assim alguma prática no sentido de poder repartir o foco de atenção.

Quando o coordenador percebe que o grupo está pronto para começar a compartilhar material pessoal específico, e quando os participantes demonstram capacidade de participar do trabalho de outra pessoa, o psicodrama pode ser efetivamente empregado.

No ActingOut, os co-coordenadores ou as equipes de liderança dirigem todos os grupos. Essa prática é altamente recomendada, porque permite que um profissional ajude a treinar os participantes em seus respectivos papéis e que outro monitore o grupo enquanto o protagonista trabalha, uma vez que o fato de testemunhar a dramatização do protagonista costuma suscitar material de outros membros do grupo.

Psicodrama intrapsíquico

O psicodrama intrapsíquico pode ser extremamente eficiente para adolescentes que tentam entender sentimentos e pensamentos ambivalentes.

Numa das cenas, o diretor dispõe três cadeiras no espaço cênico. O protagonista fica sentado no centro e é entrevistado a respeito de uma situação de ambivalência, por exemplo, a dúvida entre ir com um amigo a um *show* e ir com outro a um jogo de futebol.

Pede-se que ele se sente na cadeira que representa ir ao *show*, onde é novamente entrevistado. Enquanto está nessa cadeira, ele só pode falar a respeito dos prós e contras de ir com esse amigo ao *show*. Em seguida, ocupa a outra cadeira e é novamente entrevistado, dessa vez introduzindo a alternativa de ir ao jogo. O protagonista volta depois para a cadeira central, a cadeira do "eu", e os membros do grupo, treinados para desempenhar ambos os papéis ao testemunhar essas entrevistas, são selecionados para assumi-los. Conforme cada um vai falando com o protagonista, a decisão pode ficar cada vez mais clara.

Outro exemplo é um cenário que explore diferentes partes do eu para reforçar aquelas que precisam ser fortalecidas e domar as que talvez estejam saindo do controle. Apoio às partes a serem reforçadas e alívio das partes dependentes podem ajudar o jovem que se encontra numa relação abusiva ou sem sentido.

Em certo grupo, vários anos atrás, os comentários de um dos participantes estimularam a criação espontânea de uma atividade intrapsíquica de que todos os membros participaram. Ela envolvia a exploração de três partes do eu: o "coelho" – tímido, envergonhado e temeroso de se afirmar; o "tigre" – audacioso, agressivo e impetuoso; e o "dragão" – sábio, pensativo e previdente. Essa atividade dotou vários membros do grupo de uma linguagem comum para exploração pessoal futura.

O psicodrama pode oferecer grande ajuda também no estabelecimento de objetivos, utilizando o que chamamos de "atividade portal". Os participantes ficam numa porta imaginária que se abre para o futuro e descrevem a porta e também o que está atrás e na frente dela. Articulam as coisas que estão atrás da porta e que eles querem levar pela vida adiante (essas coisas podem ser encarnadas pelos integrantes do grupo ou representadas por objetos como panos coloridos). Olham para as barreiras internas que os impedem de atravessar a porta e em seguida para as forças com que podem contar para ir adiante.

Depois dessa exploração, os objetivos pessoais ou grupais ficam mais fáceis de articular.

Psicodrama interpessoal

O psicodrama pode ser empregado para atribuir aos participantes melhor compreensão dos relacionamentos atuais ou passados, proporcionando-lhes a oportunidade de inverter papéis com as pessoas a quem se dirigem e assim ver o mundo pelos olhos do outro.

Um dos membros do grupo assume o papel do eu enquanto o protagonista se coloca no papel do outro. Isso proporciona a oportunidade de dizer coisas nunca ditas (como "Eu amo você" para um amigo ou parente morto) ou que não poderiam ser ditas (por exemplo, "Você conseguiu ser a pessoa mais louca, mais odiosa e mais egoísta que eu já encontrei" para um professor autoritário).

O psicodrama interpessoal pode também ser uma oportunidade de ensaiar conversações futuras com propósitos práticos (aquecimento para uma entrevista de emprego) ou pessoais (convencer o pai e a mãe de que já tem idade e maturidade suficientes para ir a um *show*).

Essa aplicação particular como ensaio para uma conversa ou evento que vai acontecer é conhecida como treinamento de papel.

ALERTAS QUANTO AO USO DO PSICODRAMA COM CERTAS POPULAÇÕES

Treinamento e experiência são imprescindíveis para aproveitar todo o potencial do psicodrama ou, de fato, para empregá-lo com segurança, sem colocar em risco o protagonista ou o grupo.

No caso de alguns grupos, utilizar bem o psicodrama significa fazer certas modificações ou ter tempo para uma preparação adicional do grupo. É possível que seja necessário modificar tanto os objetivos quanto a forma de utilização do método.

A seguir, algumas situações que merecem atenção e sugestões a respeito de como manejá-las, quando ocorrem num grupo.

Jovens vítimas de traumas infantis

Muito cuidado e treinamento especializado são necessários para propor um trabalho psicodramático para sobreviventes de traumas, de modo a não tornar a traumatizá-los. Isso se aplica especialmente ao caso de adolescentes que ainda não conseguiram se distanciar dos eventos traumáticos ou que ainda estão vivendo situações abusivas.

Mesmo com todo o potencial de ajuda do psicodrama para esses indivíduos – construir um senso positivo do eu, aprender a criar e manter limites e negociar a vida mais adequadamente –, não se pode precipitar o trabalho de problemas traumáticos atuais, mesmo com a aparente disposição do jovem para entrar em contato com o material abusivo.

Jovens anti-sociais e sociopatas

Muito embora adolescentes anti-sociais e sociopatas em geral não sejam bons candidatos ao trabalho grupal, as experiências de treinamento de papel mostram-se potencialmente úteis para apoiar uma mudança na direção de um comportamento mais aceitável. Também podem ser úteis exercícios voltados para a construção da empatia, utilizando a inversão de papéis.

Para trabalhar com esse grupo, o terapeuta precisa de muita experiência, tanto com o processo psicodramático quanto com esse tipo de população.

O texto de Robson (2000) sobre a utilização do psicodrama com adolescentes molestadores sexuais proporciona informações valiosas para quem trabalha com essa clientela.

Jovens portadores de déficit de atenção e hiperatividade

Trabalhar com grupos que incluem portadores de transtorno de déficit de atenção associado a hiperatividade é um desafio especial, mesmo quando poucos participantes dentro do grupo têm esse diagnóstico.

O psicodrama é uma atividade que estimula a expansão, ao passo que esses jovens em geral precisam primeiro aprender a conter-se e a permanecer em ambientes bastante estruturados e contidos.

Em nossos grupos, discutimos abertamente como essas pessoas, que têm dificuldade em se aquietar fisicamente ou permanecer num mesmo lugar, poderiam lidar com suas necessidades de movimento de forma a minimizar os incômodos.

Muitas vezes, por exemplo, disponibilizamos argila ou algum objeto que possa ser manipulado com as mãos. Podemos também dar permissão antecipada para o participante levantar-se e sair da sala e retornar depois de algum tempo, caso percebamos que isso pode ajudar.

Um indicador ou sinal que utilizamos é "AN", que significa "Assim não!"[7] É um lembrete, desprovido de julgamento, de que certo comportamento saiu da norma esperada. Em casos extremos, chegamos a confeccionar cartas com "AN" e distribuímos algumas aos participantes no início da reunião. Cada vez que um deles provoca uma ruptura, perde uma carta. Se uma pessoa perde todas as cartas dentro de determinado período, deve permanecer um tempo fora do grupo. Embora demande um trabalho extra, as vantagens desse sistema são consideráveis.

Muitos participantes mais antigos, ao observarem o comportamento hiperativo de um novo membro em algum evento do ActingOut, comentam: "Eu era assim!"

Jovens portadores de necessidades especiais

Temos trabalhado com jovens com deficiência visual, dificuldades de linguagem ou déficit moderado de desenvolvimento. Todos têm sido participantes de grupo dedicados, capazes de dar atenção aos outros e de aceitar atenção e apoio do grupo. A capacidade de dar e receber atenção é o critério básico que determina se um indivíduo tem condições ou não de participar de nosso programa.

Dependendo da natureza da diferença, pode ser necessário um treino adicional para apoiar os participantes na hora de assumir papéis. Verificamos que nossos membros têm sempre se beneficiado com a diversidade existente nos grupos.

Para os portadores de necessidades especiais, trata-se freqüentemente da única situação social em que eles não são tratados de forma condescendente ou excludente.

Grupos com alta rotatividade

O programa ActingOut opera, em geral, com grupos fechados em que não se admitem novos membros depois de determinado prazo. Temos observado que isso nos permite alcançar um nível mais profundo de trabalho do que é geralmente possível em grupos abertos.

---

7 No original: TNO, sigla de *"That's not OK"*. (N. T.)

Entretanto, no trabalho com grupos abertos, muitas das técnicas de ação descritas neste capítulo podem ser bastante efetivas para ajudar a integrar rapidamente os novos membros e trabalhar mais eficientemente do que em modalidades mais tradicionais.

A composição flutuante (devida a fatores como baixa procura, falta de vagas para internação, problemas de agendamento, encontros cancelados e política de ingresso livre ou participação eventual) pode também levar os grupos a passar várias vezes pelas duas ou três etapas iniciais do desenvolvimento grupal, parecendo não progredir. Novos participantes continuam chegando e o grupo tem de lidar repetidas vezes com problemas relativos a transição e desligamento, na medida em que os participantes saem em diferentes momentos, compareçam irregularmente ou vêm uma vez e não voltam mais.

Algumas vezes esse ir e vir impede o grupo de chegar à fase de execução, dando a impressão de que ela é totalmente deixada de lado. Isso pode ser extremamente frustrante para participantes antigos, assim como para os coordenadores, que sempre esperam que o grupo comece a "trabalhar realmente".

CONCLUSÃO

Os adolescentes apresentam desafios ao terapeuta ou coordenador de grupo muito diferentes dos apresentados por adultos. Trabalhar em ação com psicodrama, sociodrama e sociometria permite criar uma experiência grupal divertida, interessante e eficiente.

As ferramentas apresentadas neste capítulo podem ser utilizadas para apoiar o estabelecimento de segurança e o desenvolvimento da coesão grupal. Elas ajudam o grupo a negociar com sucesso as lutas e desafios que geralmente precedem o funcionamento suave do grupo, além de proporcionar uma modalidade eficiente de trabalho pessoal.

Considerando que a adolescência é uma fase única na vida, encontrar a metodologia terapêutica adequada a cada jovem é importante, ainda que difícil. Superar as necessidades de cada indivíduo e ao mesmo tempo atender às necessidades do grupo é quase impossível com os métodos tradicionais, menos ativos, de terapia grupal.

Os métodos de ação são excelentes porque permitem respeitar a prontidão para o trabalho de cada pessoa, ao mesmo tempo que implicam tanto a participação física quanto mental na investigação dos problemas dos indivíduos e do grupo como um todo.

Esses métodos favorecem a conformação de um grupo forte e coeso, tornando possível que a experiência grupal encontre os indivíduos onde eles estão, ajudando-os a partilhar com os outros aquilo que eles são e proporcionando o apoio que procuram para criar um futuro mais positivo.

REFERÊNCIAS BIBLIOGRÁFICAS

ERIKSON, E. H. *Childhood and society.* Nova York: Norton, 1950.

GARCIA, A.; BUCHANAN, D. R. In: LEWIS, P.; JOHNSON, D. R. (orgs.). *Current approaches in drama therapy.* Springfield: Charles C. Thomas, 2000.

LANGS, R. *Psychotherapy: a basic text.* Nova York: Aronson, 1981.

MAHLER, M. S.; PINE, F.; BERGMAN, A. *The psychological birth of the human infant.* Londres: Hutchinson, 1975.

MORENO, J. L. *Who shall survive?* Beacon: Beacon House, 1934. [*Quem sobreviverá? Fundamentos da sociometria, psicoterapia de grupo e sociodrama.* v. 1, 2 e 3. Goiânia: Dimensão, 1992.]

_____. *The words of the father.* Beacon: Beacon House, 1941. [*As palavras do pai.* Campinas: Editorial Psy, 1992.]

_____. *Psychodrama.* v. 1 Beacon: Beacon House, 1946. [*Psicodrama.* São Paulo: Cultrix, 1975.]

ROBSON, M. "Psychodrama with adolescent sexual offenders." In: KELLERMAN, P. F.; HUDGINS, M. K. (orgs.). *Psychodrama with trauma survivors: acting out your pain.* Londres; Filadélfia: Jessica Kingsley, 2000, p. 137-154.

STERNBERG, P.; GARCIA, A. *Sociodrama: who's in your shoes?* Westport: Praegar, 1994.

TUCKMAN, B. W.; JENSEN, M. A. C. "Stages of small group development revisited". *Group and Organizational Studies,* v. 2, n. 4, p. 419-427, 1977.

WINNICOTT, D. W. *Maturational processes and the facilitating environment.* Nova York: International Universities, 1958.

10 → PSICODRAMA COM VETERANOS:
a experiência do centro médico para veteranos de Cincinnati

Elaine Camerota e Jonathan L. Steinberg

HISTÓRIA

No princípio era o psicodrama. Assim parece aos profissionais que trabalham nos programas de dependência química (Sudep) e de transtorno de estresse pós-traumático (PTSD, na sigla em inglês) do Cincinnati Veterans' Affairs Medical Center (CVAMC). Ele estava lá quando nós chegamos; continua lá. O casamento entre o psicodrama e o CVAMC já dura mais do que muitos casamentos humanos.

A mãe do psicodrama em Cincinnati foi Doris Twitchell Allen, que ensinava psicologia no Edgecliff College nos anos 1960. Uma das pessoas por ela treinadas foi George Peterson, psicólogo que trabalhou para o CVAMC no hospital-dia quando este foi aberto em 1967.

As sessões de psicodrama para os pacientes ocorriam uma vez por semana no palco do auditório. O sociodrama era utilizado para treinar a diversidade na comunidade, com pessoas de todos os tipos: psicólogos, assistentes sociais, donas de casa, médicos e usuários de programas assistenciais. Para policiais e clérigos havia demonstrações de métodos de ação para situações difíceis de crise.

Quando Zerka e J. L. Moreno vieram à cidade, visitaram a Universidade de Cincinnati, onde Moreno fez uma palestra e Zerka dirigiu um psicodrama. A platéia incluía um misto de profissionais e pacientes do hospital-dia.

Em 1970, o hospital-dia foi fechado e, dois anos mais tarde, reaberto para atender pacientes ambulatoriais.

Veteranos do Vietnã, portadores do que mais tarde se denominou PTSD, valeram-se do psicodrama para trabalhar seus traumas. Peterson treinou o enfermeiro Marshall Wade, que partilhou suas habilidades com outras pessoas na unidade.

Em 1972, o CVAMC deu início a um programa de longo prazo de reabilitação de dependência química para pacientes internados e ambulatoriais, programa esse fortemente vinculado à psicoterapia de grupo e comunitária.

O psicodrama era uma das várias abordagens utilizadas. Susan Carlson, assistente social de 1972 a 1974, começou a aprender psicodrama com Marshall Wade e dirigia grupos com ele na unidade. Durante esse período, ela e vários outros profissionais fizeram aperfeiçoamento no Hospital Santa Elizabeth, em Washington, capital.

O programa de reabilitação de dependentes, que tinha duração aberta, foi reduzido em 1984 para um programa de 28 dias para tratamento da dependência de álcool e outras drogas. O psicodrama foi mantido. Hoje o programa é novamente aberto, ainda que com períodos curtos de internação.

Quando em 1992 se iniciou um programa de internação de pacientes com PTSD, a nova equipe recebeu treinamento psicodramático pelo grupo de reabilitação de dependentes químicos.

A tocha psicodramática vem passando continuamente de uma pessoa a outra ao longo de uma geração, e o trabalho segue tanto no programa Sudep como no PTSD.

Este capítulo descreve, por meio de casos-exemplo, a utilização das intervenções psicodramáticas necessárias no programa Sudep, fora do grupo semanal mais tradicional, com o objetivo de desenvolver a coesão na comunidade terapêutica. Mostra também como o psicodrama é usado num grupo semanal com veteranos de guerra na unidade de PTSD.

Finalmente, discute-se de que forma esse trabalho afeta os profissionais e como suas necessidades de desenvolvimento de habilidades, aprendizagem e cura podem ser facilitadas na atmosfera apoiadora dos grupos mensais permanentes de treinamento psicodramático.

INTERVENÇÕES PSICODRAMÁTICAS

Caso-exemplo: uma pequena sociometria dura muito tempo

É manhã de quarta-feira, dia de psicodrama, mas não vamos ter grupo de psicodrama hoje. A comunidade está rebelada. Um novo paciente, Miguel, foi admitido há dois dias e, em menos de 48 horas, perturbou tanto os outros 21 veteranos que muitos reclamaram que ele estava impedindo seu tratamento. Alguns dizem: "Ou sai ele, ou saio eu". A tensão é visível. O novo homem foi o foco da reunião diária de nossa equipe, que concordou haver ali material na medida para terapia. Decidimos então convocar uma reunião especial.

Uma "reunião especial" pode ser convocada sempre que um ou mais pacientes ou membros da equipe decidem ser necessário. Se os pacientes a convocam, os profissionais podem ou não ser incluídos. Quando a equipe convoca, todos são convidados. Algumas vezes, o objetivo é relatar uma crise – como um roubo na unidade; outras, dar explicações – por exemplo, um paciente que obtém alta irregular, antes de completar o programa.

A reunião de hoje foi convocada pela equipe. A expectativa é desanuviar o ambiente, trazer à tona os murmúrios, definir uma conduta adequada em face de sentimentos intensos, apoiar todos os participantes e estimular Miguel a desistir de seu papel de isolado e a juntar-se à comunidade.

Anunciamos que o psicodrama seria substituído por uma reunião especial. Os pacientes começam a dirigir-se para a sala de grupo, alguns aliviados por terem sido poupados da intensidade do psicodrama, uns poucos protagonistas potenciais desapontados por não terem a oportunidade de "oferecer uma cena".

Enquanto arranjamos as cadeiras e colocamos algumas adicionais para acomodar todos os participantes, a sensação é de energia. Chamamos os que ainda estão fora e esperamos que pessoas voltem do banheiro.

Então, silêncio. Predomina um clima de expectativa. Esse encontro do grupo lembra um psicodrama na fase de aquecimento. Miguel é um protagonista renitente. Percebemos uma raiva contida, uma passividade flutuando imprevisivelmente, com momentos de agressão, impotência, mágoa e terrível solidão. Olhamos para nós mesmos. Todos já estivemos ali, alguns mais recentemente do que outros. Ele nos põe contra a parede. Experimentamos mágoa e pena ao mesmo tempo. Ele precisa claramente de ajuda, mas a que preço para a comunidade?

Miguel parece não estar à vontade. Ele gostaria de estar em qualquer lugar, menos aqui. Aqui, é um moleque imaturo. É mais jovem que os veteranos do Vietnã e não tem experiência de combate. É um marginal declarado, que se orgulha disso. Viveu muitos traumas de infância, uma pletora de abusos suficientemente graves para fazer um adulto chorar. Não confia em ninguém. Não sabe ainda que é um de nós.

A reunião começa. A equipe técnica, espalhada no meio da comunidade num círculo apertado de cadeiras, estabelece um tom aberto, de aceitação.

Inicialmente tímidos, mas com crescente confiança, os veteranos vão expressando, um a um, a irritação e a raiva que sentem. Eles estão tentando mudar sua vida e a presença desse homem descontrolado os atrapalha. Depois de fugirem do caos externo, das ruas lotadas de drogas, eles procuraram abrigo em nossa unidade. Agora, porém, sentem-se feridos e inseguros.

Há uma pausa. Algo muda. Tendo expressado a dor e o medo, surge uma claridade no meio da tormenta. Entreolhamo-nos e não vemos o inimigo, mas outros seres humanos imperfeitos tentando mudar. Como membros de uma família, com forças e vulnerabilidades, podemos ajudar uns aos outros. Sentimo-nos mais próximos e começamos um movimento na direção de Miguel, compartilhando como nos identificamos com ele e oferecendo-lhe apoio.

E Miguel? Ele está perplexo. Olha para os pés, fazendo-se de invisível. A comunidade experimentou uma catarse e um *insight*, uniu-se, mas sem nossa estrela negativa.

De repente, eu falo pela primeira vez e lembro ao grupo que, num gesto de boa vontade, concordei em substituir o psicodrama por uma reunião especial. Pedi, e me concederam, os últimos dez minutos do tempo.

Dou uma olhada na sala e comento o que aconteceu. Nós conseguimos articular pensamentos complexos e sentimentos intensos e expressamos o desejo de continuar o tratamento e trabalhar em prol da recuperação.

"Mas o tratamento é um trabalho árduo. A gente descobre quanto é difícil lutar sozinho. Aproveitamos as forças desta comunidade terapêutica, que se parece com uma enorme família, atrapalhada, mas amorosa. Todos precisamos de um irmão mais velho. Vocês concordam?"

Olho em volta e vejo assentimentos. "Vou pedir que todos se levantem, olhem em volta, caminhem e coloquem a mão no ombro da pessoa que melhor representa as qualidades que cada um precisa encontrar num irmão mais velho." Muitos pacientes encontram seu "irmão mais velho", alguns se escolhem mutuamente. Poucos são estrelas sociométricas no papel desse irmão. Os que escolhem compartilham. Os escolhidos escutam.

E quanto a Miguel? Ele está literalmente sozinho. Não escolheu e não foi escolhido por ninguém. Eu vejo como cada um está e digo em seguida: "Algumas vezes é difícil fazer uma escolha quando nos sentimos magoados e solitários. Será que aqueles que gostariam de ser o irmão mais velho de Miguel poderiam ir até ele, agora, e ficar ao lado dele para mostrar seu apoio?" Sete veteranos, um terço da comunidade, vão lá e compartilham quanto se identificam com ele, como ele representa o que eles já sentiram antes, em algum momento. Miguel fica paralisado, provavelmente só ouve por não ter palavras.

Ao término da reunião especial, peço aos demais pacientes que continuem a compartilhar com Miguel e que mostrem a ele seu apoio.

A unidade fica calma o resto do dia. No dia seguinte, Miguel recebe alta médica. É possível que não tenha dado conta da demasiada intensidade da atenção. Todavia, trinta dias mais tarde, o tempo mínimo exigido para que alguém que se afastou seja readmitido, Miguel retorna. Ele está mudado. Com maior desejo de participar, desta vez ele consegue dar e receber apoio. Está bem articulado em relação a seus objetivos e trabalha nessa direção. Chega a fazer um psicodrama a respeito de sua infância. Mas isso é outra história, para outro texto.

Caso-exemplo: Daniel se torna seu conselheiro

Oito pacientes, sete homens e uma mulher, mais dois co-terapeutas se encontram no Grupo de Sentimentos pela segunda vez nesta semana. O Grupo de Sentimentos é um grupo de dessensibilização afetiva, no qual os pacientes aprendem a falar sobre o que está acontecendo com eles e como se sentem em relação a isso.

O grande desafio para os profissionais que trabalham com dependência química é ajudar seus clientes a experimentar, identificar e tolerar as próprias emoções.

Muito freqüentemente esses pacientes são extremistas afetivos. Como a maioria começou a abusar de álcool e drogas na adolescência, eles não sabem como lidar com seus sentimentos de forma adequada. Ou negam e suprimem ou atuam de maneira perigosa para si mesmos ou para os outros (Epstein, 1995).

Nesse grupo, os terapeutas procuram facilitar o esforço deles fazendo comentários reflexivos e processuais, quando necessário, e apoiando, seduzindo ou mesmo forçando um pouco, a serviço de uma mudança terapêutica.

Quando admitidos, os pacientes são encaminhados aleatoriamente a um dos três pequenos grupos de sentimentos. Começamos e terminamos juntos a semana, com encontros de uma hora e meia às segundas e sextas-feiras. Em geral, são sessões tradicionais de psicoterapia verbal, mas, quando um dos líderes é psicodramatista, pode acontecer uma dramatização.

Na última segunda-feira, nós, pacientes e terapeutas, gastamos muito tempo da sessão tentando convencer Daniel a continuar o tratamento.

Daniel é um afro-americano típico de classe média, que tem uma postura de orgulho e dignidade. É inteligente, divertido, espontâneo e criativo – o sonho de todo psicodramatista. No entanto, é também uma pessoa reservada, atormentada por seus sentimentos, sente-se mal em grupo e detesta psicodrama. Profissional obscuro e zeloso, com um casamento estável e duradouro e três filhas adultas bem-sucedidas, ao evitar a bebida ele conseguiu contornar os problemas de alcoolismo que caracterizaram sua família há várias gerações. Mas, desde que lhe prescreveram analgésicos, logo depois de uma cirurgia alguns anos antes, tornou-se loucamente apaixonado por opiáceos.

Muito bravo, envergonhado e tomado pela culpa, os conflitos internos que o tratamento fez aflorar foram demais para ele e o levam a querer desistir. Ele argumenta com o grupo: "Minha esposa precisa de mim. Minhas filhas sentem saudade. Sou necessário em meu trabalho". Nós ouvimos, entendemos, apoiamos seus sentimentos, mas sua argumentação não nos convence, porque conhecemos os fatos. A esposa quer que ele se trate. As filhas estão loucas de preocupação e querem que ele busque ajuda. O empregador lhe disse que, apesar da excelente qualidade de seu trabalho, ele pode perder o emprego se continuar a usar drogas.

Perguntamos do que ele precisa. Ele nega qualquer necessidade. Os integrantes do grupo persistem em seu esforço e ao final da sessão ele concorda em seguir o tratamento. Os outros pacientes estão exaustos, mas recompensados. Nossas palavras, nossos pensamentos racionais foram bem-sucedidos.

A sexta-feira chega e é um *déjà-vu*. Toda nossa argumentação bem fundamentada não foi nada à luz do sofrimento de Daniel. Embora lhe tenha sido garantida uma licença de fim de semana, ele quer ter alta imediatamente. Insiste que já adquiriu as ferramentas necessárias para uma recuperação completa. Ele sabe o que tem de fazer e está disposto a isso. Não há motivo para ocupar espaço aqui quando outra pessoa, com problemas piores, pode precisar do leito.

Não é o que pensamos. Ele mora a várias horas de distância do hospital e há previsão de muita neve. É possível que ele receba alta e saia de licença e não retorne. Seria melhor cancelar a licença?

Os outros pacientes olham para ele e logo desviam o olhar para o teto. Estão muito esgotados para repetir a sessão da segunda-feira. Permanecem silenciosos. A linguagem corporal deles, entretanto, é eloqüente e clara. Ficam inquietos, olham o relógio, mexem-se na cadeira. Uma hora e vinte minutos perdidos. Parecem condenados.

Dirijo-me a Daniel: "Bem, Daniel", começo, "imagino que você esteja pensando que nós não estamos levando em conta o que é melhor para você. Ou quem sabe nós não tenhamos compreendido você realmente". Ele meneia a cabeça. "Daniel, pense um pouco: que qualidades deveria possuir seu conselheiro ideal? Diga para nós." Ele pensa, em seguida oferece: "Honestidade, compreensão e compaixão". Eu prossigo: "Tudo bem, Daniel, está na hora de uma sessão com seu conselheiro ideal, que é ao mesmo tempo sábio e cuidadoso. Coloque uma cadeira para seu conselheiro no meio do círculo e diga a ele ou ela o que se passa dentro de você". Ele faz uma longa pausa, suspira, encolhe os ombros, fica em pé e coloca uma cadeira perto de si.

Apresenta bem seu caso, assinalando os aspectos que tínhamos ouvido antes. Quando ele termina, eu digo: "Agora inverta os papéis e ouça seu conselheiro". Ele me lança um olhar e diz: "Isso não está certo", e se move lentamente para a outra cadeira.

No papel de conselheiro, Daniel não só concorda com o que a equipe e os companheiros de grupo lhe disseram na segunda-feira, mas também é ainda mais enfático: "Você é um homem bom e inteligente, Daniel, mas você é um louco! Não está enlouquecendo apenas sua família, seu patrão, a equipe ou os pacientes: você está enlouquecendo a si mesmo. O pior louco, você. Vejo alguma esperança para você, mas somente se você se humilhar e aceitar a ajuda que lhe é oferecida. Você tentou caminhar sozinho da última vez, mas não funcionou. Precisa continuar o tratamento. Vai continuar?" Há uma série de inversões de papel até que Daniel diga: "Sim, eu vou". Daniel (como conselheiro): "Você promete retornar de sua licença de fim de semana?" Daniel (como ele mesmo): "Prometo".

Algumas vezes, quando utilizamos esse tipo de intervenção, o paciente precisa da ajuda de dublês tanto para si quanto para o conselheiro. Mas, quando eu perguntei aos demais integrantes do grupo como eles avaliavam o que Daniel havia feito, responderam que ele tinha feito bem. Acreditavam que ele e seu conselheiro tinham-se entendido bem, que nenhum dos dois precisou de dublagem. Sentiram-se aliviados.

Para ajudar Daniel a sair do personagem, perguntei, como conselheiro, o que ele havia pensado a respeito de seu paciente. Ele disse: "Ele tem um bom coração e uma boa cabeça, mas a culpa, a vergonha e o orgulho atrapalham seu caminho. Espero que ele consiga aprender a se perdoar".

Perguntei então a Daniel, como ele mesmo, o que ele pensava de seu conselheiro. "Ele sabe tudo a meu respeito e ainda assim me aceita; por isso eu posso confiar nele."

Daniel saiu de licença em meio a um temporal e voltou sob condições ainda piores, pontualmente. Estava triunfante. Fizera um desafio a si mesmo e o aceitara. Permaneceu em tratamento e completou o programa.

Ele nunca tinha protagonizado sua história pessoal com a participação de toda a comunidade. Na semana seguinte, entretanto, quando seu amigo, cujos problemas eram semelhantes aos seus, foi protagonista e ficou paralisado durante uma cena com a família, Daniel fez um dublê espontaneamente. Em meio a lágrimas, eloqüentemente deu voz à tristeza e à dor que antes não haviam sido expressadas. Só quando teve a oportunidade de falar por outra pessoa é que ele conseguiu verbalizar sua verdade. Foi um bom começo.

TREINAMENTO EM PSICODRAMA: RETRABALHANDO UMA DRAMATIZAÇÃO PERTURBADORA

Os veteranos internados do programa de PTSD ficam alojados numa ala silenciosa de uma das extremidades do Forte Thomas (Kentucky), isolados do público, e estabelecem entre si vínculos muito fortes.

O programa residencial dispõe de doze leitos, com rotatividade de internação e altas de um ou dois casos por semana apenas, de tal forma que a população tem considerável estabilidade.

Os pacientes vêm de Ohio, Kentucky, Indiana, West Virginia e eventualmente Tennessee para tratamento de estresse pós-traumático. O programa estabelece que eles devem participar de passeios e outras atividades que os forcem a quebrar seu habitual isolamento e a interagir com a comunidade. Boa parte do tempo é dedicada aos grupos cognitivo-comportamentais estruturados, voltados para a construção de habilidades interpessoais.

Os veteranos não podem se inscrever nesse programa de sete semanas sem falar a respeito de seu trauma. Eles vêm com essa expectativa, muitas vezes depois de não terem conseguido melhorar, tendo falado a respeito de seu trauma em contextos menos intensivos de tratamento sem internação.

O trauma é focalizado em dois grupos por semana, o "psicodrama" e o grupo de "luto e reconciliação". Os participantes se estimulam mutuamente para que relatem sua experiência traumática e, quando o projeto terapêutico funciona bem, existe uma norma que apóia os veteranos para que expressem sua dor aberta e sinceramente.

O grupo de psicodrama não focaliza exclusivamente os traumas. A apresentação feita pelos líderes do grupo oferece a possibilidade de trabalhar qualquer tema. São realizadas dramatizações que cobrem toda a trajetória da vida: abuso infantil, sentimentos não resolvidos relacionados com perda dos pais, separação conjugal e problemas parentais.

A maior parte das dramatizações, entretanto, concentra-se nos traumas de guerra, com o objetivo geral de diminuir o entorpecimento emocional (Horowitz, 1973; Ragsdale e colegas, 1996) e criar uma narrativa que permita ao protagonista encontrar sentido para suas ações durante a batalha (Burge, 2000; McCann e Pearlman, 1990; Meichenbaum, 1994). Os casos mais comuns são a perda de um companheiro, a culpa pela morte de um camarada por ação ou omissão e o horror e vergonha pelo sofrimento infligido a terceiros por atos de guerra. As emoções predominantes são tristeza e remorso.

Muitos desses veteranos são habitualmente irritáveis e o psicodrama é tido como uma oportunidade de ver o que subjaz à raiva. Entretanto, muitas vezes é difícil penetrar na couraça endurecida do veterano traumatizado, como se pode ver no exemplo a seguir.

O tamanho compacto do programa e seu formato homogêneo dão ao grupo de psicodrama um caráter especial. Enquanto o projeto terapêutico de outro programa, o de dependência química, pode ensejar conflitos, o ambiente do PTSD tende a ser um lugar onde o cotidiano facilita a compreensão, a civilidade e a continência emocional.

Depois de ter testemunhado em primeira mão o potencial humano para a violência e, em muitos casos, ter lutado com os próprios problemas de raiva desde a guerra, esses homens farão tudo que puderem para evitar conflitos entre si. Embora muitas vezes esbravejem agressivamente e vez por outra se irritem e façam investidas furiosas, eles tendem a ser calmos e educados, procurando se distanciar quando incomodados.

Sempre que surge um conflito, este é tipicamente evitado e amaciado. Muitas vezes, por exemplo, eles entram no grupo de psicodrama tendo já decidido quem será o protagonista. Se mais de um candidato se apresenta, porém, o que está menos incomodado ou o que ainda terá mais tempo no programa em geral cede a vez.

Quando solicitados pelo protagonista para atuarem como auxiliares, eles atendem rapidamente, mas algumas vezes são tão contidos na atuação que acabam impedindo o realismo da cena e o fluxo afetivo do protagonista.

A coesão do grupo pode servir de desculpa quando um diretor de psicodrama procura utilizar um exercício sociométrico. Se ele pede ao grupo que escolha um "irmão mais velho", corre o risco de ter como resposta que todos são irmãos e, portanto, não é possível escolher um único. Pode haver aí uma falsa mutualidade (Wynne e colegas, 1958): as normas do grupo podem exigir que se aparente uma coesão maior do que a efetivamente sentida por seus integrantes.

Zack, alto e magro, afável, era uma pessoa amigável e boa de papo. Por isso, era natural que ele fosse o favorito de Kate, psicóloga residente que era sua preceptora. No primeiro mês de um programa de sete semanas, ele dizia ao grupo coisas interessantes, mas suas contribuições eram sempre feitas de forma cerebral e, de algum modo, superficial. Dizia que tinha um problema de raiva crônica, embora ninguém conseguisse vê-lo enraivecido. Dedicava-se bastante aos aspectos do programa que focalizavam a aprendizagem de novas habilidades de enfrentamento. Fazia o registro de suas raivas, cumpria os exercícios de relaxamento e parecia comprometido com o tratamento, exceto quando chegava a hora de falar sobre trauma. Nos grupos de psicodrama e de luto e reconciliação, ele ficava olhando para o chão e se ausentava sempre que as pessoas começavam a compartilhar memórias do Vietnã. Questionado diretamente pelos profissionais a respeito do que acontecia nessas ocasiões, falava de sua capacidade de se solidarizar com a dor dos companheiros, mas se irritava rapidamente quando lhe perguntavam sobre a sua.

Finalmente, depois de um mês no programa, os companheiros perceberam que ele estava um pouco mais tranqüilo a respeito de seu trauma e começaram a estimulá-lo a se expor.

Zack estava trêmulo de ansiedade durante o aquecimento, que terminou com o pedido do diretor para que os participantes indicassem (com uma das mãos sobre o ombro) o companheiro com o qual estivessem mais preocupados e que em sua opinião mais se beneficiaria com o trabalho daquele dia. Quase metade do grupo colocou as mãos em Zack, que estava a ponto de explodir. Ele riu nervosamente e se declarou em condições de dramatizar. Disse que gostaria de trabalhar uma coisa que ele havia feito e achava que o teria incomodado mais do que incomodou.

Enquanto caminhávamos e falávamos, Zack relatou um incidente horrível ocorrido no Vietnã. Ele estava prestes a terminar seu tempo de serviço. Tendo perdido diversos companheiros e sido exposto a muita morte, sentia-se extremamente entorpecido.

Certa manhã, quando ele estava acampado, viu uma jovem vietnamita que trabalhava em sua base atravessando deliberadamente o acampamento. Ele estava acostumado com a frente de luta e se sentia relativamente seguro quando acampado. Voltava do clube dos recrutas, onde estivera bebendo, para sua barraca. Não prestou muita atenção na jovem.

Naquela noite, a base foi atingida por um ataque de morteiro. Ele e os companheiros de esquadra se refugiaram numa trincheira, porém o posto de comando da base, uma barraca a quinze metros de onde Zack dormia, foi destruído. Vários homens morreram, mas Zack não tinha proximidade com nenhum deles.

Contudo, enquanto estava agachado na trincheira, ocorreu-lhe que aquela mulher poderia estar contando os próprios passos, guardando mentalmente as distâncias, de modo a possibilitar ao inimigo atingir com maior precisão o posto de comando.

Quanto mais ele pensava nisso, mais convencido e irado ficava, e quando ele compartilhou esses pensamentos com seus camaradas eles juraram vingança. Eles permaneceram na trincheira a maior parte da noite. Na manhã seguinte, quando a mulher chegou para o trabalho, Zack e dois outros a agarraram e a levaram a um lugar isolado, bateram nela e a estupraram.

Ao descrever esses eventos, Zack falava num tom de voz formal, não transparecendo nenhum sentimento. Entretanto, contou que pensava que ia sentir-se culpado por isso, mas não se sentiu. Seu objetivo na dramatização era trabalhar para aumentar o sentimento de culpa.

Zack escolheu um companheiro para fazer a mulher. Kate assumiu o papel de um dublê, trabalhando para ampliar o espectro afetivo de Zack (Hudgins e Drucker, 1998).

Zack estava entre os veteranos com quem Kate sentia um vínculo forte. Ela gostava de seu humor e o considerava sincero em seus esforços de mudança. Tinha vontade de ajudá-lo.

Representamos a cena de Zack observando a mulher vietnamita atravessando a pé o acampamento. Respondendo à instrução do diretor, Zack fez um solilóquio de suas preocupações no momento, seu cansaço físico, seu alívio por estar fora da frente de combate e sua consciência de que poderia ter de estar lá no dia seguinte.

Encenamos então o começo do ataque de morteiro, com Zack rolando para fora da cama, correndo pelo acampamento e vendo a destruição do posto de comando. Em solilóquio, expressava raiva. Kate dublou sugerindo outros sentimentos, inicialmente medo e tristeza pela perda dos que estavam na barraca destruída. No entanto, Zack rejeitava essas sugestões, insistindo em que só sentia raiva, que se tornava mais intensa quando seus pensamentos se voltavam para a atuação da mulher vietnamita.

Invertendo papéis, voltamos à cena da violência de Zack, na qual ele agredia a mulher. Kate serviu como dublê, verbalizando a dor, o terror e o horror que a mulher estaria sentindo. Zack sabia que esses sentimentos se encaixavam no que ele imaginava que poderiam ser os sentimentos dela. Verbalizou-os, repetindo as palavras de Kate quase mecanicamente. Fez referência, entretanto, a seu entorpecimento. Ficara totalmente paralisado.

Continuamos tentando estimular Zack a vivenciar a dor da mulher. Diminuímos o ritmo da ação e um auxiliar simulou um murro que Zack deu no rosto da mulher. Zack estava no papel invertido, fazendo a mulher, enquanto Kate dublava os sentimentos dela. Kate gritava, expressando em primeira pessoa a dor da mulher.

À medida que a cena avançava, Zack se tornava cada vez mais distante e desligado. Ele não conseguia se conectar com a dor. Parecia reverter ao estado de sentimento que tinha assumido na ocasião do incidente original e não conseguia sair de sua paralisia.

Segundo nossa experiência, para que o trabalho com o trauma se torne mais efetivo quando isso ocorre, é aconselhável voltar no tempo até o ponto em que a pessoa ficou paralisada. Entretanto, Zack esteve em combate durante meses e teve uma série de traumas. Voltar ao início traria novas dificuldades.

Ao lhe perguntarmos como gostaria de terminar a dramatização, Zack disse que gostaria de pedir desculpas à mulher. Mudamos a cena para o presente. Em tom duro, ele disse à mulher que sentia muito pelo que tinha feito.

O grupo teve dificuldade de compartilhar. Os que fizeram os companheiros de Zack mostraram empatia com sua raiva e com a paralisia que ele sentiu. Diversas pessoas falaram prontamente da própria raiva. Por outro lado, a conversa se arrastava entrecortada. O grupo gostava de Zack e reconhecia que ele havia corrido um risco enorme ao se expor. Provavelmente em função da lealdade a ele, ninguém mostrou solidariedade com a mulher vietnamita. Ninguém manifestou desconforto com o que ele tinha feito.

Kate, que havia sido a porta-voz da dor da mulher, achou a experiência profundamente perturbadora. Ela gostava de Zack. Apreciava seus esforços nos grupos de terapia e o considerava sincero na luta por tornar sua vida melhor. No entanto, ficou chocada com aquela capacidade de desumanizar a vítima. Ficou com a sensação de que o psicodrama estava incompleto.

Muitos outros psicodramas que ela tinha observado terminaram com os veteranos enfrentando em lágrimas culpa, vergonha e tristeza. Encontramos um exemplo de tal tipo de dramatização no texto de Burge (2000). Este, entretanto, deixou o grupo irritável, sem saber direito como fazer conexões mútuas. Zack se sentiu aliviado pela exposição e satisfeito por ter dado um passo à frente no sentido de corrigir um erro. Kate, porém, achou que o passo tinha sido insuficiente e que a dor sofrida pela mulher não tinha sido compreendida.

Muitos psicodramas na unidade de PTSD têm como tema incidentes de violência. No entanto, a equipe costuma limitar o grau em que os veteranos re-encenam seu comportamento violento. Isso vem da relutância em permitir aos pacientes ensaiar violência e do ponto de vista segundo o qual a tarefa terapêutica deve explorar as conseqüências da violência.

Acontece também que os veteranos às vezes relatam experiências positivas (por exemplo, aumento da adrenalina) ligadas à execução de atos violentos. Podem até sentir vergonha disso, mas continua a ser uma experiência potente e nós não vemos vantagem alguma em ensaiá-la.

Por isso, quando encenamos episódios violentos, usualmente o protagonista inverte papéis e a violência é simulada. Manter a segurança do grupo e conter a raiva são prioridade em relação ao objetivo psicodramático geral, de melhorar o afeto e o comportamento (Blatner, 1996). Dessa forma, o protagonista deve explorar mais as conseqüências da violência do que o ato de cometê-la.

O grupo de treinamento: perspectiva feminina

Há muito tempo o CVAMC vem oferecendo treinamento psicodramático para a equipe profissional. Atualmente, a cada mês acontece uma sessão de três horas de treinamento, numa sala confortável que proporciona sensação de privacidade em meio à agitação da unidade.

Compõem o grupo de treinamento a equipe permanente de psicodrama, estudantes e residentes de psicologia em nível de doutoramento.

O objetivo é ensinar aos residentes um psicodrama básico suficiente para que eles possam funcionar como membros da equipe durante seu estágio de seis meses. Nas sessões semanais de psicodrama, espera-se que os residentes dublem, atuem como auxiliares e, ao final, dirijam algumas dramatizações.

Alguns membros desse grupo se encontram todos os dias; outros, somente por ocasião do treinamento.

Começamos com um aquecimento estruturado, para verificar o que aconteceu em nossa vida, nos planos pessoal, profissional e psicodramático, desde a última vez em que nos encontramos.

Nesta última tarde de inverno, os residentes estão bem em seu estágio e praticaram inversão de papéis, aquecimentos e entrevistas. Eu pergunto ao grupo como eles gostariam de usar nosso tempo. Kate responde, dizendo que deixou o psicodrama do PTSD naquela manhã com sentimento de desconforto e confusão. Faz formação para ser psicoterapeuta e se vê profundamente perturbada por não sentir empatia com o protagonista. Questiona-se e manifesta dúvidas a respeito de seu futuro como clínica.

Pergunto o que mais a incomodou na dramatização. Ela diz que foi a aparente incapacidade do protagonista de inverter papéis com a mulher. Quando pergunto o que poderia ajudar, ela diz que gostaria de acrescentar uma nova cena, em que ele finalmente conversasse com a filha e com a esposa a respeito dessa sua experiência de trinta anos atrás. O grupo concorda em que isso seria um bom uso de nosso tempo de treinamento.

"Que papel você gostaria de fazer, Kate?", pergunto. Ela decide que quer dirigir. A cena é montada rapidamente. Uma enfermeira que fez parte da unidade se oferece para fazer a esposa; uma residente quer fazer a filha. Um dos residentes se propõe representar o protagonista e um terapeuta temporário concorda em ser o dublê do protagonista.

A cena acontece na sala de estar de Zack, depois de ele ter encerrado seu tratamento de PTSD. Antes que ele entre na sala, a esposa e a filha expressam sua esperança de que o tratamento possa tê-lo ajudado, assim como sua apreensão a respeito do que pode ter mudado nele.

Quando ele entra, a esposa lhe pergunta como está. Ele responde "Bem", no mesmo tom de voz inexpressivo de sempre. A esposa e a filha trocam olhares: nada mudou! Quando elas tentam perguntar sobre o tratamento, ele responde evasivamente. Então, Kate, como diretora, pede a dublagem, que começa.

Dublê: Há uma coisa que eu preciso contar para vocês. (O protagonista silencia. O dublê continua.) É difícil. (O protagonista assente.)
Esposa: Difícil. Difícil foi viver com você todos esses anos. Difícil é ficar o tempo todo pisando em ovos.
Filha: Diga o que aconteceu, papai.

O protagonista, instruído pelo diretor e apoiado pelo dublê para "contar todas as partes difíceis", vagarosamente conta sua história. A esposa e a filha ouvem em silêncio, olhos arregalados. Ao final da história, a filha diz:

Filha: Que idade ela tinha?
Protagonista: Mais ou menos sua idade. (Pela primeira vez ele olha como se estivesse a ponto de chorar.)
Esposa: Então ela tem a mesma idade que eu tinha quando nos casamos.
Protagonista: Eu a via em vocês duas, todo o tempo. (Ele cobre o rosto com as mãos. O dublê o estimula a pedir perdão.)
Protagonista (para a esposa): Você me perdoa?
Esposa: Durante todos esses anos eu fiquei esperando para saber o que deveria perdoar em você.
Protagonista (para a filha): Você me perdoa?
Filha: Acho que sim. Especialmente se você confiar o suficiente para ser honesto com a gente. Você se perdoa?
Protagonista: Estou começando. (A cena termina com a família se abraçando, sem palavras.)

Embora esse retrabalho psicodramático tenha sido uma simulação, o compartilhamento dos participantes, partindo tanto dos papéis quanto de sua vida, foi genuíno.

Ao processar a dramatização, os treinandos aplaudiram a decisão de Kate de reformular a experiência. Ela agradeceu ao grupo pelo apoio que lhe deram. O grupo validou a experiência da mulher vietnamita tanto quanto a de Kate. Encontrando sua voz, Kate se tornou uma diretora de psicodrama mais capacitada, renovando sua autoconfiança.

Refletindo sobre esse psicodrama alguns meses depois, Kate se deu conta de que não é possível ser empática com todas as pessoas nem ajudar a todos. Nós temos limites. O psicodrama tanto pode ajudar-nos a expandir nosso potencial como a reconhecer nossas limitações.

CONCLUSÃO

A psicoterapia no Cincinnati VAMC costuma ser apresentada e conduzida por meio de modalidades cognitivas. Os veteranos recebem treinamento para desenvolver habilidades e aprender a reestruturar suas cognições.

O psicodrama, com seu foco na afetividade, na espontaneidade e na metáfora, oferece equilíbrio criativo para esse trabalho intelectual.

Num contexto em que os pacientes, na maioria, são homens, cujo âmbito de expressão é em geral restrito pelos efeitos paralisantes do PTSD e/ou pelo uso de drogas, o psicodrama oferece aos terapeutas métodos concretos para expandir a expressividade dos veteranos.

Ao criar um contexto em que o processo grupal pode ser explicitado e alterado, as intervenções psicodramáticas estimulam um senso de comunidade dentro de programas baseados na vivência comunitária.

Para os membros da equipe e para os treinandos, o psicodrama oferece um meio de ampliar o desenvolvimento pessoal e profissional.

Embora muito do trabalho terapêutico seja conduzido na solidão de um consultório ou talvez na companhia de um terapeuta, num grupo o psicodrama costuma permitir a vários terapeutas trabalhar juntos. Colaborando na oficina de treinamento, eles recebem apoio para seu desenvolvimento. Podem experimentar novas técnicas e explorar dificuldades pessoais.

Além de trabalhar suas técnicas e temas contratransferenciais, os treinandos têm a vantagem de ver como trabalham terapeutas mais experientes. Dessa forma, o psicodrama estimula o senso de comunidade também entre os terapeutas.

Os autores agradecem às seguintes pessoas, por sua valiosa contribuição na coleta das informações utilizadas neste capítulo: Susan Carlson, Paul Diamond, Jennifer Lewis e Marshall Wade. Michael Margolis ofereceu apoio e assistência editorial.

Todos os casos aqui relatados são composições de múltiplos pacientes. Os nomes, as informações identificadoras e os aspectos históricos dos pacientes foram alterados para proteger sua identidade.

REFERÊNCIAS BIBLIOGRÁFICAS

BLATNER, A. *Acting-in: practical applications of psychodramatic methods*. 3. ed. Nova York: Springer, 1996.

BURGE, M. "Psychodrama with Vietnam veterans and their families: both victims and traumatic stress". In: KELLERMANN, P. F.; HUDGINS, M. K. (orgs.). *Psychodrama with trauma survivors: acting-out your pain*. Londres: Jessica Kingsley, 2000, p. 299-316.

EPSTEIN, M. *Thoughts without a thinker: psychotherapy from a Buddhist perspective*. Nova York: Basic Books, 1995.

HOROWITZ. M. J. "Phase oriented treatment of stress response syndromes". *American Journal of Psychotherapy*, v. 27, p. 606-615, 1973.

HUDGINS, M. K.; DRUCKER, K. "The containing double as part of the therapeutic spiral model for treating trauma survivors". *The International Journal of Action Methods*, v. 51, p. 63-74, 1998.

MCCANN, I. L.; PEARLMAN, L. A. *Psychological trauma and the adult survivor: theory, therapy, and transformation*. Nova York: Brunner/Mazel, 1990.

MEICHENBAUM, D. *A clinical handbook: practical therapist manual for assessing and treating adults with post-traumatic stress disorder (PTSD)*. Waterloo: Institute Press, 1994.

RAGSDALE, K. G. et al. "Effectiveness of short-term specialized inpatient treatment for war-related posttraumatic stress disorder: a role for adventure-based counseling and psychodrama". *Journal of Traumatic Stress*, v. 9, p. 269-283, 1996.

WYNNE, L. et al. "Pseudo-mutuality in the family relations of schizophrenics". *Psychiatry*, v. 21, p. 205-220, 1958.

11 → ABORDAGEM PSICODRAMÁTICA DO TRAUMA DE TERREMOTO

Deniz Altinay

Pouco antes do início do século XXI, a Turquia foi sacudida pelo mais devastador terremoto de sua história recente. A intensidade do tremor e sua proximidade em relação a Istambul e arredores, a região mais densamente povoada do país, criou um desastre humano: cerca de 30 mil pessoas morreram e 100 mil perderam sua casa. As ondas sísmicas posteriores duraram meses, e a incerteza a respeito de quando tudo ia terminar causou agitação emocional de enormes proporções, em toda a nação.

O trauma é definido como "qualquer catástrofe que ameace a vida e seja emocionalmente devastadora, que rompa os mecanismos adaptativos normais de uma pessoa, seja ela criança ou adulto, seja um episódio único, seja um abuso que dure a vida toda" (Kellermann e Hudgins, 2000, p. 12).

A teoria de J. L. Moreno para o tratamento do trauma se baseia no sistema triádico. O sociodrama, método que aborda temas grupais, é derivado da sociometria, conceito que se aplica ao tratamento de comunidades e de sociedades mais amplas. O psicodrama, por sua vez, trata da saúde mental do indivíduo.

No Instituto de Psicodrama de Istambul, ajudamos as pessoas a lidar com suas experiências traumáticas durante todo aquele infausto período. Apresentamos a seguir uma narrativa de algumas de nossas intervenções sócio e psicodramáticas, assim como um modelo de preparação mental para prevenir o trauma, por nós desenvolvido, inicialmente, para empresas e grandes organizações e adaptado, posteriormente, para indivíduos.

Cheguei a Istambul um dia depois do primeiro grande terremoto e lá permaneci durante todo o extenso período dos choques posteriores. Embora tenha experienciado a influência do abalo, não fui testemunha do primeiro terremoto, o que me permitiu estar de certa forma afastado e possibilitou-me a condição de observador externo.

Um mês depois do tremor, pudemos retomar as oficinas com nossos oito grupos de psicodramatistas em formação e com alguns grupos vivenciais e corporativos que se formaram em resposta à crise. A despeito da total diversidade na composição dos grupos, todos pareceram afetados pelos eventos de maneira semelhante. Pudemos identificar, entretanto, alguns indivíduos cujo medo, embora precipitado pelo desastre, não tivera origem ali.

Num primeiro momento, abordamos a questão da capacidade de enfrentamento por meio do sociodrama, trabalhando com temas compartilhados por toda a comunidade antes de acionarmos o psicodrama para tratar das preocupações pessoais dos indivíduos.

Começamos pelos papéis transcendentais, ou seja, papéis relativos a questões ligadas ao sentido da vida. O protagonista, nesse caso, assume o papel da energia vital e explora os modos de ver a vida. Acreditamos que os papéis transcendentais sejam essenciais para conduzir um sociodrama. Eles incluem temas básicos como medos, ansiedades, insegurança, necessidade de compreensão, desejo de compartilhar e busca de forças para enfrentar e prosseguir.

Utilizamos esse tipo de aquecimento para criar a coesão grupal. Ainda que a investigação desses problemas enfatize as semelhanças entre os seres humanos, os participantes também começaram a descobrir como as experiências individuais difeririam entre si em decorrência do terremoto. Isso lhes possibilitou ver mais de perto o conteúdo de seus medos.

Embora não tivéssemos experiência prévia no trabalho com trauma provocado por terremotos, pensamos que o psicodrama seria uma intervenção válida que proporcionaria pistas para a compreensão do processo de enfrentamento.

Não foi fácil formular um procedimento para o trabalho com um trauma arrasador e lidar, ao mesmo tempo, com nossa ansiedade. A abordagem que desenvolvemos foi muito bem-sucedida. Todos os que participaram de nossos grupos de trauma de terremoto, assim como os membros de nossos grupos de treinamento em psicodrama, livraram-se numa única sessão psicodramática de seus medos e de problemas diretamente associados a esse trauma específico.

O psicodrama especial que desenvolvemos consistiu de cinco passos:

1. Compreender o medo de terremotos. Todos os nossos protagonistas mencionaram diferentes medos de terremoto, fato que nos surpreendeu porque pensávamos que, tendo todos vivenciado o mesmo sismo, seus me-

dos seriam iguais. Mas cada indivíduo experienciou e percebeu um abalo totalmente distinto. Essas diferenças nos levaram a criar o conceito de "terremotos individuais".

2. Esclarecer a irracionalidade dos medos ou de qualquer parte deles. Os componentes irracionais dos medos foram considerados pistas para temas interiores profundos e ansiedades pessoais despertadas pelo terremoto.
3. Identificar o(s) sentimento(s) específico(s) suscitado(s) por esses medos irracionais, que acabaram regendo as atividades diárias do indivíduo. Focalizamos os sentimentos porque eles tendem a permanecer intactos, inalterados com a passagem do tempo.
4. Descobrir a conexão entre a percepção de mundo atual do protagonista e a de outras pessoas significativas de sua vida. No decorrer dos psicodramas, notamos a existência de conexão com as pessoas queridas da vida dos protagonistas da mesma forma que com incidentes da infância. A identificação das conexões facilita a catarse e se torna um tema grupal importante durante a fase do compartilhamento.
5. Investigar formas de modificar os componentes irracionais dos falsos conceitos e dos sentimentos perturbadores, enquanto relacionados com questões não resolvidas do protagonista com pessoas significativas. A exploração desses elementos por meio de encenações, no jogo de papéis, é tida como o fator mais importante a contribuir para os efeitos terapêuticos do psicodrama com sobreviventes de traumas (Kipper, 1998).

Em nossa experiência, o passo número 2, esclarecimento dos componentes irracionais dos medos, foi o mais importante.

QUATRO CASOS-EXEMPLO

O primeiro exemplo refere-se a um membro do grupo que reclamava da perda de motivação depois do terremoto. Começamos com um aquecimento sociométrico envolvendo todos os participantes. O tema principal dizia respeito à natureza dos seres humanos e aos relacionamentos entre eles. Para a maioria das pessoas com quem trabalhamos, os sentimentos de medo, raiva e desespero começaram a se dissipar dois meses depois do final dos terremotos, embora algumas tenham acolhido medos por muito tempo.

Caso 1

O protagonista era um homem de 45 anos que desejava livrar-se de seu medo de terremoto. Ele sentia ansiedade e temor de que ocorressem novos abalos. Sofria de insônia, pesadelos relacionados com terremoto e mudanças de humor ao longo do dia.

Estabelecemos um contrato de tratamento que incluía a salvaguarda da identidade e compromisso de sua parte de disponibilizar-se para o caso de as sessões de acompanhamento requererem psicoterapia posterior.

Como o protagonista descrevia seus medos vindos na seqüência do terremoto, principiamos pelo exame dos componentes irracionais. Ele temia, por exemplo, que o corredor entre o quarto de sua filha adolescente e o seu pudesse desabar e que ele não conseguisse chegar até ela. Tinha comprado cordas compridas, acreditando que em algum momento, no futuro, ele poderia ter de descer de um lugar muito alto ou subir de um abismo profundo.

Pedi que pensasse numa cena em que um desastre pudesse acontecer, mas ele não conseguiu. Pedi então que escolhesse auxiliares para fazerem o papel do corredor desabado e do abismo. Usando inversão de papéis, ele descreveu a cena para os auxiliares.

Estar na posição invertida foi importante para que ele pudesse compreender seus sentimentos inconscientes. O protagonista ouviu os egos-auxiliares e foi solicitado a prestar atenção nos próprios sentimentos e reações ao que estava sendo retratado.

O diretor pediu que ele explicasse o sentido dos símbolos de suas reações e de seus sentimentos. Também solicitou que pensasse numa conexão entre esses símbolos e alguma pessoa de sua vida. Ele respondeu com facilidade a todas essas questões. Cair no abismo e tentar subir com a corda lembrava seu pai. O corredor desabado recordava sua relação com a filha e as brigas com a esposa. Ele explicou que o pai vive na Austrália e costuma casar-se com mulheres jovens, e na ocasião estava em seu quinto casamento. O protagonista sentia muita raiva do pai porque este o abandonara a família quando ele era pequeno.

Ele ficou muito confuso com toda a situação. Caracterizou sua relação com a filha como "muito fria e distante". Desejava estar mais próximo, mas sentia que o fato de ser pai não lhe permitia desenvolver essa proximidade, assinalando que a filha era mais próxima da mãe do que dele.

A sessão prosseguiu na linha do psicodrama clássico e terminou com um compartilhamento grupal. Numa das sessões de acompanhamento, o protagonista disse que o psicodrama o fez perceber que seu medo não tinha relação somente com o terremoto e que desde então ele vinha desfrutando boas noites de sono. Revelou também que, logo após o psicodrama, sentira-se extremamente cansado.

Caso 2

A protagonista desse caso era uma mulher que dizia ter medo de entrar em seu quarto, temendo que as paredes desabassem em cima dela. Achava ridículo e absurdo, não conseguindo ver nenhum sentido nisso. Pediu-se a ela que montasse uma cena mostrando a situação de seu quarto, com auxiliares fazendo o papel de paredes móveis.

Quando chegou a hora, solicitou-se às "paredes" que se movessem. Assim que se iniciou a simulação do terremoto, a protagonista começou a gritar de medo. Indagada pelo diretor, ela imediatamente recordou que uma vez tinha tido medo semelhante quando fazia sexo com o marido. Lembrou-se de que, naquela situação, por algum motivo, ela se sentiu compelida a mencionar para o marido o nome de um ex-namorado. Na ocasião, sua vida e seu casamento estavam em dificuldades. O marido soube do ex-namorado e ficou perturbado com o interesse dela pelo outro.

Antes desse incidente, a protagonista tivera sonhos recorrentes com o ex-namorado e se sentia incomodada com isso. Mas depois esses sonhos desapareceram. Agora, ela reencontrava a velha ansiedade emergindo de novo, despertada pelo medo do terremoto.

Na seqüência da sessão de psicodrama, ela relatou que estava livre de seus medos relacionados com terremotos. Tudo indica que sentimentos reprimidos de culpa, raiva e falta de pudor se manifestavam por intermédio do medo de terremoto.

Caso 3

O terceiro caso diz respeito a uma mulher que se queixava de medo do que ela descrevia como "perda do passado", em razão do terremoto. Dizia que ficava sobressaltada com a incerteza e com o "tornar-se nada". Em seus sonhos todas as casas de sua rua eram destruídas. Estranhamente, ela não temia morrer, ficar ferida ou sentir dor.

Examinando o significado de seus símbolos irracionais, evidenciou-se que a incerteza e o medo faziam-na lembrar-se do pai e da mãe. As casas destruídas simbolizavam o colapso (obliteração) de seu passado.

Na dramatização, ela retratou a mãe como uma pessoa controladora, que constantemente a criticava, e o pai como rígido e punitivo. Disse que durante toda a vida ela tivera medo de perder algo. No decorrer do psicodrama, representou velhas cenas e tentou expressar seus sentimentos reprimidos e resolver antigos conflitos.

No dia seguinte, ela contou que a única coisa que lembrava da sessão era ter trabalhado os relacionamentos familiares. Não fazia menção ao medo relacionado com terremotos, que aparentemente desapareceram. Novamente, parece que o psicodrama permitiu à protagonista enfrentar seus conflitos inconscientes, disfarçados pelo medo de terremoto.

Caso 4

O quarto caso também envolve uma mulher. Ela relatava que havia colocado seus pertences numa mala e que ficava sentada, paralisada, na esquina de sua casa sempre que ocorriam tremores residuais ou quando ela sentia medo de terremotos iminentes. Não abandonava a casa, apesar de sentir pavor diante da possibilidade de ser soterrada se a construção desabasse.

Os primeiros indicadores que consideramos necessário esclarecer eram os atos de fazer a mala e sentar-se congelada, imóvel. Questionada, ela disse que esses sentimentos a faziam lembrar sua avó. Quando a protagonista era punida, em criança, era colocada no porão e proibida de se mexer. Ela recordou que ficava muito assustada no porão, permanecendo sentada e chorando baixinho. Era muito difícil para ela revisitar esses fatos.

Ficar presa sob o prédio desabado era o segundo indício a considerar. Tal fato levava a protagonista a relembrar o sentimento de ser ignorada e negligenciada por sua mãe.

Essa protagonista precisou de psicoterapia posterior ao psicodrama. Um mês mais tarde ela relatou que seu medo de terremoto desvanecia rapidamente.

PROGRAMA DE PREVENÇÃO DE TRAUMAS

Os contínuos tremores residuais e seu impacto sobre os clientes motivaram a necessidade de criar um programa preventivo, que pudesse preparar as pessoas para antecipar os traumas e lidar melhor com eles.

Ponderei que a abordagem teórica de Moreno poderia ser particularmente útil. Ele encarava o trauma como fenômeno interpessoal, tanto em contextos menores quanto em maiores. Observou que, durante a Primeira Guerra Mundial, populações inteiras sofriam traumas por uma grande variedade de causas. Nessa perspectiva, o psicodrama e a sociometria seriam indicados não só para mudar a vida das pessoas, mas para curar os traumas do mundo (Moreno, Blomkvist e Rutzel, 2000).

Para prevenir o trauma de forma eficiente, é importante definir primeiro quem é menos afetado por ele. A pessoa que lida melhor é aquela que tem auto-estima elevada, acredita nos outros e desfruta o apoio que recebe, tem acesso a um grupo de sustentação, eventualmente alguma experiência em terapia de grupo, para facilitar a auto-exploração e obter ajuda. Essa pessoa tem mais sucesso na superação dos efeitos debilitantes dos traumas, expressa-se criativa e espontaneamente e sabe como experienciar o momento.

Minha experiência me leva, assim, à formulação de um modelo que tem quatro elementos principais:

1. Apresentar os conceitos básicos da abordagem centrada no protagonista e mostrar como a confiança básica pode sofrer impacto negativo durante a primeira infância. Explicar como essa abordagem aumenta a autoconfiança dos indivíduos no grupo.
2. Enfatizar a importância de ter bons relacionamentos com grupos de apoio como família, companheiros de trabalho, amigos próximos e um meio apoiador e cuidador.

3. Explicar a importância do treinamento da espontaneidade, a relação entre espontaneidade e criatividade e seu papel vital. Ajudar as pessoas a descobrir seu potencial criativo.
4. Desenvolver o conceito de "rede de segurança" na seqüência do trauma. Tal conceito implica saber o que fazer durante o trauma e depois dele e como encontrar serviços de emergência e outros que se façam necessários.

Cada um desses elementos pode requerer diferentes intervenções psico e sociodramáticas. Para ser bem-sucedido, o modelo de preparação das pessoas antecipando-se ao trauma (diferentemente do modelo de tratamento descrito no início deste capítulo) requer ensino e treinamento completos.

REFERÊNCIAS BIBLIOGRÁFICAS

ALTINAY, D. *Psikotik, nevrotik ve normallerde sosyal atomlarin karsislastirilmasi*. [*Comparando o átomo social de psicóticos, neuróticos e bem-ajustados.*] 1994. Tese (Mestrado). Hacettepe Unv. Sos. Bil. Enst. Yuksek, Ancara, Turquia.

_____. *Psikodrama 300 isinma oyunu*: temel teknikler, yardimei teknikler ve temel stratejiler. [*300 jogos de aquecimento em psicodrama: técnicas e estratégias básicas e de apoio.*] Istambul: Sistem Publishing, 1998.

_____. *Yasama dair cok sey, psikodrama el kitabi*. [*Manual de psicodrama.*] Istambul: Sistem Publishing, 2000.

KELLERMANN, P. R.; HUDGINS, M. K. (orgs.). "Introduction". In: *Psychodrama with trauma survivors: acting-out your pain*. London: Jessica Kingsley, 2000, p. 11-19.

KIPPER, D. A. "Psychodrama and trauma: implications for future interventions of psychodramatic role-playing modalities". *The International Journal of Action Methods*, v. 51, p. 113-121, 1998.

MORENO, Z. T.; BLOMKVIST, L. D.; RUTZEL, T. *Psychodrama, surplus reality and the art of healing*. Londres: Routledge, 2000. [*A realidade suplementar e a arte de curar*. São Paulo: Ágora, 2001.]

12 → PSICODRAMA E TRATAMENTO DE ADIÇÃO E TRAUMA EM MULHERES

Tian Dayton

INTRODUÇÃO

Nos Estados Unidos, dos 15,1 milhões de pessoas que abusam do álcool, aproximadamente 4,6 milhões, cerca de um terço, são mulheres. No entanto, as mulheres representam apenas 25% dos pacientes em tratamento tradicional, ou seja, uma quarta parte. Elas parecem menos dispostas a se tratar do que sua contraparte masculina.

Por outro lado, embora as mulheres tendam menos que os homens a abusar do álcool, os índices de mortalidade entre mulheres alcoolistas são 50% a 100% mais altos do que os dos homens (National Women's Health Information Center – NWHIC, 2002).

O abuso de álcool e drogas coloca as mulheres em risco não apenas pelo perigo relacionado com o uso direto, mas também com o estilo de vida de alto risco ligado à adição ou "à vida", como é referida algumas vezes pelos que caíram nas garras do álcool e das drogas.

Além dos efeitos em si, podem contribuir para os índices de mortalidade entre as mulheres a violência, as relações sexuais sem proteção, as agulhas infectadas e as condições insalubres.

Há evidências cada vez mais fortes de que o uso do álcool, por exemplo, tem efeito mais severo nas mulheres do que nos homens. As mulheres desenvolvem cirrose e hepatite, duas enfermidades hepáticas relacionadas com a adição, depois de um período comparativamente menor de uso pesado e diário do que os homens, e mais mulheres morrem de cirrose do que homens.

Mulheres também ficam intoxicadas mais rapidamente do que homens, em razão do peso corporal e da produção hormonal, e os comprometimentos cerebrais e hepáticos progridem mais rapidamente nas mulheres do que nos homens (NWHIC, 2002).

Mulheres grávidas podem prejudicar o feto com praticamente qualquer quantidade de álcool ou droga, sendo que filhos de mães adictas sofrem risco mais alto em quase tudo, desde gravidez na adolescência até transtorno de déficit de atenção, e são quatro vezes mais propensos a se tornar adictos (National Institute on Drug Abuse, 2002).

Para essa população, portanto, o tratamento é crucial não somente para a mulher, mas para todas as pessoas ligadas a ela.

Durante muitas décadas as mulheres fizeram uso de álcool e drogas de forma isolada, mais do que em companhia de outras pessoas ou num bar. Reclusas em casa, elas simplesmente se isolavam, paravam de atender o telefone e desapareciam em seu mundo cada vez mais restrito. A sociedade não as via porque não queria ver, o mesmo valendo para o sofrimento silencioso dos maridos e dos filhos.

Durante muito tempo as mulheres adictas foram uma população desconhecida no tratamento da adição. Isso acontecia principalmente por duas razões: primeiro, porque a expectativa era de que mulheres ou mães nunca se deixariam cair na marginalidade e, segundo, por causa da tendência tradicional da comunidade médica de tratar as mulheres da mesma forma que os homens. Stephanie Covington (1997) descreve como as mulheres foram desde cedo marginalizadas ao longo do desenvolvimento do tratamento das adições.

O campo da adição, como é hoje, teve suas origens no que poderia ser considerado o movimento de auto-ajuda mais bem-sucedido do mundo. Os adictos, desconfiando da comunidade médica, que parecia cega quando se tratava de identificar a doença, e da falta de sucesso no tratamento, desesperados por se livrarem do látego, decidiram resolver o problema por conta própria.

O modelo dos Alcoólicos Anônimos (AA), desenvolvido por Bill Wilson e pelo doutor Bob, cresceu a partir da experiência dos próprios adictos em conseguir alcançar a sobriedade. A experiência prática dos AA se tornou um dos pilares dos programas de tratamento.

O segundo pilar foi a pesquisa de E. M. Jellinek (1946), cujo modelo de recuperação da adição se tornou conhecido como curva de Jellinek. Em 1945, a instituição The AA Grapevine enviou pelo correio aproximadamente 1.600 questionários para etilistas em recuperação, pedindo-lhes que descrevessem seu processo pessoal tanto de adição como de recuperação. Foram recebidas apenas 158 respostas, índice excessivamente pobre. A instituição contratou Jellinek para analisar e interpretar os dados, mesmo tendo ele ressaltado que a pesquisa era questionável.

Ele constatou que os sujeitos que responderam se dividiam claramente em dois grupos. Dentre eles, 98 descreveram seu processo de adição e recuperação de determinada forma, enquanto 15 o fizeram de maneira muito diferente. (Os questionários restantes foram preenchidos incorretamente e não puderam ser computados.) O grupo maior era composto de homens, e o menor, de mulheres. Dado que a amostra de 15 mulheres era pequena demais para ser analisada separadamente e em função da "enorme diferença" de suas respostas, quando comparadas às dos homens, Jellineck as desprezou e baseou seu modelo apenas nos dados masculinos (Jellinek, 1946, p. 6).

Ninguém sugeriu uma investigação posterior para verificar se as mulheres realmente seguiam um padrão de adição e recuperação diferente ou se necessitavam um modelo específico de tratamento.

A curva de Jellinek foi a base para os programas de tratamento durante cinqüenta anos, fundada apenas na experiência dos homens, da mesma forma que permaneceram invisíveis as mulheres adictas.

Este capítulo esboça a adaptação do átomo social (Moreno, 1964) para o tratamento de mulheres viciadas e descreve outras técnicas psicodramáticas para o tratamento de mulheres com adição múltipla, com base na linha do tempo do trauma (Dayton, 2000) e na diagramação de papéis (Dayton, 1994).

TRAUMA E ADIÇÃO

As mulheres são biologicamente preparadas para sustentar e nutrir os relacionamentos. Os vínculos que elas sustentam e nutrem não são casuais, mas vínculos de sobrevivência destinados a perpetuar a espécie. É comum que vivenciem as rupturas nos vínculos relacionais primários (como entre genitor e filho) de forma traumática.

O trauma de relacionamento é definido como ruptura em um vínculo relacional (Van der Kolk, McFarlane e Weisauth, 1996), cujo resultado pode ser perda de confiança e de fé, hipervigilância, depressão, ansiedade, vinculação traumática, desamparo aprendido, comportamentos de alto risco, mundos interno e externo desorganizados, assim como desejo de automedicar a dor emocional e psicológica com drogas, álcool, alimento, sexo, jogo e assim por diante.

Esses sintomas decorrem da resposta psiquicamente entorpecida que acompanha o trauma, conhecida como lutar-fugir-congelar. Entretanto, pesquisa recente também revelou que as mulheres apresentam um tipo de resposta que chamo de conectar e nutrir. Quando estão em situações de medo extremo, elas liberam oxitocina, substância química associada ao estabelecimento de vínculos, que mobiliza nelas o desejo de reunir os filhos e de ligar-se a outras mulheres com o objetivo de criar segurança. Quanto mais contatos e reuniões, mais oxitocina é liberada (Taylor e colegas, 2000).

Dado que as mulheres são voltadas para o relacionamento, elas são mais suscetíveis a traumas por ruptura relacional; por vezes elas usam substâncias ou comportamentos perigosos para manter a conexão com alguém ou para suprimir, pela automedicação, a dor emocional de uma relação perdida (Straussner e Zelvin, 1997).

O desejo da mulher de não perder relacionamentos importantes ou o de evitar transmitir a dor para os filhos podem também ser sérias motivações para que procure e mantenha a recuperação.

O tratamento de mulheres adictas precisa ter como base o conhecimento e a exploração desse desejo de conexão, sendo tomado como saudável e natural, não confundido com co-dependência ou com um desejo doentio de fusão com outra pessoa como meio de conseguir um senso de eu (Pennebaker, 1990). "A abordagem relacional sugere que as pessoas são mais vulneráveis a desenvolver adição quando existe um problema ou um abismo em uma ou mais áreas das relações interpessoais, que é então preenchido pela relação com a droga" (Covington, 1997).

Consideram-se mulheres saudáveis aquelas que têm uma variedade de relacionamentos que elas sentem como autênticos e recíprocos, enquanto mulheres não saudáveis são aquelas que experienciam falta de relacionamentos genuínos e mutuamente apoiadores (um átomo social empobrecido com poucas conexões significativas).

Em sua fase inicial, o relacionamento com a droga pode ser visto como solução para esse problema, proporcionando à mulher um sentimento falso de conexão e de apaziguamento dos sentimentos de solidão e tristeza. Conseqüentemente, por óbvio a solução se transforma em problema, na medida em que o eu da mulher e seus relacionamentos se deterioram e são engolfados pela adição.

Quando o relacionamento com a substância entra em processo de recuperação, a dor e o vazio psicológicos e emocionais que vinham sendo medicados voltam a manifestar-se, em meio a um luto pela perda da relação com a droga.

Assim, torna-se indispensável para garantir a recuperação trabalhar ativamente na construção de novos relacionamentos de apoio e estímulo, ou seja, de expansão do átomo social. Sendo as mulheres seres relacionais por natureza, a perda de conexões que geram sentimentos positivos a respeito de si mesmas pode minar-lhes a estabilidade interior, a auto-imagem e a capacidade de buscar apoio e utilizá-lo construtivamente. Isso, por sua vez, acaba afetando a sobriedade.

No caso das mulheres, o trabalho relacional é fundamental para uma recuperação bem-sucedida. Relacionamentos que tiveram rupturas dolorosas e não resolvidas podem ativar o desejo de automedicação e contribuir para uma recaída.

PESQUISA DO TRAUMA

Infelizmente, o trauma tende a alimentar mais trauma. A vida não é sempre boa. Uma infância dolorosa sempre estabelece a base para uma vida adulta também dolorosa. Mães que desenvolveram sintomas relacionados com o transtorno de estresse pós-traumático (TEPT) correm grande risco de transmitir seu sofrimento para os filhos, tanto na relação interpessoal quanto na incapacidade de construir e manter redes relacionais estáveis e estimulantes, nas quais seus filhos possam desenvolver-se.

Pesquisas indicam que as pessoas que usam drogas têm mais propensão a eventos traumáticos subseqüentes do que os não usuários, tanto na população geral quanto entre as mulheres especificamente.

Mulheres em tratamento por abuso de drogas mostram índices mais altos de TEPT do que mulheres da população como um todo. Num contexto de abuso de drogas, as mulheres apresentam propensão ao TEPT duas vezes maior que a dos homens (Najavits, Weiss e Shaw, 1999). Da mesma forma, as mulheres são duas vezes mais suscetíveis do que os homens a desenvolver TEPT quando expostas ao trauma.

Um trauma típico relatado por mulheres é a violência física e/ou sexual. Elas mostram também índices maiores de trauma recorrente do que os homens adictos.

De acordo com Covington (1997, p. 1), pesquisas mostram que, "embora os homens possam se beneficiar mais de grupos mistos, as mulheres se beneficiam mais de grupos exclusivamente femininos". Os homens tendem a não compartilhar emoções vulneráveis em grupos de gênero único, ao passo que as mulheres são mais abertas em tais grupos. "Em grupos mistos, os homens revelam muito mais a respeito de si mesmos e de seus sentimentos, enquanto as mulheres revelam muito menos" (Strug, Priyadarsini e Hyman, 1986, p. 5). Em grupos só de mulheres, estas tendem a cuidar-se mutuamente, estimulando-se e dividindo o tempo eqüitativamente. "Entretanto, em grupos mistos as mulheres tendem a ceder espaço para os homens; elas ficam com apenas um terço do tempo, mesmo que constituam metade do grupo."

Esse tema, entretanto, ainda é explorado e nem todos os centros de tratamento relatam esses achados, até porque os papéis femininos continuam evoluindo e as mulheres se tornam mais abertas na presença dos homens e menos inclinadas a serem cuidadoras. A intervenção e o tratamento para mulheres produzem resultados adicionais. Trate a mãe e você estará tratando a família e o legado geracional.

A tabela a seguir mostra vários sintomas apresentados por pessoas que vivem ou viveram com trauma e/ou adição. São constelações de pensamento, sentimento e comportamento que inevitavelmente passam de geração a geração, a menos que se faça um tratamento para suprimir a dor.

Desamparo aprendido	A pessoa perde o sentimento de ser capaz de afetar ou mudar o que acontece.
Depressão	Emoção não expressa e não sentida que leva a um mundo interno rebaixado ou a uma depressão agitada/ansiosa; raiva, ódio e tristeza que permanecem não sentidos ou não expressos e não são resolvidos.

(continua)

(continuação)

Constrição emocional	Torpor e paralisação como defesa contra dor e ameaça preponderantes; redução tanto do espectro afetivo como da expressão autêntica das emoções.
Raciocínio distorcido	Tentativas confusas de buscar sentido numa experiência caótica, desordenada, ameaçadora ou dolorosa, que parece sem sentido.
Perda de fé e de confiança	Causadas por profundas rupturas nas relações de dependência primária e pelo esfacelamento de um mundo ordenado.
Hipervigilância	Ansiedade, esperando pelo próximo passo, constantemente examinando o meio e os relacionamentos em busca de sinais de perigos potenciais ou de rupturas repetitivas.
Vinculação traumática	Estilo insalubre de vinculação, em conseqüência do desequilíbrio de poder nas relações e da falta de outras fontes de apoio.
Perda da capacidade de receber apoio	Causada pelo medo de confiar em relações ou de depender delas e pelo torpor e paralisação emocional devidos ao trauma.
Perda da capacidade de modular a emoção	Indo de zero a dez e de dez a zero sem pontos intermediários; pensamentos, sentimentos e comportamentos em preto e branco; falta de matização em conseqüência de torpor traumático *versus* afeto intenso.
Facilmente engatilhado	Estímulos remanescentes de trauma, por exemplo, gritos, barulhos altos, críticas ou tiros, deixam a pessoa engatilhada para paralisação, atuação ou estados emocionais intensos; ou, então, estímulos sutis, tais como mudanças no olhar ou sentimentos de humilhação.
Comportamentos de alto risco	Aceleração, atuação sexual, compras, brigas ou outros comportamentos que põem a pessoa em risco; tentativas descontroladas de superar a paralisação do mundo interior ou atuar a dor partindo de um mundo interno tomado por dor intensa.
Mundo interno desorganizado	Constância objetal desorganizada e/ou sentimento de relatividade. Sentimentos misturados (por exemplo, raiva e sexo).
Culpa sobrevivente	Por sobreviver depois de testemunhar abuso e trauma, por "cair fora" de determinado sistema familiar.

(continua)

(continuação)

Desenvolvimento de defesas psicológicas rígidas	Dissociação, negação, divisão, repressão, minimização, intelectualização e projeção são alguns exemplos; ou desenvolvimento de uma "couraça caracterológica" impenetrável.
Ciclos de repetição	Repetição inconsciente de dinâmicas dolorosas, recriação contínua de dinâmicas disfuncionais do passado.
Desejo de automedicação	Tentativas de acalmar e controlar o mundo interno perturbado e turbulento por meio do uso de drogas e álcool ou de adições comportamentais.

Fonte: DAYTON, T. *Trauma and addiction*. Deerfield Beach: Health Communications, 2000.

Os próprios sintomas acabam trazendo sérios conflitos à vida das mulheres que os experimentam; acrescentem-se drogas, álcool e o conjunto de comportamentos aditivos que freqüentemente acompanham seu uso e haverá grande potencial para a criação de complicações emocionais, psicológicas, espirituais e de vida, que raramente se resolvem sem intervenção e tratamento rigorosos.

COMO O PSICODRAMA PODE AJUDAR?

O psicodrama oferece um modelo singular de trabalho para a resolução de problemas emocionais, psicológicos, espirituais e comportamentais relativos a trauma e adição.

O fato de ser um método de ação lhe dá vantagem significativa para promover mudança comportamental, seja por meio de desempenho exploratório e saneador de papéis, seja no treinamento de papel ou no ensaio de comportamentos mais funcionais.

Ele oferece um laboratório vivo em que a mulher, ao empreender sua recuperação, ver e experienciar a própria vida, compara e contrasta diferentes conjuntos de comportamentos, separa o passado do presente e faz escolhas conscientes a respeito do que pode funcionar melhor para ela. Com uso de exercícios de aquecimento de lápis e papel, além de métodos de ação, o mundo relacional da cliente pode ser concretizado e revisado. A dinâmica dos relacionamentos se revela mais claramente quando colocada no aqui e agora do momento psicodramático.

Quando a cliente explora as "cenas-modelo" ou os "auto-encontros" de sua vida, revelando-os aos auxiliares que farão o papel das pessoas que tomam parte em sua rede relacional, esclarecem-se a situação como tal e também a maneira como a cliente a vivenciou (Lichtenberg, Lachmann e Fosshage, 1992).

Ela se encontra consigo mesma, com sua percepção do eu e com sua experiência relacional. Tem a oportunidade, na segurança do ambiente clínico, de experimentar sentimentos e pensamentos que ficaram congelados no tempo e no espaço como decorrência do efeito paralisante do trauma.

Tendo em vista que o trauma fica armazenado no corpo, sensações físicas incômodas como taquicardia, sudorese, tensão muscular ou mal-estar estomacal podem ser revividas no aqui e agora, e a cliente pode conectar suas respostas físicas e emocionais com a respectiva causa ou origem (Van der Kolk, 1994). Ela começa a fazer sentido para si mesma conforme fragmentos do passado e aspectos de seu eu vão emergindo num ambiente suficientemente seguro para que ela possa observá-los sem o caos que em geral os acompanha. Ela aprende que é possível sobreviver aos poderosos sentimentos de desamparo, vulnerabilidade, mágoa e ódio, sem precisar atuar para se livrar deles.

Armazenado tanto no corpo como na mente, o trauma pode retornar na forma de imagens visuais ou de reminiscências perturbadoras, pesadelos ou sensações fugazes de inquietação, ou manifestar-se somaticamente por meio de arrepios, tremores, ranger de dentes, aceleração cardíaca, transpiração, dores de cabeça ou de outras partes do corpo, náuseas etc.

O psicodrama permite que o corpo participe do relato, estimulando a sobrevivente a mostrar sua história e, ao mesmo tempo, a contá-la, dando vez assim a uma sensação de expansão do eu.

O psicodrama permite que o ali e então se transforme em aqui e agora, de modo a identificar e trabalhar as projeções e transferências que possam estar poluindo os relacionamentos no presente embora tenham origem no passado.

TRABALHO COM A FAMÍLIA DE ORIGEM

Relacionamentos problemáticos do passado podem ter deixado na paciente um resíduo de dor que leva, ou levou, ao desejo de se automedicar.

Como vimos, relacionamentos rompidos ou abuso precoce são traumáticos e favorecem o surgimento de sintomas de transtorno de estresse pós-traumático (TEPT). Essa dor do passado pode prejudicar a capacidade da mulher de conquistar e manter relacionamentos sadios no presente.

Trabalhar os problemas, conflitos e complexos da infância ajuda a paciente a desenvolver e consolidar uma consciência de si. O átomo social pode ser a pedra angular dessa investigação dos relacionamentos.

À medida que os eventos relacionais do passado começam a ser esclarecidos, vão se evidenciando os problemas persistentes e confusos, assim como as transferências deles decorrentes, que afetam os relacionamentos atuais.

A energia que ficou bloqueada por dinâmicas relacionais debilitantes é liberada e utilizada em benefício do desenvolvimento de atividades significativas e de vínculos mais saudáveis consigo mesma e com os outros. Na proporção em que a força é construída pouco a pouco dentro do eu e da rede da mulher, ela começa a recuperar a dignidade e a razão de viver.

PSICODRAMA E TRAUMA

A seguir, algumas das dinâmicas do trauma e uma descrição de como elas emergem e podem ser trabalhadas psicodramaticamente.

"O palco é suficiente" – O poder da concretização

O psicodrama permite que a protagonista veja o conteúdo de seu mundo interno antes de ser solicitada a refletir abstratamente sobre ele. Essa concretização promove a capacidade de auto-reflexão, que pode ser difícil para sobreviventes de traumas em razão de elas terem sido privadas de vivências internas por defesas psicológicas e emocionais. Podem também ter-se fixado em cenas-modelo do passado, que nunca se resolvem porque o pensamento, o sentimento e o comportamento ficaram rarefeitos sob efeito do medo e da dor.

O principal objetivo do psicodrama é restaurar a espontaneidade, ou seja, a capacidade de responder adequadamente a qualquer situação. Trabalham-se o torpor, a constrição emocional e o espectro afetivo restrito que tão freqüentemente acompanham o trauma, de modo que as clientes possam começar a vivenciar as partes de si mesmas que tinham sido expelidas ou ocultadas à consciência.

A hipervigilância, ou varredura constante do ambiente em busca de sinais de perigo, tende a diminuir na medida em que as clientes experimentam tanto um *insight* quanto uma catarse de ab-reação (expulsão de sentimentos intensos), seguida de uma catarse de integração que aporte um novo conhecimento.

Os sentimentos que tinham sido fundidos (Van der Kolk, 1987), como sexo e agressão, amor e súplica, necessidade e medo, começam a ser separados e compreendidos à luz do presente. O desamparo aprendido começa a diminuir quando a cliente é colocada no centro de sua experiência e estimulada a contar sua história por meio da ação e da palavra.

Em razão das defesas emocionais e psicológicas que surgem quando as pessoas se sentem traumatizadas, e também porque a memória traumática pode ser armazenada sem o envolvimento do córtex cerebral (que nomearia, ordenaria e colocaria a experiência dentro de um contexto compreensível), o trauma pode ser acompanhado de uma espécie de analfabetismo emocional. No psicodrama, as palavras são associadas a experiências e sentimentos internos que tenham ficado anônimos.

Quando a alfabetização emocional abre a possibilidade de descrever experiências, estas podem adquirir novo significado, derivando daí uma nova compreensão e uma nova percepção. Começam a ficar claras as distorções cognitivas, que podem representar o melhor que foi conseguido pela criança em sua busca de sentido para uma situação insólita.

As crianças dão sentido ao trauma com base em seu nível de desenvolvimento e maturação na ocasião da ocorrência. Em geral elas vivem bem, ao crescer, utilizando como base para a vida e para os relacionamentos as conclusões que tiraram quando ainda jovens.

A compreensão que a mulher construiu, quando criança, da perda abrupta do equilíbrio numa relação de poder ou autoridade pode incluir o sentimento de que uma ligação profunda traz dor ou que a intimidade requer a sublimação de seu ser.

A perda de confiança nos relacionamentos e na capacidade da vida de se reparar e renovar, com a possível perda traumática da capacidade de fantasiar, costuma ser levada para a vida adulta, gerando temores em relação ao futuro ou até mesmo incapacidade de visualizar e adotar medidas para concretizar o futuro.

No psicodrama, as clientes podem revisar esses medos dentro da segurança clínica e com aliados terapêuticos. Mais que isso, são capazes de vislumbrar seu futuro no jogo de papéis e enfrentar antecipadamente cenas temidas ou desejadas, por meio do ensaio e do treinamento de papéis.

Na proporção em que a história do trauma é compartilhada e transita pelo corpo, mente e coração, a cliente pode começar a deixar cair os muros de defesa e a buscar o apoio de terceiros (Van der Kolk, 1987). Ao compreender o que lhe aconteceu, assim como as conseqüências de se isolar na própria dor, ela começa a reconectar-se com a adulta, a adolescente ou a criança ferida que vive dentro dela e aprende a se vincular com as outras pessoas de maneira autêntica.

A auto-expansão do aspecto do desenvolvimento de que a cliente não conseguiu dar conta é retomada na medida em que ela percebe a importância de criar uma atmosfera de cuidado próprio, sem ter de recorrer a drogas ou a comportamentos potencialmente perigosos para buscar paz e prazer em seu mundo interno.

O uso de um sósia para representar a protagonista é um recurso que lhe permite ver-se de fora. Ela sentirá empatia em relação a si mesma ao se ver (por meio do sósia) lutando com circunstâncias que podem ter estado fora de seu controle, pelo menos quando criança. Também pode ajudá-la a sair de uma posição rígida na qual se mantém congelada e imóvel. Ela resgata a perspectiva perdida no trauma e começa a separar o passado do presente. Inerente a essa separação é a descoberta de que o passado não precisa ser inadvertidamente repetido.

É fundamental para a superação do trauma que a história seja contada e testemunhada. Como decorrência, a narrativa permite juntar os cacos espalhados do eu, recolocando-os no contexto global da vida da cliente.

É possível que a narrativa conduza a conexões com um momento de vida anterior ao trauma (Herman, 1992), embora muitas vezes esse fato sugira a inexistência de um "antes" – a mulher, de fato, nasceu no caos e na dor.

Considerando-se a perda de memória e as defesas psicológicas profundamente incorporadas que freqüentemente acompanham o trauma, o trabalho terapêutico pode levar um bom tempo até que a cliente consiga entrar em contato com a história do trauma em sua integridade. A resolução ocorre quando a cliente chega ao ponto de voltar sua atenção tanto para o material traumático quanto para o que está além dele (Van der Kolk, 1987).

O átomo social no tratamento de mulheres

O átomo social é uma ferramenta ideal no tratamento de mulheres, dada a importância de utilizar abordagens relacionais: ele é inerentemente relacional, é um mapa das relações.

É possível iniciar o átomo social no presente, como instrumento de avaliação. Em seguida, ele pode ser utilizado no passado, para explorar e resolver problemas antigos. Finalmente, pode-se voltar ao presente para reconstrução e treinamento de papéis.

Inicialmente, pede-se à cliente que faça um desenho do átomo de seus relacionamentos atuais. Por esse meio, tanto ela quanto o terapeuta obtêm informações e novas luzes a respeito de sua rede relacional no momento. Juntos, cliente e terapeuta exploram o mundo das relações da cliente. As relações são sustentáveis ou estão em erosão? O que pode contribuir para sua recuperação e o que as ameaça?

Talvez seja interessante, a essa altura, realizar dois átomos sociais: um, do mundo da cliente quando está sóbria; outro, de seu mundo quando está sob o efeito de drogas. Em geral eles são diferentes, sendo útil compará-los e verificar como as relações mudam "por todo o mapa" quando ela usa a droga. Ela pode ter companheiros que só aparecem em um dos átomos. O relacionamento com os filhos talvez mude de posição quando ela faz uso, ficando em geral mais distante. Pode ser útil para a cliente visualizar como o uso afeta sua rede de relacionamentos e que mudanças concretas ela terá de fazer nas relações para conseguir e manter a sobriedade.

As abordagens que se seguem utilizam três átomos sociais: o momento presente, a família de origem e o corretivo. Incluem algumas questões que podem ser examinadas em conjunto com a cliente e sugestões para possíveis atividades de registro em diário.

Todos os átomos sociais, depois de desenhados, se transformam em sociogramas ativos e podem ser explorados psicodramaticamente. Para isso, pede-se às clientes que construam seus átomos sociais, fazendo as perguntas como investigação ou como aquecimento. É possível que essas mesmas perguntas sejam utilizadas no decorrer da dramatização, depois de concretizado o átomo social num sociograma ativo.

Átomo social atual

Questões para investigação

1. Qual é sua rede de apoio?
2. Qual é sua rede de adição?
3. Que mudanças seriam necessárias em sua rede de relacionamentos para garantir sobriedade?
4. Onde você se sente mais fortemente conectada?

5. Onde seus relacionamentos se desconectam?
6. O que você sente a respeito de seu lugar no sistema familiar? E em sua rede de relacionamentos sociais?
7. O que é preciso mudar em seus sentimentos a respeito de si mesma, dentro de seu sistema? O que não precisa mudar?
8. Que relacionamentos a motivam para a recuperação e para a sobriedade?
9. Que relacionamentos motivam comportamentos de usuária?
10. Que relacionamentos serão perdidos ou rompidos se você continuar a usar?
11. Em que relacionamentos há questões do passado não resolvidas que colocam peso excessivo na qualidade do relacionamento no presente?
12. Quem você pode "dublar" nesse sistema?
13. A quem você precisa dizer alguma coisa?
14. De quem você gostaria de ouvir alguma coisa?
15. O que você gostaria de dizer a você mesma?

Exercícios de registro em diário

1. Escreva uma carta para alguém de seu átomo social a quem você tem algo a dizer.
2. Inverta papéis com alguém de seu átomo social e escreva uma carta para si mesma como se você fosse aquela pessoa, uma carta que você gostaria de receber.
3. Escreva um registro como você mesma.
4. Inverta papéis com alguém de seu átomo social e escreva um registro como se você fosse aquela pessoa.
5. Onde estão as alianças nesse sistema?
6. Há alianças ocultas?
7. Existe alguém cortado ou desconectado do sistema? Existe alguém isolado?
8. O que favorece e o que compromete a dinâmica da reencenação?
9. Que padrões do sistema familiar de origem estão minando a força de seu sistema familiar hoje (padrões intergeracionais)?
10. Que passos você precisa dar para romper a cadeia?

Átomo social da família de origem

Quando desenham o átomo social da família de origem, as clientes colocam no papel o sistema familiar no qual cresceram como uma imagem visual das relações. Os relacionamentos que eram próximos, distantes, dominantes ou ausentes ficam mais claros na medida em que se explicitam o tamanho relativo e a proximidade em relação à cliente. Trata-se de um mapa relacional básico, o mundo no qual a cliente se criou e que talvez esteja influenciando sua vida hoje.

Se a cliente experimenta relações transferenciais problemáticas em sua vida atual, podemos perguntar: "Quem, do átomo da família de origem, essa pessoa representa para você?" Uma vez que consiga identificar a origem de sua transferência, ela pode começar a separar o passado do presente e se dar conta de que, embora possa sentir o mesmo que em relacionamento anterior, essa relação é, na realidade, diferente da outra.

A cliente pode chegar a compreender que está sendo remetida ao passado por um estímulo do presente. Uma relação íntima atual, por exemplo, talvez a faça sentir-se, pensar e comportar-se da mesma forma que quando criança, mas se trata de uma relação diferente. Ela não é criança; sente-se como criança porque algo de sua dor da infância permanece inconsciente e só aflora quando estimulado por algo no presente. Uma relação íntima no presente talvez remeta a tudo de íntimo que ela viveu quando era jovem, vulnerável e incapaz de fazer qualquer coisa para resolver a situação. Ela pode compreender que hoje não é ontem. Hoje ela tem alternativas.

A transferência ocorre quando o pensamento, o sentimento e o comportamento de uma relação de papel antiga são projetados numa relação de papel do presente. A cura começa quando ajudamos a cliente a fazer essa conexão entre o passado e o presente e a trabalhar as emoções dolorosas e os raciocínios distorcidos ligados ao relacionamento antigo.

O átomo da família de origem pode referir-se a um tempo inespecífico ou a um período específico em que a cliente identifica um ponto a ser explorado desde seu átomo atual ("Que dinâmica disfuncional do passado você vê que influencia negativamente seu presente quando você olha seu átomo atual?").

Questões para investigação

1. Com quem você teve relacionamentos próximos e de quem continua tirando forças ainda hoje?
2. Com quem você viveu uma experiência de rejeição que a afeta ainda hoje?
3. Com quem você já sentiu que se dava bem ou teve uma boa ligação?
4. Como você se sentia em seu sistema familiar?
5. Como você pensa que os outros a sentiam em seu sistema familiar?
6. Por quem você se sente vista ou compreendida?
7. O que você gostaria de dizer para si mesma com a idade aqui representada, no lugar onde você está hoje?
8. O que você gostaria de dizer para seu sistema familiar?
9. Por quem você se sente não vista ou incompreendida?
10. A quem você tem algo a dizer?
11. De quem você gostaria de ouvir alguma coisa?
12. Quem você poderia "dublar" nesse sistema?

Átomo social corretivo

No átomo social corretivo, a cliente desenha seu átomo social como gostaria de vê-lo, diagramando sua vida como gostaria que ela fosse. E esse desenho é útil pela possibilidade de vivenciar, por meio do jogo de papéis, a vida que se almeja, além de proporcionar um mapa psíquico a ser seguido para que a vida se mova cada vez mais na direção dos objetivos.

A cliente também pode fazer um átomo corretivo de sua família de origem ("Desenhe um átomo de sua família como você gostaria que tivesse sido"), o que se mostrará tanto libertador quanto doloroso, na medida em que a mulher deixe a dor e a melancolia pelo que lhe faltou aflorar e se permita senti-las.

Pode proporcionar, ainda, um fechamento por meio do jogo de papéis ou do ato de dizer à família como ela gostaria que tivesse sido para poder se despedir e seguir em frente.

Questões para investigação

1. O que mudou em seus relacionamentos a partir da investigação terapêutica e da cura?
2. O que mudou em sua posição dentro de seu sistema ou de sua rede de relacionamentos?
3. Onde está a rede da qual você pode obter apoio e força?
4. Onde está a rede que pode colocar você em perigo ou causar-lhe recaída?
5. Quem, dentro desse sistema, você sente que a vê como você realmente é?
6. Como você deseja se posicionar nesse sistema?
7. Quem pode ajudá-la no caminho para sua recuperação?
8. Com quem você pode vincular-se de forma autêntica e significativa?
9. O que você gostaria de dizer a alguém nesse sistema?
10. De quem você gostaria de ouvir alguma coisa?
11. O que você gostaria de dizer para si mesma?
12. Se você pudesse usar uma varinha mágica, como seria esse sistema?

Exercícios de registro em diário

1. Escreva uma carta para alguém de seu átomo social a quem você tenha algo a dizer.
2. Inverta papéis com alguém de seu átomo social e escreva uma carta para si mesma, aquela que você gostaria de receber, como se você fosse aquela pessoa.
3. Escreva um registro como você mesma.

4. Inverta papéis com alguém de seu átomo social e escreva um registro como se você fosse aquela pessoa.
5. Escreva uma carta para todo o sistema.
6. Escreva um registro como se você fosse o sistema.
7. Faça uma lista dos velhos mitos e significados desse sistema, nos quais você acreditava e pelos quais vivia, e reformule-os para que adquiram novo significado.
8. Escreva uma declaração de missão para sua vida a partir de hoje.
9. Quais são seus objetivos de vida hoje? Divida uma folha de papel em três colunas, com os títulos "Agora", "Passos" e "Longo prazo", e preencha as colunas.
10. Escreva uma carta para si mesma.

A linha do tempo do trauma

A linha do tempo do trauma é uma atividade do tipo lápis e papel bastante útil e reveladora, que pode ser transformada em ação ou compartilhada em voz alta, em sessões individuais ou grupais. A linha do tempo do trauma permite às clientes visualizar o papel que o trauma desempenhou em sua vida, além de ser um aquecimento para a investigação psicodramática.

As pessoas podem vivenciar o trauma como se fosse um acontecimento fora do âmbito de sua vida normal. Costuma ocorrer perda significativa de memória associada ao trauma e, como a experiência não é normalmente processada em vista das defesas severas que acompanham o evento, tendemos a relembrá-lo, quando o fazemos, de forma fragmentária e descontextualizada. Essas experiências não parecem caber no contexto global, de modo que pensamentos, sentimentos e comportamentos podem vir desintegrados e separados uns dos outros.

A linha do tempo do trauma ajuda a colocar as experiências que estão separadas dentro de um contexto ou de uma referência. As clientes vivenciam descobertas surpreendentes quando refletem sobre sua linha do tempo. Elas ficam surpresas, por exemplo, ao observar como certo momento da vida teve múltiplos traumas enquanto outros podem não ter tido. Também conseguem identificar padrões de repetição ou o modo como os traumas do passado tenderam a repetir-se ou levaram a outros traumas no decorrer da vida. Ver tudo isso em branco e preto ajuda a normalizar a situação e permite à cliente perceber e integrar a experiência fragmentada.

Procedimento

Peça às clientes que desenhem numa folha de papel uma linha do tempo do nascimento até o momento atual, colocando marcas divisórias a cada cinco anos. Em seguida, que assinalem no lugar adequado, ao longo da linha, todos os traumas que ocorreram ou que lhes pareçam significativos. Depois que todas terminaram, convide-as a compartilhar em voz alta.

Dois temas comuns costumam permear o compartilhamento: (1) as clientes muitas vezes vêem como os traumas ocorreram no tempo, observando, por exemplo, momentos específicos em que vivenciaram múltiplos traumas e vislumbrando seu aspecto cumulativo; (2) elas obtêm um retrato visual de como um trauma leva a outro e como a repetição dinâmica manifestou-se em sua vida.

As clientes também notam e compartilham muitas outras coisas. Dê inteira liberdade de tempo para o processamento, porque esse exercício inevitavelmente mobilizará sentimentos intensos.

Para psicodramatizar uma linha do tempo, peça à protagonista para escolher atores que a representem nos pontos da linha do tempo que lhe pareçam significativos. Distribua pelo chão cartões representando os intervalos de cinco anos e faça que os atores assumam os lugares adequados. Permita que a protagonista fale consigo mesma a cada ponto ao longo do caminho, invertendo papéis sempre que ela sinta necessário. Trata-se de um modo efetivo de encontrar, explorar e integrar partes do eu que foram isoladas por conta do trauma.

Essa atividade pode ser ampliada para um exercício de registro em diário, convidando as integrantes do grupo a inverter papéis consigo mesmas em quaisquer pontos (ou em todos os pontos) nos quais elas se sintam prontas e fazer o registro sendo elas mesmas naquele momento. Podem variar a forma de diário escrevendo e enviando cartas para si mesmas do lugar onde estão hoje, ou recebendo cartas enviadas de algum ponto da linha do tempo para elas mesmas hoje.

TEORIA BÁSICA DE PAPÉIS

As mulheres desempenham uma variedade de papéis na vida. Mãe, esposa, filha, irmã e amiga são somente alguns que podem ser investigados em profundidade.

Considerando que parte do desempenho dos papéis é constituída pelos decorrentes comportamentos, sentimentos e pensamentos, examinar papéis é uma forma de explorar o próprio eu e o eu em relação.

Sentimentos e comportamentos tendem a ser próprios de cada papel, ou seja, as pessoas agem e sentem de maneira relevante ou adequada ao papel que estão desempenhando. De acordo com J. L. Moreno, o papel é a forma tangível assumida pelo eu. Ao explorar papéis, conseguimos explorar aspectos do eu.

Cada um de nós tem dentro de si os papéis que aprendemos. Tendo aprendido os papéis, um homem tanto pode ser "mãe" quanto "pai" e uma mulher pode ser "pai" tanto quanto "mãe".

Mulheres bem ajustadas tendem a desempenhar grande variedade de papéis, como os de mãe, esposa, trabalhadora, atleta, irmã, filha e tia. Quando vivenciamos equilíbrio de papéis e entramos e saímos deles com facilidade e fluidez, estamos protegidos contra o sentimento de desânimo, depressão ou perplexidade.

Podemos encarar a vida na perspectiva do papel e escrever nossas receitas simplesmente listando os papéis que desempenhamos e vendo se eles estão equilibrados. Podemos desejar dar mais tempo a certos papéis desfrutáveis ou desenvolver novos papéis, ou, ainda, planejar como agregar realisticamente esses papéis a nossa vida, para promover harmonia e equilíbrio.

Mapear e analisar os papéis da vida

Com esse exercício, pretendemos familiarizar as participantes do grupo com a variedade de papéis que elas desempenham.

Objetivos

1. Compreender a quantidade e a variedade de papéis desempenhados.
2. Observar esses papéis em sua relação mútua.
3. Explorar o conteúdo e a satisfação dentro dos papéis.

Passos

1. Peça às participantes que peguem lápis e papel.
2. Peça-lhes que desenhem um círculo em algum lugar no papel, escrevam seus nomes dentro do círculo e tracem linhas de aproximadamente 3 cm, como raios de uma roda, partindo da parte externa do círculo.
3. Peça-lhes que escrevam nos raios os papéis mais importantes que elas desempenham na vida, por exemplo, mãe, esposa, filha, nora, escritora, professora e assim por diante.
4. Peça-lhes que escolham um deles para trabalhar ou aquele em que sentem existir algum tipo de conflito.
5. Peça que façam outro círculo em algum lugar do papel e escrevam nele o nome daquele papel (mãe, por exemplo). Então, como no diagrama anterior, peça-lhes que façam raios partindo da parte externa do círculo.
6. Peça-lhes que coloquem em cada raio um aspecto do papel escolhido. Para o papel de mãe, por exemplo, podem-se incluir motorista, médica, ouvinte, cozinhar, alimentar, brincar, planejamento executivo, professora e assim por diante.
7. Em seguida, peça que escrevam as seguintes palavras numa coluna lateral da folha: gosto, cheiro, cor, movimento, textura e som. E que escrevam então, após cada palavra, a associação que melhor descreva ou se

relacione com o papel que está sendo explorado (por exemplo, a cor que combina com o papel de mãe, para mim, seria o laranja).

8. Nessa altura, você pode dar-lhes um tempo para compartilhar, em grupo ou em duplas, os adjetivos que escolheram para descrever os vários papéis.
9. Se você quiser passar para a ação, o próximo passo é examinar o diagrama para descobrir em que aspectos do papel as participantes vivenciam conflito ou desconforto.
10. Disponha duas cadeiras vazias ou estruture um cenário que lhe pareça adequado e peça às participantes que vivenciem seus conflitos ou problemas e identifiquem com quem elas gostariam de conversar naquela situação, ou seja, onde e com quem está o problema não resolvido ou que aspecto de si mesmas gostariam de examinar. As participantes devem colocá-lo numa cadeira vazia e escolher uma auxiliar para representá-lo.
11. Autorize a quem queira fazer uma vinheta para explorar mais tarde o problema ou conflito, utilizando dublê, inversão de papéis, entrevista, solilóquio ou qualquer técnica que possa ser útil. A protagonista talvez queira usar uma cadeira vazia ou escolher alguém para representar a pessoa ou aspecto do eu que esteja examinando.
12. Dê tempo para compartilhamento depois de cada vinheta ou depois que algumas vinhetas tenham sido encenadas.

Variações

O exercício tem inúmeras variações.

As clientes podem, por exemplo, controlar o tempo que despendem em cada papel, desenhando um círculo grande dividido em vários setores, cada um representando a porcentagem de tempo gasta em determinado papel.

É possível também usar porcentagens (de 1% a 100%) para escalonar seu nível de satisfação dentro de cada papel. Nessa atividade, outro diagrama pode ser usado para representar o ideal, ou seja, como as participantes gostariam que os papéis fossem distribuídos se e quando pudessem mudá-los.

Para trabalhar um papel posteriormente por meio de dramatização, uma cadeira vazia pode representar o papel e a participante pode ficar em pé atrás da cadeira e dublar os sentimentos dentro daquele papel específico. Ela pode também ser o papel e falar para si mesma ou escolher auxiliares para representarem um ou mais papéis e explorá-los pela ação.

Pessoas saudáveis costumam ser capazes de entrar e sair dos papéis com relativa facilidade, e pessoas felizes tendem a desempenhar mais que um ou dois papéis; elas dispõem de uma variedade de papéis entre os quais circulam fácil e naturalmente.

Estacionar num papel leva à fadiga, à falta de criatividade e ao sentimento de tédio ou mesmo depressão em relação à vida. Nesse caso, o trabalho com o papel pode ajudar o indivíduo a ganhar perspectiva e mudar sua consciência.

Se uma pessoa desempenha um papel até sentir total desânimo, talvez precise agregar outros papéis a sua vida, para encontrar novas alternativas de satisfação, criatividade e crescimento. Se uma cliente se sente nessa condição de desânimo, a solução pode repousar numa combinação entre retrabalhar toda a constelação de papéis, de tal forma que eles possam se equilibrar melhor, e acrescentar novos papéis, expandindo o potencial da experiência.

As clientes podem explorar da seguinte maneira as mudanças de papel que terão de enfrentar no processo de recuperação: elas farão painéis comparativos que contrastem a constelação atual de papéis (ou o que não está funcionando) com os papéis que serão necessários na recuperação. As adictas podem explorar o papel de adicta, o tempo que o papel toma em sua vida e o nível de satisfação com esse papel comparado com o de outros papéis (Dayton, 1994).

Aprendizado de novos papéis – Exercício de treinamento de papel

O treinamento psicodramático de papel pode ser utilizado para praticar e ganhar experiência, para entrar nos papéis desejados e adaptar-se a eles.

Aprendemos com a experiência. O psicodrama proporciona uma arena onde papéis antecipados, desejados, necessitados ou temidos são investigados e novos comportamentos experimentados.

Uma das formas mais importantes do psicodrama é praticar papéis subdesenvolvidos, de forma que a ansiedade e a novidade do papel possam ser exploradas e trabalhadas num contexto clínico.

Objetivos

1. Proporcionar prática e treinamento na adaptação a um novo papel.
2. Explorar as nuances de um papel em sua relação com o eu.
3. Explorar o impacto do papel de uma posição a outra.

Passos

1. Peça às integrantes do grupo que apresentem um papel que elas precisam praticar, um papel que desejem explorar como possibilidade para si mesmas ou um papel no qual estejam entrando e se sentindo ansiosas ou inseguras. Por exemplo: um papel profissional; um papel íntimo, como esposa, filha ou amante; ou um papel que tenha relação com sua recuperação, como o de uma pessoa sóbria, parceira de uma pessoa sóbria ou um adulto autoconfiante.

2. Convide as participantes a estruturar uma cena antecipatória em que devam desempenhar seu novo papel.
3. Monte a cena e escolha pessoas para desempenhar todos os papéis, inclusive o papel do eu.
4. Faça a cena acontecer, com a protagonista fazendo o papel antecipado. Em algum momento, quando parecer útil compreender o que acontece no "interior" da protagonista, o diretor pode pedir que ela se coloque "atrás" de si mesma e faça um dublê de sua vida interior, volte para o papel novamente e continue a dramatização. Também é útil convidar as participantes do grupo a dublar a protagonista, se elas concordarem.
5. Utilize a inversão de papéis como faria em qualquer dramatização, de modo que a protagonista (1) possa ganhar empatia e compreensão do que tem de parecido com a outra pessoa e (2) possa ver-se em ação da perspectiva de outra pessoa.
6. Continue a cena até que se resolva, levando-a então ao fechamento.
7. Convide as participantes do grupo a compartilhar sua identificação pessoal com a protagonista e suas descobertas.

Variações

A protagonista pode ser colocada fora da cena enquanto uma sósia faz seu papel. Dessa forma, ela se vê em ação e ganha *insight* a respeito do funcionamento de seu papel num contexto mais amplo. A protagonista pode caminhar dentro do cenário e dublar a si mesma quando desejar ou simplesmente observar-se como num espelho.

Enquanto a protagonista está fora da cena, outras participantes do grupo podem revezar-se experimentando o papel e uma variedade de abordagens ou comportamentos que podem ser incorporados. Nessa variação, a protagonista observa as várias opções de papel de uma distância segura. Assim o trabalho também fica mais divertido.

As integrantes do grupo podem revezar-se no desempenho do papel, como mostrado, mas nesse caso com a permanência da protagonista na cena em inversão de papéis. Dessa forma, a protagonista experimenta-se na perspectiva de outra pessoa.

SÍNTESE

O psicodrama oferece um método clínico responsável por meio do qual podem ser curadas mulheres cuja vida e personalidade foram afetadas pela adição e pelo trauma.

Métodos de ação mostram-se excelentes para a resolução de traumas, porque envolvem o corpo, concretizam e permitem o luto das muitas perdas inevitavelmente vinculadas à adição.

Como modalidade criativa, desafiadora e capacitante, o psicodrama proporciona às mulheres tanto esperança quanto um método culturalmente adaptável para ativar o processo de cura e gradativamente restaurar o eu e os relacionamentos.

REFERÊNCIAS BIBLIOGRÁFICAS

COVINGTON, S. *Helping women recover curriculum: a program for treating addiction*. Center City: Hazelden, 1997.

DAYTON, T. *The drama within*. Deerfield Beach: Health Communications, 1994.

_____. *Trauma and addiction*. Deerfield Beach: Health Communications, 2000.

HERMAN, J. L. *Trauma and recovery*. Nova York: Basic Books, 1992.

JELLINEK, E. M. "Phases in the drinking history of alcoholics". *Quarterly Journal of Studies on Alcohol*, v. 7, p. 1-88, 1946.

LICHTENBERG, J.; LACHMANN, R.; FOSSHAGE, J. *Self and motivational systems*. Hillsdale: Analytic Press, 1992.

MORENO, J. L. *Psychodrama*. v. 1. Ambler: Beacon House, 1964.

_____. *Who shall survive?* Ed. estudantil. Roanoke: ASGPP; Royal Publishing, 1993.

NAJAVITZ, L. M.; WEISS, R. D.; SHAW, S. R. "A clinical profile of women with posttraumatic stress disorder and substance dependence". *Psychology of Addictive Behaviors*, v. 13, n. 2, p. 98-104, 1999.

NATIONAL INSTITUTE ON DRUG ABUSE; NATIONAL INSTITUTE ON ALCOHOL ABUSE AND ALCOHOLISM (NIAA). Bethesda, 2002.

NATIONAL WOMEN'S HEALTH INFORMATION CENTER (NWHIC); DEPARTMENT OF HEALTH AND HUMAN SERVICES. Washington, 2002.

PENNEBAKER, J. W. *Opening up: the healing power of confiding in others*. Nova York: Guilford Press, 1990.

STRAUSSNER, S. L.; ZELVIN, E. (orgs.). *Gender and addictions: men and women in treatment*. Northvale: Jason Aronson, 1997.

STRUG, L. S.; PRIYADARSINI, S.; HYMAN, M. M. *Alcohol interventions: historical and sociocultural approaches*. Nova York: Haworth, 1986.

TAYLOR, S. E. et al. "Behavioral response to stress in females: tend-and-befriend, not flight-or-fight". *Psychological Review*, v. 107, n. 3, 411-429, 2000.

VAN DER KOLK, B. *Psychological trauma*. Washington: American Psychiatric Press, 1987.

_____. *The body keeps the score: memory and the evolving psychobiology of post-traumatic stress*. Boston: Harvard Medical School, 1994.

_____; MCFARLANE, A.; WEISAUTH, L. (orgs.). *Traumatic stress: the effects of overwhelming experience on mind, body, and society*. Nova York: Guilford, 1996.

13 → RUMO À ACEITAÇÃO E AO ORGULHO:
psicodrama, sociometria e a comunidade de *gays*, lésbicas, bissexuais e transgêneros

Jacob Gershoni

INTRODUÇÃO

Diferentemente de muitos de seus contemporâneos, Moreno não patologizou a homossexualidade, jamais tendo se ligado aos profissionais de saúde mental que rotulavam os *gays* e as lésbicas como desviados ou doentes.

Essa posição é coerente com a profunda aceitação das variadas cores e tonalidades humanas, tão evidente em seu trabalho durante toda a vida com os desfavorecidos e oprimidos.

Hoje, sua visão ampla, global, e seus objetivos ambiciosos para a psiquiatria parecem ser particularmente relevantes para a comunidade de *gays*, lésbicas, bissexuais e transgêneros (GLBT).

Ao longo de incontáveis sessões de terapia individual e de grupo com clientes *gays* e lésbicas, tenho observado reiteradamente que os problemas dos GLBT são muito similares aos de famílias, comunidades e grupos maiores em todo o globo.

As tensões familiares que surgem quando os adultos visitam a família, por exemplo, são freqüentemente discutidas em meus grupos e oficinas.

Com *gays* e lésbicas, entretanto, esses temas universais entrelaçam-se freqüentemente com a forma como eles aceitam sua homossexualidade e a revelam aos outros, processo conhecido como "assumir".

Assim, uma visita ao lar, num feriado, torna-se mais pungente: um homem que planeja assumir perante alguém da família, no Dia de Ação de Graças, é aconselhado pela mãe a deixar para lá e advertido de que a notícia pode ser chocante demais e matar seu pai. "OK, você é *gay*", ela diz, "mas por que tem de falar sobre isso o tempo todo?" Uma mulher ouve dos pais, depois de ter assumido durante a semana de Natal: "Você estragou nossa festa. Por que fez isso com a gente?"

Essas afirmações e outras semelhantes ecoam na vida de *gays* e lésbicas em todo o mundo enquanto eles lutam para definir seus papéis dentro da família, do trabalho e da sociedade.

Na Itália, por exemplo, a comunidade *gay* local planejou uma Parada Mundial do Orgulho *Gay* como parte da celebração do Jubileu, assinalando a passagem do novo milênio ("The mayor says", 2000). Citando cartas dos moradores, que manifestavam a preocupação de que a marcha pudesse prejudicar as festividades, o prefeito de Roma pediu à comunidade *gay* que adiasse a marcha, "de modo que os importantes eventos pudessem ocorrer sem distúrbios". Quando os organizadores da marcha *gay* recusaram, ele exclamou: "A rejeição de um pedido tão razoável prova que a marcha é uma tentativa de apimentar o Jubileu com atos provocativos!"

Ao pedir que o problema não fosse discutido, reduzindo-o dessa forma a um aborrecimento menor e negando que a atração pelo mesmo sexo seja uma expressão humana válida, esse líder de uma das cidades mais sofisticadas e cosmopolitas do mundo expressou o que muitos pais vêm transmitindo a seus filhos *gays* e lésbicas há muitos anos.

As forças armadas dos Estados Unidos fizeram o mesmo ao definir que *gays* e lésbicas deveriam esconder seus sentimentos em relação a seus parceiros, enquanto os heterossexuais poderiam ter ampla liberdade de expressão.

O efeito deletério implícito dessas mensagens é que os GLBT, que lutam para aceitar seus sentimentos genuínos e autênticos, devem também lidar com companheiros, famílias e comunidades que mantêm atitudes negativas, quando não hostis, em relação a eles.

O psicodrama e a sociometria proporcionam ferramentas fundamentais para resolver conflitos internos, familiares e comunitários e guiar os indivíduos na direção da auto-aceitação e do orgulho.

Este capítulo identifica como tais questões são vividas pela comunidade GLBT e como o psicodrama e a sociometria podem ser utilizados no trabalho com essa população específica. Além dos casos-exemplo, é também apresentada uma série de oficinas num importante centro comunitário para mostrar essas ferramentas em ação.

MIGRAÇÃO E CULTURA *GAY*

Os *gays* sempre migraram de localidades pequenas para cidades maiores, de um país a outro, em busca de liberdade e de contatos pessoais. Em conseqüência, qualquer análise da comunidade GLBT invariavelmente inclui um estudo da migração. Enquanto muitos grupos são motivados a migrar por razões econômicas ou ideológicas, a maioria dos *gays* migra em busca de uma identidade positiva.

Neil Miller (1995, p. xxi) localiza no final do século XIX o início do desenvolvimento de "um sentido moderno de identidade homossexual", o "momento histórico [em que] se tornou possível conceber uma pessoa como definida pela atração por pessoas do mesmo sexo e, mais tarde, construir uma comunidade com base nisso".

Historicamente, é fenômeno recente *gays* assumirem e viverem abertamente como tais. Não foi senão a partir dos anos 1960, com o advento do movimento de liberação *gay*, que a comunidade GLBT se tornou visível e gradativamente começou a lutar por direitos iguais.

Sair, migrar e estabelecer uma rede de apoio são ações impulsionadas pela "inteligência sociométrica" – termo cunhado por Robert W. Siroka (2001). Para muitos *gays*, esse processo começa com a descoberta de que, para viver livremente, eles precisam deixar a família de origem.

Uma vez que os pais, no importante papel familiar de transmissão de valores sociais aos filhos, expressaram medo e hostilidade em relação aos *gays*, os garotos e as garotas *gays* muitas vezes são levados a considerá-los adversários culturais.

Para muitos, isso criou um conflito para a vida toda, forçando-os a sair e procurar desenvolver outra vida longe dos pais. Privados do ambiente de apoio que os pais em outra situação ofereceriam aos filhos, esses *gays* e lésbicas tiveram de encontrar ou criar um substitutivo para complementar seu desenvolvimento pessoal.

O importante processo de assumir, por exemplo, é mais bem alcançado em uma comunidade de apoio. Em muitos casos, filhos adultos conseguiram assumir perante os pais e discutir com eles alguns de seus problemas somente depois de alcançarem certo nível de auto-aceitação fora da família.

TEORIA DE PAPÉIS, TREINAMENTO DE PAPÉIS

Do ponto de vista sociométrico, o processo de assumir pode ser considerado uma transição de papel e uma expansão de papel.

Moreno (1946, 1960) postulava que o eu emana dos papéis e que estes são aprendidos em ações e interações no interior do átomo social da pessoa. Esses papéis podem ser reaprendidos, desenvolvidos, modificados ou extintos.

A teoria de papéis de Moreno foi elaborada posteriormente por Hare e Hare (1996), que discutiram os fatores que influenciam o desempenho de um papel: a maneira como o papel é desempenhado e as variações trazidas pelo indivíduo.

O processo é gradual e começa ao se assumir um papel, quando não há variação evidente, passa pelo jogo de papéis, com algumas modificações individuais, e chega à criação do papel, o grau mais elevado.

Na criação do papel o indivíduo expressa espontaneidade e interpretação pessoal além do que foi aprendido e imitado por outros e acima da expectativa em seu contexto social.

Em sua análise do desenvolvimento do adolescente *gay*, Hunter e Mallon (2000) notaram que a idéia generalizada de que todos os adolescentes são heterossexuais constitui uma pressão enorme sobre a vida dos jovens *gays*, relegando-os à condição inferior de minoria estigmatizada e isolada.

Ser identificado como *gay*, seja por si mesmo, seja pelos outros, implica perda de *status* sociométrico ao indivíduo que era previamente tomado como heterossexual. Como o papel da interação entre companheiros ganha importância na adolescência, quando a identidade está em desenvolvimento, os *gays* e as lésbicas jovens são submetidos a gozações, repúdio e até violência.

Assim, a quem o jovem *gay* pode recorrer para conseguir apoio? Muitos fogem, como é evidente na alta porcentagem de *gays* encontrados em populações urbanas fugitivas.

Se eles permanecem em casa com pais que se recusam a aceitar sua orientação sexual, terminam por viver em permanente medo de ser rejeitados. Na escola, os constantes ataques dos companheiros, agravados pela falta de qualquer apoio significativo dos professores, incita a evasão escolar.

Na cidade de Nova York foi criada uma escola especial para jovens que eram agredidos por serem *gays* e sentiam-se sem condições de continuar numa escola pública. Mas nas escolas do país estudantes lésbicas e *gays* têm tido de lutar até pelo direito de criar grupos de apoio, como em notórios casos recentes observados em Oakland, Califórnia, e em Salt Lake City, Utah.

Martin (1982) identificou o ato de esconder como escolha comum de jovens *gays*. Esconder a orientação sexual é um papel aprendido, como forma de sobreviver. Apesar de poder garantir algum tipo de segurança física, pode gerar dano emocional grave, levando a estados incapacitantes de depressão, baixa auto-estima, idéias suicidas e isolamento. Paradoxalmente, a luta pela sobrevivência física proporciona bem-estar emocional, mental e espiritual.

Martin e Hetrick (1988, p. 171) constataram que o isolamento social é uma força poderosa, capaz de moldar a vida do adolescente em formas desajustadas; alguns recorrem à promiscuidade, que mais tarde compartimenta sua sexualidade e compromete sua capacidade de vivenciar a intimidade.

> *O adolescente* gay *masculino, isolado dentro da família, da vizinhança, da igreja e da escola, aprende rapidamente a fazer "contato" em determinadas vizinhanças, livrarias, cinemas e parques [...] Infelizmente, esse contato é de natureza quase sempre sexual. Por uns poucos momentos furtivos o adolescente pode alcançar algum alívio para a tensão opressiva da necessidade de se esconder. Sua preocupação obsessiva*

com a orientação sexual, que resulta do medo de aparecer, é transformada em preocupação obsessiva com o comportamento sexual. O contato sexual casual também ajuda a manter a ocultação na medida em que se torna um meio de compartimentar a vida e separar o comportamento sexual de todos os demais aspectos vitais.

O DESENVOLVIMENTO DE UMA IDENTIDADE *GAY* POSITIVA

O processo de desenvolvimento de uma identidade *gay* positiva tem estreita relação com o treinamento de papel. Sessões de psicodrama com esse objetivo podem oferecer aos participantes incalculáveis oportunidades de reparação do átomo social.

Por meio da expansão de papéis, os clientes que começam a terapia como vítimas marginalizadas conseguem sair da posição de paralisia. Nessas sessões, as reminiscências mais tormentosas compartilhadas pelos clientes são, freqüentemente, lembranças de sua adolescência.

Caso-exemplo

Michael, que como adulto mostrava repetidamente aversão por sua homossexualidade, revelou detalhes dolorosos da adolescência ao representar em uma sessão de grupo uma cena de sua experiência numa escola católica. Excluído da equipe de beisebol por não ter porte atlético, Michael dedicava seu tempo ao cultivo de um pequeno jardim com outro estudante enquanto os outros jogavam. Quando passavam pelo canteiro de flores no qual ele estava trabalhando, seus colegas de classe insultavam-no, chamando-o de "boneca" e "fadinha", até que um deles o empurrou e ele foi reclamar à professora, uma freira.

Representada por um dos participantes masculinos do grupo, a freira, com expressão severa, justificou sumariamente o comportamento dos outros estudantes e disse a Michael que ele "deveria se comportar como homem".

Depois que ele expressou a tristeza e a raiva que havia sentido na vida real por medo de ser taxado para sempre de efeminado, solicitei a Michael que ficasse num lugar diferente na sala de aula e que dissesse a seus "companheiros de classe" e à "freira" tudo que não tinha dito em sua juventude.

Imobilizado pela intensa raiva não expressa, Michael escolheu diversos membros do grupo para dublá-lo. Gradativamente, apoiado pelos dublês, ele foi sentindo força para berrar, gritar e chorar com um sentido de assertividade recém-adquirido. Depois de suspirar aliviado, ele recebeu apoio pelo compartilhamento de todos os outros participantes.

Um deles notou também, com prazer, que representar um dos colegas de classe que insultavam deu-lhe a chance de fazer o papel do agressor que ele nunca tinha assumido em sua juventude.

A identificação na fase de compartilhamento ajudou a solidificar os papéis recém-desenvolvidos, que puderam integrar gradativamente o repertório de Michael.

Lidar com a violência e a homofobia externas

A história de Michael não é incomum.

Uma pesquisa conduzida em 1999 pela Gay, Lesbian and Straight Education Network, grupo sem fins lucrativos que trata de problemas de *gays* e lésbicas nas escolas, revelou que tais incidentes são bastante freqüentes. A pesquisa, que entrevistou 496 colegiais de 32 estados, mostra que 91% dos estudantes afirmaram ouvir regularmente observações homofóbicas na escola, quase 40% do tempo vindas do corpo docente ou de membros da equipe técnica (Baker, 2001).

Outro relatório, publicado pela Human Rights Watch (2001), revela que os estudantes GLBT vivem com medo em face do abuso generalizado e que a equipe técnica da escola pouco se esforça para fazer alguma coisa. De acordo com o relatório, "os meninos GLBT enfrentam risco maior de agressão gratuita do que qualquer outro estudante nas escolas americanas". Acrescenta que "o sistema escolar americano obtém nota baixa na tarefa de proporcionar um lugar seguro para que os estudantes *gays* tenham acesso à educação" (p. B1).

Três décadas depois das manifestações de Stonewall[8], a despeito do significativo aumento da informação a respeito da comunidade GLBT, a violência contra os *gays* ainda prevalece.

Quando a mídia dirige a atenção para a humilhação ou o assassinato de um *gay*, os participantes do grupo em geral comentam esses incidentes. Depois do brutal assassinato em 1998 de Matthew Shepard em Wyoming, que foi largamente coberto pela grande mídia nacional, as discussões em nosso grupo se tornaram vividamente pessoais. A maioria dos participantes tinha sido insultada em algum momento, e alguns relatam ameaças atuais no bairro em que vivem.

O grupo como lugar seguro, a empatia e o apoio que ele oferece a seus membros são fortalecedores de valor incalculável ao permitir a discussão de incidentes com liberdade tanto para expressar medos como para trocar informações sobre os recursos da comunidade.

O efeito insidioso da opressão: homofobia internalizada

Desde seu tempo de estudante de medicina em Viena, onde trabalhou com refugiados, sem-teto e prostitutas, Moreno demonstrou empatia profunda pelos desamparados e oprimidos. O que ele escreveu a respeito de seu trabalho com prostitutas, que eram regularmente humilhadas e importunadas pela polícia, reflete sua compreensão profunda do dano emocional provocado nos indivíduos que internalizam as imagens negativas a eles atribuídas.

---

8 Na madrugada de 27 de junho de 1969, a polícia nova-iorquina invadiu violentamente o Stonewall Inn, bar freqüentado pela comunidade GLBT. Nesse dia e no seguinte, a cidade registrou dezenas de manifestações pelos direitos dos homossexuais. As atuais paradas do orgulho GLBT remontam a esse episódio. (N. E.)

Horrorizado pelas condições de vida dessas mulheres, Moreno iniciou com elas o que pode ser definido hoje como organização comunitária e terapia de grupo.

Ele escreveu: "Em 1913 eu comecei a visitar suas casas, acompanhado por um médico, o dr. Wilhelm Gruen, especialista em doenças venéreas, e Carl Colbert, editor de um jornal vienense [...] Essas visitas não eram motivadas pelo desejo de 'reformar' as garotas, nem de 'analisá-las' [...] mas muito mais de devolver-lhes alguma dignidade" (1953, p. xxix).

Moreno sentiu-se impelido a ajudá-las "porque, tendo sido estigmatizadas por tanto tempo como pecadoras e pessoas indignas, elas chegaram a aceitar isso como um fato inalterável" (p. xxix). O trabalho gradual segue os passos e objetivos clássicos da psicoterapia de grupo e demonstra o poder de seu método, que naquela época não era nem sequer reconhecido como modalidade de tratamento.

Um passo importante na direção do desenvolvimento de uma identidade *gay* positiva é lidar tanto com a homofobia externa quanto com a internalizada. Weinberg (1972), que pela primeira vez usou o termo *homofobia*, descreveu-o como um medo irracional em relação ao homossexual. Sendo as atitudes homofóbicas tão recorrentes em nossa sociedade, é inevitável que a maioria dos GLBT internalizem esses estereótipos e essas atitudes negativas como parte de sua identidade em desenvolvimento.

A opressão dos homossexuais tem raízes profundas e vem sendo propagada pelas forças mais importantes do *establishment* – políticas, religiosas e profissionais. Conseqüentemente, os *gays* têm sido rotulados como criminosos, pecadores, desviados e doentes.

Até a psiquiatria encarava a homossexualidade como transtorno mental até 1973, quando persistentes protestos de vários grupos, incluindo terapeutas *gays*, levaram a Associação Psiquiátrica Americana a mudar essa orientação (Altman, 1971, 1982; Silverstein, 1991).

Enquanto o psicodrama é utilizado no tratamento da homofobia, a sociometria acrescenta a importante dimensão do fortalecimento das interações sociais e interpessoais entre os membros do grupo. Para os GLBT essa batalha é hercúlea e requer a remoção de estigmas, mitos e estereótipos. Um homem homossexual que tenha internalizado estereótipos negativos não terá condições de mudar as atitudes alheias enquanto ele próprio não resolver as suas. Esse trabalho é multifacetado: deve ser feito tanto interna quanto externamente.

Uma técnica psicodramática potente que eu descobri ser útil no tratamento com vozes, imagens e estereótipos negativos internalizados é o "coro grego". No caso de Larry, cientista quase sexagenário, o coro grego foi utilizado depois de ele ter participado do grupo por algum tempo e ter feito nele trabalho psicodramático prévio.

A despeito de sua considerável inteligência e de seu *status* profissional, Larry sofria com uma auto-estima muito baixa, tendências pessimistas, isolamento social e sentimento generalizado de desesperança. Ele entrou no grupo depois de participar de uma oficina e após anos de profunda desconfiança da psicoterapia.

O trabalho com Larry foi inicialmente lento, e só depois de um ano ele demonstrou um pouco mais de confiança no terapeuta e nos colegas de grupo. Com o tempo, algumas dramatizações revelaram que ele tinha uma história de raiva não resolvida em relação a seus pais, a quem acusava de favorecer os irmãos não homossexuais. Embora seus pais tivessem morrido havia muito tempo, ele ainda carregava sentimentos profundos de rejeição. Essa raiva foi replicada mais tarde em suas atitudes em relação aos companheiros que brincavam com sua condição de *gay*. Larry nunca criou um relacionamento íntimo e somente por poucas vezes achou que pudesse chegar a isso.

O ponto de inflexão para Larry foi uma dramatização em que ele disse sentir-se em condições de lidar com sua raiva em relação aos pais. Tendo sido dublado e apoiado pelos membros do grupo, parecia seguro perguntar-lhe sobre as numerosas mensagens e vozes que ele lembrava de sua infância e etapas posteriores.

Treinamos o papel do coro com cada pessoa repetindo afirmações como "você nunca vai conseguir nada", "metido", "boneca idiota". No coro estava uma das figuras mais perigosas: seu antigo psicanalista, que tentara inutilmente convertê-lo à heterossexualidade. Quando Larry disse a ele que tinha feito sexo com um homem, o analista respondeu: "Você me traiu!"

Essa voz se juntou ao coro, mas agora Larry estava pronto para contra-atacar: esmurrando uma almofada, ele conseguiu chegar ao ponto de catarse nunca antes vivido, no qual foi profundamente apoiado pelos outros participantes que tinham sofrido ataques semelhantes da família, de companheiros e de professores.

Embora seja uma triste representação de como os GLBT são ainda tratados, a oportunidade de extravasar esses sentimentos profundamente alojados e em seguida receber validação grupal foi para Larry um momento crucial para seu progresso.

ASSUMIR: TEORIA E PRÁTICA

Vários modelos teóricos a respeito do processo de assumir foram desenvolvidos nas últimas décadas.

Cass (1979) identificou seis etapas: identidade confusa, comparação da identidade, tolerância, aceitação, orgulho e identidade-síntese.

Coleman (1982) descreveu essas etapas de maneira diferente: pré-assunção, assunção, exploração, primeiros relacionamentos e integração da identidade. De acordo com Coleman, alcançar o último nível, a integração, depende de terem sido cumpridas as tarefas de desenvolvimento das etapas anteriores, algumas das quais podem ocorrer simultaneamente, representando um processo que, para alguns indivíduos, dura toda a vida.

Troiden (1989) baseou-se nesse trabalho prévio e definiu quatro estágios de desenvolvimento: sensibilização, confusão de identidade, assunção da identidade e entrega.

Esses modelos, apresentados como sucessões progressivas e lineares, objetivam esclarecer um processo abstrato que pode ser fluido, complexo e até caótico. Coleman afirma que seu modelo "oferece ao terapeuta compreensão do processo de formação integrada da identidade – e nada mais" (p. 32).

O que os modelos têm em comum é a ênfase na importância do apoio dos companheiros e do trabalho em conjunto com outras pessoas que também são *gays* e lésbicas. Alguns consideram a integração da identidade alcançável somente depois de se conseguirem conexões sociais e pessoais bem-sucedidas com outros do mesmo gênero.

Em minha experiência de mais de duas décadas de trabalho na comunidade GLBT, a sociometria e o psicodrama proporcionaram o roteiro e as ferramentas adicionais para um trabalho efetivo de ajudar as pessoas a assumir e alcançar um nível mais alto de auto-aceitação e integração de identidade positiva.

Em termos sociométricos, os vários estágios descritos anteriormente são comparáveis à progressão proposta por Moreno: assumir um papel, jogar um papel e a última conquista, criar o papel (Moreno, 1946).

A terapia de grupo vem sendo considerada uma ajuda valiosa aos clientes que buscam a auto-aceitação (Yalom, 1985) e ainda mais a populações estigmatizadas (Tunnell, 1994).

Dentro das modalidades de terapia de grupo, o psicodrama acrescenta outra dimensão: o protagonista trabalha em ação e é mais tarde capaz de transferir suas habilidades recém-adquiridas a outros contextos fora da sala de terapia de grupo.

Osherson (1974) descreveu em detalhe o trabalho psicodramático num caso em que o protagonista recebeu ajuda para revelar segredos antigos que lhe causavam muita vergonha, o que o levou a um grau mais elevado de auto-aceitação.

Há muitos anos os membros da comunidade GLBT vêm se apoiando mutuamente. Mesmo antes das manifestações de Stonewall, havia grupos cuja função principal, ainda que informal, era ajudar os outros tanto no processo de assunção como em outros momentos. O apoio dos companheiros desempenhou papel crucial para que um sem-número de pessoas pudesse levar uma vida produtiva, mesmo quando as "profissões de ajuda" falhavam irremediavelmente.

Algumas organizações, como a Identity House na cidade de Nova York, têm trabalhado com voluntários. Não sendo a homossexualidade um transtorno mental, diz a lógica que os pares conselheiros podem ser tão úteis quanto os terapeutas profissionais.

Com o crescente conhecimento das manifestações múltiplas da sexualidade humana, os profissionais podem assumir um papel diferente. No espírito da afirmação de Moreno de que a terapia pode acontecer em qualquer lugar, não apenas no consultório do terapeuta, está na hora de os terapeutas considerarem a possibilidade de usar suas habilidades em contextos fora da comunidade GLBT, para ajudar os *gays* que lutam para assumir e viver com liberdade.

O que se segue descreve tal esforço: uma série de quatro oficinas em um importante centro comunitário.

ASSUMIR: QUATRO OFICINAS

Primeira sessão

O aquecimento: barômetro
Depois de uma breve apresentação, comentei o fato de que assumir é um momento significativo na vida de todo GLBT. Também assinalei que se trata de um processo, não de um ato único, e que cada pessoa decide pessoalmente se, quando e perante quem assumir.

O exercício de aquecimento foi preparado para oferecer um "retrato do grupo", uma representação gráfica de onde os participantes estavam situados na linha contínua que vai do assumir ao aparecer.

Pediu-se aos participantes que se colocassem em algum ponto ao longo de linhas riscadas no solo para denotar os graus do aparecer, desde "estar no armário" até o máximo de exposição.

A maioria estava "parcialmente fora" (por exemplo, para alguns amigos ou alguns poucos colegas, mas não para outros); somente um deles se colocou "totalmente fora".

Isso refletia dois dos objetivos pelos quais os participantes vieram ao grupo em busca de ajuda: conseguir auto-aceitação e desenvolver a capacidade de falar livremente a respeito de sua vida e de sua orientação sexual para as pessoas que lhes eram importantes.

Depois do aquecimento, partimos para uma seleção sociométrica do protagonista por meio de escolha majoritária. Para definir qual dos participantes tinha mais apoio e identificação com seu trabalho, os membros do grupo foram instruídos a colocar uma das mãos sobre os ombros de companheiros que preenchessem vários critérios (por exemplo, "Quem se parece com você?", "Quem é diferente de você?").

Enquanto as questões eram respondidas, foi emergindo outro retrato vívido da estrutura do grupo, refletindo visualmente as escolhas dos participantes.

Seguindo o último critério ("Qual cena seria mais útil para você esta noite?"), o grupo escolheu Ann, que tinha apresentado uma descrição clara e emocionada de seus conflitos com a família judia ortodoxa a respeito de sua identidade sexual.

A dramatização

Na etapa de "andar e falar" preparatória para a dramatização, Ann continuou descrevendo os eventos que segundo ela haviam partido seu coração. Ela se envolvera com uma canadense, Miriam, que se definia como bissexual e resistia ao compromisso de uma relação monogâmica porque desejava "manter abertas as outras opções".

Ao longo de dois anos no Canadá, onde Ann desejava fixar-se permanentemente, ela ficou cada vez mais apegada a Miriam, mas, enquanto tentava alcançar uma ligação íntima e exclusiva, Miriam se tornava desligada e indiferente.

Quando a dor se tornou insustentável, Ann voltou para os Estados Unidos, acreditando que a distância geográfica ajudaria a diminuir sua angústia. Quando tentou se estabelecer em Nova York para completar seus estudos, entretanto, ela se viu desejando ardentemente uma relação íntima que não tinha conseguido nem com sua indecisa amante nem com sua família julgadora, a qual não conseguia encarar seu lesbianismo como um modo de vida válido e saudável.

O drama de Ann foi representado em duas cenas: um diálogo futuro com Miriam seguido de uma possível conversa com sua família logo antes das festividades da Páscoa.

Na primeira cena, Ann expôs a Miriam seu amor e sua esperança perdida. Isso não levou a nada, porque Miriam se recusava terminantemente a reconhecer seu lesbianismo e, portanto, não via nenhuma necessidade de sair do armário apertado que tinha criado para si.

A segunda cena apresentou conversas com os pais e com a irmã de Ann, nenhum dos quais mostrou o menor sinal de aceitação de seu lesbianismo. Os pais repetiram suas crenças tradicionais e a expectativa firme de que Ann se casaria com um homem e assim como seus irmãos teria filhos. Ann soluçava em desespero durante a encenação. Ela se voltou para sua "irmã" e explicitou sua indignação e seu aborrecimento pelo fato de a irmã dizer que tinha amigas lésbicas e, no entanto, não querer aceitar que Ann fosse *gay*.

A cena não teve final feliz, porque os múltiplos conflitos estavam longe de ser resolvidos. A dramatização, entretanto, revelou a determinação de Ann de sustentar sua assunção perante sua família. Ficou claro para ela que precisava de mais tempo e apoio de companheiras para poder assumir perante sua família em atitude positiva de auto-aceitação e que sua família também precisava de mais tempo para atingir um nível mínimo de conforto que lhe permitisse aceitar a filha.

O compartilhamento

Os membros do grupo compartilharam com Ann quanto o drama dela tinha tocado suas experiências de vida e como tinham se identificado com ela durante a encenação. Ao fazer isso, apoiaram seu processo de cura, permitindo-lhe sentir que não estava só com suas lutas internas e familiares e que seria apoiada caso continuasse em sua busca de crescimento pessoal. Ann reafirmou que gostaria de assumir perante sua família, mas em posição de força e orgulho.

Segunda sessão

O aquecimento: projeção do futuro

Uma discussão informal enquanto as pessoas iam chegando foi seguida de um exercício de projeção do futuro, que requer dos participantes o uso da imaginação para explorar suas esperanças, desejos e possibilidades vinculados ao processo de assunção.

Pediu-se que imaginassem que cinco anos se haviam passado e que falassem sobre sua vida nesse período. No compartilhamento grupal que se seguiu, a maioria dos participantes expressou esperança de realizar seu desejo de alcançar um grau maior de auto-aceitação e de ter pouca ou nenhuma preocupação com a aprovação dos outros.

Por meio de escolha sociométrica, o grupo apontou Diana como protagonista.

A dramatização

Diana contou sua história. Vários anos antes ela se divorciara do marido, Fred, pai de seus três filhos. Ela tinha revelado a Fred sua atração por mulheres antes do casamento, mas ele achou que seria uma fase passageira.

Poucos anos atrás ela encontrou Rebecca, e como os sentimentos por ela se tornaram muito fortes Diana e Fred foram se distanciando cada vez mais. Ela finalmente reconheceu seu afeto por Rebecca e chegou à conclusão de que o único meio de ser verdadeira consigo mesma era separar-se de Fred e viver com seu amor feminino. O marido não contestou o divórcio e concordou em dar a Diana a custódia dos filhos, visitando-os freqüentemente. Ela permaneceu contida diante de seus filhos e da família de origem, referindo-se a Rebecca como sua "amiga", e não como companheira.

O ponto central da encenação que se seguiu foi um diálogo com Fred. Baseado em meticulosas inversões de papel, o auxiliar que fez o papel de Fred retratou um homem trabalhador e devotado aos filhos. Ele escolheu uma vida solitária desde que a esposa o deixou, passando a maior parte do tempo livre com os filhos, que ele considerava o centro de sua vida. Ficou evidenciado que ele aceitava a orientação sexual de Diana e também a considerava boa mãe. Enquanto a discussão com ele na dramatização se aprofundava, Diana foi constatando sentimentos de culpa em relação a ele e às crianças.

Expressando sua esperança de que Fred encontrasse outra mulher "e seguisse sua vida", ela fez uma conexão entre esse desejo e suas dificuldades em aceitar o lesbianismo e, por extensão, sua incapacidade de assumir perante si mesma e os outros.

Diana questionava sua decisão de não assumir perante os filhos mais do que havia feito até então. Ela notou que sua permanência no armário tinha sido reforçada tanto pelo fato de ter tido filhos – o que geralmente se considera equivalente a heterossexualidade – como pela relutância de seus pais em aceitá-la como lésbica, mantendo a política do "você não pergunta e eu não respondo", comum a muitas famílias.

O compartilhamento

O compartilhamento feito pela pessoa no papel de Fred afetou Diana profundamente. Ele mostrou como aceitava Diana e as escolhas que ele tinha feito para si mesmo, o que ampliou os sentimentos de culpa dela pelo que percebia como problemas que ela havia imposto a ele e aos filhos. A diminuição de sua culpa, disse ela, a levaria a sentir-se livre e a conseguir pouco a pouco um sentido do eu melhor e mais completo. O grupo todo foi bastante apoiador, expressando carinhosamente interesse e esperança.

Terceira sessão

O aquecimento: espectrograma

Essa sessão começou com um comentário a respeito da oficina anterior, conectando dessa forma os participantes, tanto entre si quanto com o trabalho prévio.

O exercício de aquecimento consistiu em um espectrograma cobrindo as diversas fases da vida dos membros do grupo. Traçando uma linha imaginária na sala, eu dividi o espaço em duas zonas, uma "positiva" e outra "negativa", com uma zona "neutra" no meio. Os participantes iam se postando ao longo dessa linha contínua, respondendo a perguntas sobre seus sentimentos quanto a diversos aspectos de sua vida.

Pedi-lhes que se imaginassem com 6 anos de idade e perguntei: "Como se sentem em relação a sua casa? A sua família? À situação financeira de sua família? A seus colegas de classe? A sua escola?" Em seguida pedi que imaginassem que tinham 11 anos e formulei as mesmas questões e outras similares: como eles se sentiam em relação aos amigos que gostariam de ter tido, a respeito de seus fugidios sentimentos sexuais, de suas aulas de educação física etc. A partir daí, conforme eles se colocavam no espectrograma, foi surgindo um retrato do grupo. Todos fizeram um breve compartilhamento, comentando entre si alguns sentimentos que vieram à tona.

Esse exercício mobiliza muita consciência emocional e permite construir fortes ligações entre os participantes, ansiosos por falar e compartilhar.

É uma tarefa importante e delicada sair do aquecimento para a dramatização sem que a espontaneidade se perca em mera ventilação verbal.

Vários membros do grupo expressaram disposição de dramatizar e o grupo escolheu Craig, bombeiro de cerca de 30 anos de idade.

A dramatização

Enquanto andávamos e conversávamos, Craig disse que desejava assumir em seu trabalho, mas não sabia como fazer. Rapaz alto e musculoso, ele relatou com voz trêmula como tinha decidido participar do grupo. Contou que um amigo *gay*, com quem ele conversava a respeito de sua forte ambivalência, disse-lhe: "É óbvio. Se você se sente tão atormentado, então precisa ter coragem de participar das oficinas". Craig, que sempre se imaginara decidido e corajoso, não conseguiu resistir.

O espectrograma da idade de 6 anos tinha sido importante para Craig, e a primeira cena veio daquela época. Craig imaginou-se sentado num caminhão de bombeiro, próximo de seu orgulhoso pai, numa feira na cidadezinha da Pensilvânia onde ele havia nascido.

Craig disse que sempre soube o que desejava ser quando crescesse e que se apresentara como voluntário para o corpo de bombeiros da cidade. Quando participou do treinamento, foi o primeiro da turma.

A cena seguinte mostrou uma situação mais complicada e mais difícil. Craig e os auxiliares criaram uma cena típica no quartel onde ele servia: um pequeno grupo de homens vivendo numa cela apertada, partilhando comida e relaxando, sempre prontos para entrar em ação ao soar do alarme.

Quando seus companheiros de trabalho falavam a respeito da vida e da família, Craig invariavelmente ficava quieto, sabendo que eles o supunham hétero e consentindo com o silêncio. Abastecendo sua agonia muda havia as freqüentes piadas que eles contavam a respeito de *gays* e ele tinha de ouvir. Com a pressão crescendo interiormente, disse que precisava fazer alguma coisa, "senão eu vou explodir!"

Pedi que imaginasse possíveis situações nas quais ele assumiria perante seus colegas. Imaginou que seria mais fácil conversar com dois deles, separadamente. A primeira tentativa foi tão desajeitada e Craig a sentiu tão forçada que fomos obrigados a interromper a dramatização e passar para um compartilhamento mais longo.

O compartilhamento

O grupo identificou-se com Craig, e os participantes falaram de suas diferentes experiências ao assumirem no local de trabalho. Vários contaram como chegaram à decisão de se assumir para alguns colegas e não para outros, depois de se sentir seguros de que a revelação não colocaria em risco seu emprego.

O caso mais emocionante foi o de um corretor de ações que trabalhava numa importante empresa de investimentos de Wall Street. Estava indignado porque, a despeito de todo conhecimento, exposição e progresso das leis, além do alto nível de estudo de seus companheiros de trabalho, ele se arriscava a ser demitido caso assumisse.

Craig ouviu com atenção e disse em seguida que pensava não ser aquele um bom momento para assumir. Apoiado e reforçado pelo grupo, ele decidiu buscar mais apoio de amigos e de outras pessoas até que estivesse pronto para suportar uma possível reação hostil. "Sei que como funcionário público eu não posso ser demitido pelo fato de ser *gay*, mas eles podem com certeza tornar minha vida insuportável. Mesmo o grupo de apoio *gay* para bombeiros foi criado por um cara só depois de aposentado, e pouca gente participa de suas reuniões. Eu ainda tenho medo de ir lá."

Quarta sessão

O aquecimento: sociometria projetiva

O exercício escolhido para essa sessão final foi a "sociometria projetiva". Solicitou-se aos participantes que imaginassem seu drama sendo representado e, então, escolhessem quem seriam os personagens principais: mãe, pai, amigos do colégio, antigo chefe, ex-amante, professor. As escolhas foram feitas com sorrisos amistosos, trocas de afeto e mesmo gestos de pesar.

O grupo escolheu Brian como protagonista, porque a maioria queria saber mais a respeito dele. Brian tinha mostrado comportamento bastante amigável nas sessões anteriores, mas permanecera relativamente quieto. Disse que gostaria de dramatizar e que se sentiu pronto depois da cena de Craig, na semana anterior.

A dramatização

Brian contou que tinha decidido participar do grupo por sugestão de seu terapeuta. Descreveu-se como muito tímido e reservado, dizendo que gostaria de trabalhar o ato de assumir perante sua família.

O mais velho de quatro filhos, ele era o único que não tinha se casado. Sua mãe se tornara reclusa depois da morte do pai, sete anos antes; agora, vivendo sozinha em uma casa grande, ela encarava as visitas familiares como meio de contato social.

Ele queria fazer uma cena com a mãe, mas, como preparação, pensava que seria boa idéia assumir primeiro para uma amiga bastante próxima. Em resposta a meu comentário de que ele precisava "testar as águas" e planejar bem, ele brincou: "Sim, eu sou contador".

A cena com a amiga foi previsivelmente fácil. As afirmações iniciais de Brian refletiam sua preocupação em não discutir sua vida pessoal com outras pessoas, mesmo as próximas dele. Fez várias perguntas a respeito do trabalho da amiga, marido, filhos e planos de mudança para uma nova casa. Ajudado pela dublagem do diretor, Brian conseguiu redirecionar o diálogo para um nível mais pessoal, afirmando: "Tem uma coisa importante que eu gostaria de dividir com você". Começou a falar com ela a respeito de sua homossexualidade e de seu novo relacionamento, com Paul. A resposta da amiga foi amorosa e acolhedora, e ela encorajou futuros encontros com ele e Paul, junto com seu marido. A cena solidificou em Brian os sentimentos de apoio e confiança.

Passamos então para uma cena mostrando sua discussão com a mãe. O relacionamento deles era bem próximo, mas, do ponto de vista de Brian, reprimido e superficial por evitarem a todo custo discutir o fato de ele ser *gay*.

Nessa dramatização, Brian também teve chance de ensaiar uma possível conversa "real" sobre o assunto. Dado que o pai era uma figura central, mesmo depois de morto, pediu-se a Brian que escolhesse alguém do grupo para fazer o papel do pai, que foi colocado logo atrás de sua mãe.

Brian chorou muito ao falar com ambos os genitores, descrevendo seu esforço de protegê-los para que não tivessem de lidar com sua homossexualidade, uma parte de sua vida que ele manteve escondida porque não tinha ainda se acertado com ela. Agora, alcançando um nível mais alto de auto-aceitação, ele se arriscava a contar-lhes a verdade a respeito de sua vida e de seu namorado, Paul.

Enquanto na dramatização sua mãe chorava, seu pai permaneceu a pessoa estóica que sempre tinha sido, expressando sua convicção de que estaria "tudo bem" com Brian, que levava seu nome.

A cena terminou com Brian dizendo para a mãe que eles tinham de conversar mais abertamente, com o que ela concordou, reconhecendo que precisava de ajuda para conseguir falar sobre ele sem esconder nada a respeito de sua vida.

O compartilhamento

Como ficou claro, a maioria dos participantes via a assunção perante sua família, especialmente genitores, como a tarefa mais difícil.

O grupo expressou apoio, e mesmo admiração, pela coragem de Brian de trazer abertura para seus relacionamentos.

A identificação da maioria dos membros com Brian foi intensa. Nesse momento o grupo estava mais coeso, e todos expressaram muito interesse em descobrir como ele poderia cumprir seu compromisso recém-manifestado de levar os relacionamentos próximos para uma direção mais genuína e verdadeira. "Fiquem ligados!", disse Brian quando a sessão terminou.

EPÍLOGO

As atitudes estão mudando e a maioria dos psiquiatras e profissionais de saúde mental perceberam isso. Poucos ainda insistem que a orientação homossexual é uma preferência e poderia (ou deveria) ser modificada.

Em abril de 2001, a Holanda se tornou o primeiro país do mundo a garantir aos casais de mesmo sexo o direito de se casar e de usufruir todos os direitos legais conferidos aos casais heterossexuais. A Bélgica fez o mesmo dois meses mais tarde. Mais ou menos na mesma época, entretanto, 52 homens foram presos no Egito por serem homossexuais, e 23 deles foram condenados a três anos de prisão com trabalho forçado. Nos Estados Unidos, somente o estado de Vermont garante o direito de união civil a casais do mesmo sexo, e a luta política por igualdade de casamento para todos está em curso.

Uma pesquisa Gallup de 2001 (citada no *Washington Blade* de 15 de junho de 2001) revelou uma tendência à aceitação da homossexualidade, afirmando que "40% dos americanos acreditam que a homossexualidade tem base biológica. Isso representa um aumento em relação aos 13% de 1977, quando a maioria dizia que o meio é a maior influência sobre a orientação sexual". Talvez decorrente dessa percepção seja a significativa mudança na aceitação global dos *gays* na sociedade americana. Das pessoas consultadas, 85% defendiam iguais oportunidades de trabalho – um aumento em relação aos 56% de 1977 –, embora menos de 50% fossem favoráveis à extensão dos direitos legais dos casais heterossexuais aos de mesmo sexo.

As interpretações a respeito da mudança atribuem-na ao fato de que mais GLBT estejam assumindo, permitindo assim que o desconforto dos outros diminua gradativamente.

Os profissionais de saúde mental podem desempenhar importante papel na facilitação de um clima de aceitação, e não só tolerância, nos consultórios de terapia e nos centros comunitários.

Os instrumentos que nos foram legados podem ser utilizados em qualquer lugar para ajudar indivíduos, famílias, grupos e comunidades. Esse trabalho pode mesmo traduzir o espírito da declaração de Moreno (1953, p. 1): "Um verdadeiro processo terapêutico não pode ter como objetivo menos do que toda a humanidade".

REFERÊNCIAS BIBLIOGRÁFICAS

ALTMAN, D. *Homosexual oppression and liberation*. Nova York: Outerbridge & Dienstfrey, 1971.

_____. *The homosexualization of America*. Boston: Beacon Press, 1982.

BAKER, A. "With pride and corsage, gay proms reach the suburbs". *The New York Times*, p. Bl, 24 abr. 2001.

CASS, V. "Homosexual identity formation: a theoretical model". *Journal of Homosexuality*, v. 4, p. 219-235, 1979.

COLEMAN, E. "Developmental stages of the coming out process". *Journal of Homosexuality*, v. 7, p. 31-43, 1982.

HARE, A. R.; HARE, J. J. L. *Moreno*. London: Sage, 1996. (Col. Key Figures in Psychotherapy.)

HUMAN RIGHTS WATCH. *Hatred in the hallways: violence and discrimination against lesbian, gay, bisexual and transgender students in U.S. schools*. Washington, 2001.

HUNTER, J.; MALLON, G. P. "Lesbian, gay and bisexual adolescent development". In: GREEN, B.; CROOM, G. L. (orgs.). *Psychological perspectives on lesbian and gay issues*. v. 5. Thousand Oaks; London: Sage, 2000, p. 226-243.

MARTIN, A. D. "Learning to hide: the socialization of gay adolescents". In: FEINSTEIN, S. C. *et al.* (orgs.). *Adolescent psychiatry: developmental and clinical studies*. v. 10. Chicago: University of Chicago Press, 1982, p. 52-65.

MARTIN, A. D.; HETRICK, E. "The stigmatization of gay and lesbian adolescents". *Journal of Homosexuality*, v. 15, p. 163-183, 1988.

MILLER, N. *Out of the past: gay and lesbian history from 1869 to the present*. Nova York: Vintage, 1995.

MORENO, J. L. *Psychodrama*. v. 1. Nova York: Beacon Press, 1946. [*Psicodrama*. São Paulo: Cultrix, 1975.]

_____. *Who shall survive? Foundations of sociometry, group psychotherapy and sociodrama*. Nova York: Beacon Press, 1953. [*Quem sobreviverá? Fundamentos da sociometria, psicoterapia de grupo e sociodrama*. v. 1, 2 e 3. Goiânia: Dimensão, 1992.]

_____. *The sociometry reader*. Glencoe: Free Press, 1960.

OSHERSON, S. "Self-acceptance through psychodrama". In: GREENBERG, I. (org.). *Psychodrama: theory and therapy*. Nova York: Behavioral Publications, 1974, p. 57-67.

SILVERSTEIN, C. (org.). *Gays, lesbians and their therapists*: studies in psychotherapy. Nova York; Londres: W. W. Norton, 1991.

SIROKA, R. "Entrevista a H. Propper e A. Fork". *Psychodrama Network News*, American Society of Group Psychotherapy and Psychodrama, p. 5, 2001.

"The mayor says gay march is intentional provocation". *The Herald Tribune*, 26 maio 2000, p. 1. (Edição italiana em inglês.)

TROIDEN, R. R. "The formation of homosexual identities". *Journal of Homosexuality*, v. 4, p. 43-73, 1989.

TUNNELL, G. "Special issues in group psychotherapy for gay men with AIDS". In: CLADWELL, S.; BURNHAM, R.; FORSTEIN, M. (orgs.). *Therapists on the front line: psychotherapy with gay men in the age of AIDS*. Washington: American Psychiatric Press, 1994, p. 237-254.

WEINBERG, G. *Society and the healthy homosexual*. Nova York: Anchor, 1972.

YALOM, I. D. *The theory and practice of group psychotherapy*. 3. ed. Nova York: Basic Books, 1985.

14 → É PRECISO DOIS:
técnicas psicodramáticas com casais héteros e *gays*

Joseph L. Romance

INTRODUÇÃO

O mantra de Alberto Perez, professor de aeróbica meu conhecido, é: "Nosso corpo precisa se movimentar; movimentar o corpo não só melhora nossa aparência externa, mas também contribui para que nos sintamos melhor interiormente".

Psicodrama é movimento. É um método psicoterápico ativo que dá aos clientes condições para praticar comportamentos novos e mais satisfatórios, expressar sentimentos escondidos e ganhar nova compreensão de si mesmos e dos outros, por meio da representação tanto de cenas da vida real quanto de sonhos e fantasias.

Embora os construtos da intervenção psicodramática sejam mais freqüentemente associados à terapia de grupo, eles são usados também na terapia de indivíduos, famílias e casais.

REFERENCIAL TEÓRICO

Os casais procuram terapia por uma ou mais das seguintes razões: conflitos conjugais, problemas com filhos ou incompatibilidade/infidelidade sexual (Lerner, 1989).

Hayden-Seman (1998, p. 10) afirma que "o começo e o fim de relações românticas estão entre os acontecimentos mais importantes e mais carregados da vida de uma pessoa".

Onde entra o terapeuta de casais? O que sabemos como profissionais de saúde mental? De que ferramentas dispomos para ajudar a orientar esses casais?

O tratamento precisa estar vinculado à pesquisa.

John Gottman (1994) forneceu ao terapeuta de casais dados empíricos sólidos a respeito de relacionamentos satisfatórios e bem-sucedidos, assim como dos que seguem a trajetória da separação. De acordo com Gottman (2000), os relacionamentos dão certo quando há (1) aumento do afeto positivo "cotidiano"; (2) aumento do afeto positivo durante um conflito; e (3) diminuição do afeto negativo durante um conflito. Por outro lado, pode-se prever o fracasso dos relacionamentos quando há (1) crítica, desrespeito, comportamento defensivo e retraimento durante um conflito (que Gottman chama de "Os Quatro Cavaleiros do Apocalipse"); (2) atribuição negativa/sentimento negativo em excesso; e (3) conversas iniciadas de forma abrasiva (mais comum nas mulheres) e sem aceitação de influência (mais comum nos homens).

A teoria de papéis e a sociometria de Moreno (1953, 1966) têm vários paralelos com a pesquisa de Gottman. Moreno escreveu extensamente sobre como certas pessoas trocam uma energia que encoraja os indivíduos e os relacionamentos a florescer com espontaneidade. Esse tema associa-se aos achados da pesquisa de Gottman segundo os quais o aumento do afeto positivo cotidiano aponta para casamentos mais felizes.

Moreno explorou a seleção de papéis, o jogo de papéis e a criação de papéis, assim como a fadiga de papel, que pode tanto minar como estimular a espontaneidade. Gottman expôs um conceito semelhante ao descrever os efeitos sobre o casamento quando casais recorrem, por hábito ou defesas infantis, aos Quatro Cavaleiros do Apocalipse.

Moreno desenvolveu o psicodrama como meio de liberar os bloqueios à espontaneidade. Gottman encoraja construir sobre as forças do casamento. Este capítulo tenta uma polinização cruzada dessas duas teorias.

O INÍCIO: TÉCNICAS PSICODRAMÁTICAS DE AVALIAÇÃO

Espectrogramas, locogramas e escalonamentos

É importante avaliar como cada parceiro de relacionamento identifica os problemas e os pontos fortes.

Uma das técnicas psicodramáticas úteis para avaliação é o locograma, que procura identificar um ponto ou lugar específico.

Robert Sternberg (1998) sugeriu que três fatores constituem a base de uma relação romântica: confiança, entrega (ser capaz de contar com o outro) e intimidade (inclusive sexual).

Depois de concretizar cada fator no piso da sala – na forma de três pontos de um triângulo –, um parceiro por vez situa-se sobre o fator que acredita ser sua maior força e dá ao parceiro um exemplo específico que ilustre sua escolha. A seguir, cada um se coloca sobre a qualidade que acredita ser a maior força do parceiro e lhe dá um exemplo disso. Em seguida, cada um localiza-se na qualidade que mais precisa melhorar e conta ao parceiro o que sente ter condições de fazer para tal melhora. O parceiro que observou faz o mesmo.

Essa técnica psicodramática ajuda o casal e o terapeuta a estabelecer um contrato... ou não. Algumas vezes, um dos parceiros "abre o jogo" dizendo que não está disposto a trabalhar o relacionamento.

Também pode ser interessante o espectrograma, uma linha contínua entre 0% e 100% (Lewis e Johnson, 2000). Depois da exibição de um vídeo de dez minutos e da leitura do artigo de Gottman "Os Quatro Cavaleiros do Apocalipse" (1998), eu coloco uma escala de 1 a 10 no chão com fita crepe e peço que cada parceiro por vez se posicione ao longo da linha e informe ao outro em que número ele se situa em relação a cada um dos Quatro Cavaleiros (crítica, desrespeito, comportamento defensivo e retraimento).

O espectrograma é montado de tal forma que 10 representa "pouco importante" e 1, "muito importante". O 1 é colocado no ponto mais distante do parceiro que está observando e o 10 no ponto mais próximo, como uma metáfora.

Em seguida, eu convido os parceiros, um de cada vez, a escolher a qualidade dos Quatro Cavaleiros que eles consideram ser a mais baixa ou mais precisar de melhora e localizar-se no número que atribuíram a ela. Peço que pensem numa discórdia recente em que eles recorreram àquela qualidade dos Quatro Cavaleiros, relatem rapidamente as condições em que ela ocorreu e façam uma afirmação ou descrevam um comportamento representativo deles naquele número.

Depois, convido-os a se movimentar um ou dois números para cima (mais perto do parceiro observador) e fazer uma afirmação que representaria um progresso em relação ao número original.

Exercício do futuro ideal

Esse exercício se baseia no trabalho de Chassin, Roth e Bogard (1989).

Cada membro do casal cria uma cena ideal, específica, que ilustra o que ocorreria se seus objetivos para o relacionamento fossem alcançados. Pode ser num momento específico do dia (por exemplo, saindo de casa de manhã, chegando à noite ou indo para a cama) ou então uma atividade específica (como discutir um problema, trabalhar juntos num projeto ou decidir sobre uma grande despesa).

Como essa técnica requer muitas inversões de papéis, o exercício é precedido por um breve treinamento nesse recurso. Dá-se especial atenção ao treinamento de papel do parceiro auxiliar, de tal forma que ele compreenda bem como desempenhá-lo.

Quando o primeiro membro termina, o parceiro auxiliar é convidado a partilhar os sentimentos que surgiram na cena idealizada do parceiro. Para que cada um tenha tempo suficiente para essa dramatização, costuma ser necessária uma sessão de duas horas ou, se isso não for possível, a garantia de que o parceiro auxiliar fará sua dramatização na sessão seguinte.

Inversão de papéis

Nesse exercício, os parceiros devem revezar-se na inversão de papéis (literalmente, trocar de cadeiras). Assim, no lugar do parceiro, eles dizem duas coisas que são boas a respeito dessa relação ou o que gostam mais em seu parceiro e em seguida revelam suas duas principais reclamações quanto ao relacionamento.

Depois, o parceiro observador fica atrás do que está falando e faz correções, se for o caso. Se houver correções, a inversão de papéis deve ser repetida.

Em seguida, o outro parceiro diz duas coisas positivas e duas negativas em posição invertida, dando ao parceiro que ele *está sendo* a mesma oportunidade de fazer qualquer correção necessária.

Esse método psicodramático de avaliação cumpre diversos objetivos. Ajuda o casal e o terapeuta a esclarecer as forças que cada parceiro traz para a relação e os pontos fortes da própria relação, assim como as áreas que precisam ser melhoradas.

Mais que isso, os exercícios também encorajam os parceiros a dar às forças e aos aspectos positivos do parceiro a mesma atenção que dão às áreas "em construção".

Gottman (1998) afirma que os casais com relacionamentos mais satisfatórios expressam, para cada queixa, cinco apreciações e afirmações de afeto.

Na fase de avaliação da terapia de casais, esses métodos experimentais também ajudam o casal e o terapeuta a identificar as rupturas nos padrões e os esforços espontâneos para mudar, o que pode ser contemplado mais tarde, no decorrer da terapia.

Finalmente, esses métodos de ação permitem ao casal iniciar novos modos de interação em vez de manter seus modos antigos de regulação de conflitos, que não devem ter sido eficientes.

TÉCNICAS PSICODRAMÁTICAS NA FASE INTERMEDIÁRIA DA TERAPIA DE CASAIS

Essa fase da terapia em geral aborda o que Gottman (2000) chamou de "conflitos perpétuos" no relacionamento e o "estrangulamento" freqüentemente ligado a esses problemas crônicos. A pesquisa de Gottman (2000) mostra que mais de dois terços dos conflitos de um casal são crônicos ou perpétuos.

Daniel Wile (1993) sugeriu que, "quando escolhemos um parceiro, escolhemos um conjunto particular de problemas insolúveis com os quais muitas vezes lutaremos, num corpo-a-corpo, por décadas".

Ocorre com freqüência uma rigidez de papéis, de comportamentos, que parece prescrita como em um texto teatral: um casulo de defesas que torna difícil o acesso ao ponto central.

Como disse Jonathan Kellerman (1988), "a ciência da psicoterapia é saber o que dizer. A arte é saber quando dizer". A aparentemente impenetrável rigidez é freqüentemente acompanhada de confusão e curiosidade. É aí que as técnicas psicodramáticas que se seguem mostram-se valiosas.

Antídotos para os Quatro Cavaleiros

Crítica

Quando um dos parceiros está sendo crítico durante uma divergência na sessão de terapia, faça que ele comente um incidente específico de seu passado em que um genitor, professor ou outra pessoa importante foi crítica com ele. Faça-o dramatizar esse incidente como ocorreu realmente, com o outro parceiro atuando como auxiliar. (Alguns psicodramatistas preferem que o terapeuta desempenhe o papel de antagonista nessa encenação. Eu penso que funciona bem com o outro parceiro como auxiliar, porque, mesmo que haja algum perigo de projeção, freqüentemente o parceiro no papel de antagonista experimenta empatia.)

Quando o protagonista completar a reencenação de como realmente aconteceu, peça-lhe que refaça a cena como ele gostaria que tivesse acontecido, o que em geral ocorre com alguma queixa minimizada e/ou responsabilidade dividida.

Um breve compartilhamento do auxiliar é útil para que essa pessoa saia do papel, ou seja, volte a ser ela mesma. Em seguida, faça o parceiro crítico retornar a crítica original e se expressar mais na forma de uma queixa minimizada e responsabilidade dividida do que na forma de crítica.

Comportamento defensivo

Peça ao parceiro defensivo que inverta papéis com o queixoso, de tal maneira que a pessoa que registra sua queixa ou necessidade possa demonstrar o tipo de resposta não defensiva que ela gostaria de ouvir.

Em seguida, faça a reinversão, com cada um voltando a sua respectiva cadeira, e "dê a volta por cima", fazendo uma repetição rápida da versão corrigida.

Outra técnica é manter o parceiro defensivo em pé atrás da pessoa queixosa dublando-a, voltando em seguida para sua cadeira e respondendo não defensivamente.

Desrespeito

O desrespeito é manifestado em geral de forma não-verbal ou num tom de voz sarcástico, e algumas pessoas nem sempre percebem que estão expressando desdém.

Faça a pessoa que desdenha exagerar ao extremo, utilizando somente linguagem corporal (por exemplo, revirando os olhos, emitindo cacarejos, suspirando, fazendo expressões faciais negativas etc.) enquanto o parceiro está falando.

Em seguida, faça cada parceiro repetir a discussão com o parceiro desdenhoso mostrando interesse e compaixão por meio de expressões faciais ou de sons.

Gravar em vídeo, numa tomada de dez a quinze minutos, um conflito representativo do casal ocorrido no consultório ajuda os parceiros a ver sua linguagem corporal e suas expressões faciais, o que pode ser bastante benéfico.

Retraimento ou obstrução

Um breve aquecimento vivencial para abordar o retraimento, o maior sinalizador de divórcio iminente no caso dos homens (Gottman, 1998), é convidar os parceiros a explorar as quatro defesas mais importantes: o morador da caverna (que constrói um muro de pedra), o aniquilador, o pacificador e o controlador (White, 2001). Usando faixas de tecido ou outra forma de marcação, identifique cada uma das defesas e peça aos parceiros que se coloquem naquela à qual eles recorrem mais freqüentemente, como crianças, dando exemplos.

Peça ao obstrutor que identifique um modo de evitar retrair-se (preferivelmente numa situação que não envolva o parceiro, ou seja, no trabalho, com amigos etc.). Sugira que isso tome a forma de solilóquio, respiração, um movimento, uma visualização e assim por diante. Ele pode recorrer a um mantra que o ajude a evitar o desligamento.

Outra opção é fazê-lo encenar, utilizando o parceiro como auxiliar, um incidente real em que ele tenha obtido sucesso sendo verdadeiro consigo mesmo. Peça aos parceiros que repitam a discussão sem que o obstrutor se retraia.

Em outra versão, o obstrutor lembra uma pessoa de seu passado de quem ele se afastou. Ponha-o numa cadeira atrás da pessoa de quem ele está se afastando e faça-o descrever-se nesse papel. Reinverta os papéis, com o obstrutor voltando a seu lugar original, e peça que ele calcule, em termos percentuais, o grau da intimidação que sente perante essa pessoa do passado, assim como o percentual relativo a seu parceiro atual, de tal forma que a troca possa ser modificada.

O conflito no palco

Essa técnica é mais sociodramática do que psicodramática (Sternberg e Garcia, 2000). A diferença entre sociodrama e psicodrama é que o sociodrama implica atuação do protagonista mais no "como se" do que como ele mesmo.

Convide o casal em apuros a assumir os papéis de duas pessoas em conflito – duas pessoas que não representam seu relacionamento pessoal (por exemplo, estudante e professor, líder sindical e administrador, patrão e empregado etc.).

Desafie-os a apresentar uma discussão em que os dois comecem em posições polarizadas e tentem chegar a um acordo. Depois de dez ou quinze minutos dessa discordância imaginária, os parceiros se revezam dizendo um ao outro três coisas que eles fizeram e que contribuíram para uma compreensão maior do problema e três coisas que o outro fez ou disse que contribuíram para diminuir a distância. Finalmente, peça aos parceiros que apliquem a seus conflitos pessoais o que fizeram no palco.

A "luta"

Quando os casais chegam a um impasse e a negatividade aumenta muito, uma técnica psicodramática útil é pedir que fiquem em pé, ponham as mãos nos ombros um do outro e empurrem-se ao mesmo tempo por alguns minutos (atenção: tome precauções para garantir segurança nesse exercício).

Em seguida, peça uma pausa na luta e dê instruções para que coloquem as mãos na cintura um do outro e empurrem gentilmente um de cada vez, com o parceiro que está sendo empurrado cedendo e balançando levemente para frente e para trás acompanhando o movimento de empurrar e puxar.

Desculpas

Essa técnica se baseia no trabalho de Wiener (1999). Também é mais sociodramática do que psicodramática.

O casal faz uma cena em que os dois são irmãos. Quando confrontados por uma voz parental de fora do palco (terapeuta) dizendo, por exemplo, "Como foi que esse sorvete veio parar em cima da cama?", eles têm de criar uma história para evitar que sejam punidos. São culpados, mas precisam elaborar uma história fantástica, usando muita imaginação e criatividade, para sair do enrosco. Devem apoiar-se mutuamente, dar razão um ao outro, mostrar muita harmonia fraterna e, portanto, fazer que o genitor fique feliz por ter criado filhos exemplares como esses.

Depois da cena, os parceiros dizem um ao outro como se sentiram nesse papel de total colaboração e como algo poderia ser aplicado a seus conflitos atuais.

Inícios suavizados e aceitação da influência

A seguir, algumas técnicas psicodramáticas que ajudam os casais a melhorar essas habilidades.

Peça ao parceiro que sempre começa agredindo que identifique alguém muito bondoso e delicado, um chefe, genitor, avô, amigo ou outro qualquer. Que ele assuma, então, esse papel. Para facilitar a entrada no papel, solicite que a pessoa ocupe outra cadeira na sala e entreviste o personagem. Peça que apresente a reclamação original a seu parceiro, num formato suavizado. Em seguida, que retorne a seu próprio papel e repita a queixa de maneira mais delicada.

O parceiro que tem dificuldade em aceitar influência deve identificar alguém que ele realmente deseje agradar (por exemplo, um genitor, um chefe, um filho, um amigo). Ele assume esse papel e responde, interpretando-o, à sugestão ou necessidade original de seu parceiro, aceitando a influência. Em seguida, volta a seu papel e aceita a influência como ele mesmo.

Benefício da dúvida/prevalência do sentimento positivo

Peça aos parceiros que pensem num exemplo que afaste qualquer intencionalidade de erro ou omissão. Por exemplo, pode-se pensar numa carta que demorou demais para chegar ou foi perdida pelos correios. As pessoas geralmente não pensam nos correios atrasando ou perdendo a correspondência intencionalmente.

Estimule o casal a experimentar uma frustração à qual não esteja associada uma intencionalidade ou atribuição negativa. Em seguida, peça que apliquem a mesma predominância de sentimento positivo a seu conflito conjugal. Se um deles parece distraído, por exemplo, o sentimento positivo seria responder com a preocupação de que algo o está incomodando (por exemplo, trabalho ou família) em vez da interpretação negativa de que está tentando punir o parceiro negando-lhe atenção. Isso é feito no contexto de um conflito real.

FINALIZAÇÕES: FECHAMENTO DA TERAPIA DE CASAIS

Ao finalizar a terapia de casais, é importante utilizar técnicas psicodramáticas, vivenciais, para ancorar os avanços e prevenir a regressão. As técnicas que se seguem podem ser adotadas ao final de uma terapia.

Pela porta de entrada

Construa uma porta de entrada no meio da sala (utilize fita crepe ou uma faixa de tecido, por exemplo), à frente do parceiro observador.

Os parceiros revezam-se, utilizando tecidos ou objetos da sala para concretizar três ferramentas ou habilidades que levarão consigo para transformar a relação naquilo que eles sempre desejaram. Eles dão nomes a essas habilidades e, em seguida, colocam diversas faixas de tecido além da porta de entrada, nomeando as situações em que o uso dessas habilidades vai fazer diferença na vida diária do casal.

Momentos preciosos

Os parceiros repetem uma cena ocorrida em alguma das sessões de terapia que levou a uma mudança significativa em seu comportamento, pensamento ou sentimento referentes à relação. Eles nomeiam o comportamento ou *insight* antes da encenação e dão um nome para a cena ao terminar.

Sanando vulnerabilidades

Os parceiros invertem papéis e elencam uma vulnerabilidade que tenham (na pele do outro parceiro) e uma forma como o outro pode contribuir para compensá-la dentro da relação. Na reinversão podem fazer alguma correção que considerem necessária.

MISCELÂNEA

Atualizações

Geralmente eu agendo uma sessão de acompanhamento, seis meses depois da última sessão, para verificar como os parceiros agiram nesse período tendo em vista suas intenções e mudanças.

A atualização é importante porque estimula o casal a manter seus esforços para melhorar o relacionamento por um período maior de tempo, sabendo que vão ter de prestar contas.

Casais *gays* e lésbicos

Sendo ambos masculinos, os parceiros nas relações *gays* freqüentemente encontram dificuldade de superar o conflito entre serem competitivos e aceitarem influência. Por isso, as técnicas para aceitação de influência geralmente precisam ser repetidas várias vezes.

Como as mulheres são tipicamente socializadas para se acomodar, elas tendem a reprimir os sentimentos de raiva ou insatisfação e a pô-los para fora impensadamente quando já não é possível abafá-los. Os exercícios de suavização inicial, bem como os de estímulo à verbalização das queixas assim que elas surgem, têm importância vital no caso de casais lésbicos.

Também é importante, no trabalho com casais *gays* e lésbicos, reproduzir a cena de sua experiência de assunção, e talvez alguma experiência desejada como acréscimo à experiência real.

A técnica do átomo social (Lewis e Johnson, 2000) pode ser benéfica para determinar o tipo de apoio que eles recebem fora de seu relacionamento.

Aquecimento

Como aquecimento para sessões de casais, tenho utilizado uma miríade de técnicas psicodramáticas.

- Os parceiros dizem um ao outro como está seu aquecimento para a sessão.
- Os parceiros contam um ao outro o conteúdo de uma carta de amor que estão escrevendo mentalmente. Como alternativa, podem escrever a carta no início da sessão (eu costumo utilizar, para esse fim, folhas grandes de papel-jornal).
- Os parceiros se revezam, assumindo o papel da pessoa (viva ou morta) que mais os valoriza, ama e protege, e então contam como se comportaram

na relação durante a semana (por exemplo, descrevendo uma dificuldade, uma conquista).
- Os parceiros ficam em pé, numa posição confortável para se abraçarem, inspiram profundamente e expiram completamente três vezes, sincronizando sua respiração (o "abraço budista").
- Os parceiros massageiam-se nas mãos usando creme hidratante e em seguida contam um ao outro como se sentiram dando e como se sentiram recebendo.
- Cada parceiro elogia uma gentileza que o outro lhe fez durante a semana.

CONCLUSÃO

Recordo-me de uma conversa com um colega sobre o tema "resistência". Faz muito tempo, antes de eu saber que Moreno considerava a resistência falta de aquecimento. Meu colega afirmava, enfaticamente, que muitas vezes a pessoa mais resistente no consultório de um terapeuta é o próprio terapeuta. Sempre penso naquela conversa quando me sinto envergonhado ou inibido na hora de implementar técnicas psicodramáticas na terapia de casais.

Leio então as palavras de Lewis, Amini e Lanon (2000) e fico inspirado:

> *Nada mata mais rapidamente um tratamento do que a inércia estupefata estudiosamente cultivada pelo treinamento psicoterapêutico tradicional. Muitos jovens terapeutas promissores perdem a capacidade de responder conforme são ensinados a ser observadores duvidosamente neutros, evitando contato emocional de forma até mais exigente do que o cirurgião que evita tocar uma incisão aberta com a mão não esterilizada. O resultado é letal. Como a terapia tem ligação com o sistema límbico, a neutralidade emocional drena a vida para fora do processo, deixando atrás a casca vazia das palavras.*

Minha experiência e minha crença são de que as técnicas psicodramáticas atendem à necessidade de uma relação límbica na terapia de casais.

REFERÊNCIAS BIBLIOGRÁFICAS

CHASSIN, R.; ROTH, S.; BOGRAD, M. "Action methods in systematic therapy: dramatizing ideal and future reformed pasts with couples". *Family Process*, v. 28, n. 1, p. 121-131, 1989.

GOTTMAN, J. M. *Why marriages succeed or fail*. Nova York: Simon & Schuster, 1994.

_____. "Predicting divorce". *ABC 20/20*. Programa apresentado em 14 fev. 1994. Produtora: Barbara Baylor. Editor: Colin Hill. Entrevistador: John Stossel. Gottman. American Broadcasting Distribution, 1998. Vídeo.

_____. *Clinical manual for marital therapy: a research-based approach*. Seattle: Gottman Institute, 2000.

Hayden-Seman, J. *Action modality couples therapy.* Northvale: Jason Aronson, 1998.

Kellerman, J. *Over the edge.* Nova York: Signet, 1988.

Lerner, H. G. *The dance of intimacy: a woman's guide to courageous acts of change in key relationships.* Nova York: Harper & Row, 1989.

Lewis, P.; Johnson, D. R. *Current approaches in drama therapy.* Springfield: Charles C. Thomas, 2000.

Lewis, T.; Amini, R.; Lannon, R. *A general theory of love.* Nova York: Vintage, 2000.

Moreno, J. L. *Who shall survive?* 3. ed. Nova York: Beacon House, 1953. [*Quem sobreviverá? Fundamentos da sociometria, psicoterapia de grupo e sociodrama.* v. 1, 2 e 3. Goiânia: Dimensão, 1992.]

_____. "Psychiatry of the 20th century: function of the universalis – Time, space, reality and cosmos". *Journal of Group Psychotherapy, Psychodrama and Sociometry*, v. 19, p. 146-158, 1966.

Sternberg, P.; Garcia, A. *Sociodrama: who's in your shoes?* 2. ed. Westport: Praeger, 2000.

Sternberg, R. J. *Love is a story.* Nova York: Oxford University Press, 1998.

White, E. "Befriending the defenses: a sociometric expansion of role understanding". In: American Society of Group Psychotherapy and Psychodrama Annual Meeting, 59, 2001, Toronto, Canadá. *Proceedings...*

Wiener, D. J. "Dramatic rehearsals in couples therapy". In: American Society of Group Psychotherapy and Psychodrama Annual Meeting, 57, 1999, Filadélfia, PA. *Proceedings...*

Wile, D. B. *Couples therapy: a nontraditional approach.* Toronto: Wiley, 1993.

PARTE III

APLICAÇÕES EM TREINAMENTO E CONSULTORIA

15 → O PSICODRAMA COMO EDUCAÇÃO VIVENCIAL:
exploração da literatura e promoção de um ambiente de aprendizagem cooperativa

Herb Propper

INTRODUÇÃO

Neste capítulo, uso o termo *psicodrama* em seu sentido mais amplo (Moreno, 1969) para denotar o sistema triádico. Quando da criação desse sistema, Moreno identificou a psicoterapia ativa de grupo, o teatro espontâneo e a educação vivencial como os três maiores componentes de seu método.

Ele considerava seus métodos recursos de aprendizagem potentes e eficazes e tinha consciência dos benefícios que poderiam proporcionar em contextos explicitamente educacionais, da mesma forma que na superação de dificuldades emocionais.

A história confirmou essa esperança em uma multiplicidade de iniciativas, experimentos e exemplos, tanto nos Estados Unidos quanto no exterior.

Em 1928 Moreno já demonstrava seus envolventes métodos de ação espontânea em escolas (Marineau, 1989). O desenvolvimento pioneiro dos métodos sociométricos e o uso do jogo de papéis como ferramenta educacional na Hudson Valley School for Girls, no período de 1932 a 1938 (Moreno, 1978), assim como o documentário mostrando exemplos de jogo de papéis, estão entre os casos mais antigos de aplicações educacionais.

Devido ao menos em parte às decisões estratégicas de Moreno no afã de conseguir aceitação mais ampla de seu sistema, as aplicações em instituições educacionais concretas não se realizaram com o mesmo empenho que as voltadas para finalidades explicitamente terapêuticas.

Isso parece se confirmar particularmente nos Estados Unidos, a julgar pelo grande número de profissionais de saúde mental e educadores que fazem parte da American Association of Group Psychotherapy and Psychodrama e de muitos grupos locais de psicodrama.

No momento, parece haver uso mais amplo de métodos espontâneos ativos e de sociometria em contextos educacionais de países como Brasil, Reino Unido, Austrália e Nova Zelândia. Entretanto, essa percepção geral precisa ser investigada com mais rigor em levantamento de dados e pesquisa.

Nos Estados Unidos as aplicações são empregadas principalmente nas áreas de orientação e aconselhamento ou de ensino de psicodrama, sociodrama e sociometria como disciplinas em cursos de psicologia, aconselhamento e saúde mental.

O potencial de utilização mais ampla desses métodos ainda permanece aproveitado parcialmente. Por outro lado, tem havido notável efeito conta-gotas conforme técnicas específicas ou partes do trabalho de Moreno encontram lugar no contexto educacional mais amplo ao longo da evolução dos métodos de grupo, tanto na sociologia como na psicoterapia, em várias instâncias da educação vivencial (Blatner e Blatner, 1997).

A prevalência de simulações em jogo de papéis como técnicas educacionais ou de treinamento, bem como a difusão da aprendizagem cooperativa em todos os níveis de instituições educacionais, mostra que pelo menos parte do sistema de Moreno vem permeando a sociedade e que há uma consciência crescente de seus benefícios em muitas situações de aprendizagem.

O amplo espectro de aplicações reais e potenciais dos métodos de ação espontânea na educação tem sido discutido em certa medida por outros autores. Hendry, Lippitt e Zander (1947) e Haas (1949) são os casos mais antigos. Os primeiros descreveram os benefícios do jogo sociodramático de papéis como estratégia de aprendizagem em um curso universitário de sociologia. O último é um estudo extensivo que combina princípios filosóficos e pedagógicos, com ampla gama de exemplos de aplicações concretas. Foi publicado em forma de livro como edição especial da revista *Sociatry*, com contribuições de 32 professores, pesquisadores educacionais e psicodramatistas/sociometristas, inclusive o próprio Moreno.

A primeira seção do livro de Haas versa sobre a relevância da teoria da espontaneidade para a educação, abordando, entre outros temas, a educação como processo, a aprendizagem integral da pessoa e os benefícios do enriquecimento comunitário. A segunda seção apresenta aplicações práticas em situações de aprendizagem, abrangendo ensino fundamental, ensino médio e ensino superior. Descreve o uso de jogo de papéis, sociodrama, sociometria e jornal vivo, além da ocupação do sociatrista escolar. Essa seção inclui também exemplos de métodos ativos em aconselhamento pessoal e organizacional. A terceira seção apresenta regras práticas detalhadas para facilitar a elaboração de sociogramas, diagramas de papel, testes de papel, testes sociométricos e outras intervenções específicas.

O livro termina com uma síntese de implicações e recomendações, com extensa discussão a respeito dos valores e dos benefícios dos métodos sociodramáticos e sociométricos. Esse trabalho oferece um plano extenso para uso desses métodos, constituindo também uma convocação implícita para a ação. Sua promessa, infelizmente, continua a ser um potencial não aproveitado.

Mais recentemente, Shearon e Shearon (1973) descreveram em detalhe uma oficina de exploração psicodramática dos personagens de *Hamlet* e métodos ativos de ensino de conceitos musicais. Allen (1978) e Altschuler e Picon (1986) ofereceram teoria, aplicações e pesquisas extensas sobre os benefícios da "aprendizagem social" e o uso de métodos sociodramáticos e sociométricos para melhorar relações humanas no meio educacional. Aplicações ainda mais recentes em áreas específicas do ensino fundamental e da universidade são expostas por Lee (1991) e Guldner e Stone-Winestock (1995).

Como observaram Blatner e Blatner (1997, p. 124), "o jogo de papéis, um desdobramento do psicodrama de Moreno, é amplamente utilizado em educação, desde a pré-escola até a pós-graduação". Essas abordagens vêm obtendo aceitação significativa, como notam os autores numa extensa bibliografia que apresentam em "Dramatização criativa e jogo sociodramático em educação".

Apesar de úteis e bem-vindos, esses desenvolvimentos tendem a se concentrar no trabalho com crianças ou na ampliação de habilidades sociais ou vitais sob a rubrica de "treinamento de relações humanas" ou restringem-se principalmente ao treinamento de professores, sociólogos, psicólogos ou profissionais da área de humanidades. Mais ainda, a grande maioria dessas aplicações não aproveita toda a linha da metodologia sociodramática, que inclui solilóquio, dublagem, espelho e inversão de papéis, tampouco o repertório dos métodos e intervenções sociométricos.

Sternberg e Garcia (2000) oferecem um levantamento amplo das aplicações do sociodrama em contextos educacionais como história e estudos sociais, problemas culturais, línguas estrangeiras, habilidades vitais, literatura, psicologia, medicina, enfermagem e educação de adultos. Os autores fazem excelentes indicações de como tal abordagem pode aprofundar e enriquecer o processo de aprendizagem nessas áreas. Sua discussão é recheada de sugestões e exemplos práticos, embora não descreva em detalhe a conduta a ser seguida para explorações específicas.

EXEMPLOS DE APLICAÇÃO EM DIVERSAS ÁREAS

Com o objetivo de ampliar o escopo do trabalho anterior e demonstrar o potencial dos métodos ativos espontâneos, focalizarei exemplos de minha prática, por meio de descrições minuciosas. Espero que possam mobilizar a imaginação de professores e educadores, assim como de quem já pratica esses métodos em outros contextos, e inspirá-los a expandir seu repertório de estratégias de aprendizagem e a enriquecer sua prática.

Encontros breves com personagens do teatro e da literatura

Na condição de professor de teatro e literatura, pude verificar que os métodos psicodramáticos têm valor inestimável ao oferecer a estudantes *insights* e vínculos emocionais com os personagens, temas e situações das obras estudadas.

Em cursos de literatura dramática e teatro, eu ofereço freqüentemente aos alunos uma oportunidade de criar um diálogo espontâneo com personagens tanto principais quanto secundários. Em geral, começo dispondo cadeiras vazias para dois ou três personagens importantes. Dado que essas investigações acontecem num tempo referencial de 30 a 45 minutos, o foco precisa ser limitado.

Como aquecimento, peço aos estudantes que imaginem os personagens sentados nas cadeiras vazias, estimulando-os a vê-los muito concreta e vividamente (com a advertência de que naquele momento o personagem pode aparecer a eles em roupas e atitudes bastante convencionais ou de forma não familiar e surpreendente). Dependendo da familiaridade que os alunos tenham com exercícios de ação imaginativos, a montagem pode exigir algum tempo e paciência.

A seguir eu os convido a se dirigir aos personagens, encorajando-os a dizer qualquer coisa que lhes venha à cabeça. Enquanto eles se aquecem para a interação, eu freqüentemente faço eco de suas afirmações para enfatizar e apoiar ou então uma dublagem para esclarecer reações emocionais e atitudes em relação ao personagem ao qual se dirigem.

No começo dessa etapa, muitas vezes eu peço que transformem perguntas em afirmações, novamente com o objetivo de esclarecer seus sentimentos e atitudes mais do que acusar um personagem com julgamentos negativos.

Quando o aquecimento alcança suficiente aprofundamento, solicito a alguém que esteja bastante aquecido para fazer determinado personagem que se sente na cadeira daquele personagem e converse tanto consigo mesmo como com outros estudantes que tenham afirmações ou perguntas a fazer.

A partir daí a dramatização vai acontecendo espontaneamente, ora focalizando um personagem de cada vez, ora motivando diálogos entre personagens.

Outros estudantes que se mostram aquecidos para um personagem específico são então convidados a assumir esse papel por um tempo, de modo que múltiplos atores aparecem com freqüência.

Muitas vezes os atores têm vínculos diferentes com o mesmo personagem ou têm dele visões contrastantes, positivas ou negativas. Assim, podem-se explorar e expressar aspectos significativos e conflitantes do personagem.

Numa exploração de *Medéia*, de Eurípides, por exemplo, um aluno se aliou à sede de vingança que impulsionava a personagem contra um Jasão desertor e aproveitador, enquanto outro se identificava com os instintos maternais de proteção aos filhos de Medéia. Cada estudante, espontânea e apaixonadamente, defendia o caso de seu ponto de vista, dramatizando com empenho o conflito interno da personagem para toda a classe.

Em outro trabalho, sobre *Romeu e Julieta*, um diálogo intenso emergiu entre Romeu e Tebaldo. Romeu acabou pedindo desculpas por ter matado impulsivamente o primo de Julieta, o que motivou uma reconciliação, como realidade suplementar, entre os dois personagens depois de mortos.

Explorações como essas incluem, por exemplo, encontros entre Nora e Torvald em *Casa de bonecas,* de Ibsen, entre Medéia e Jasão em *Medéia*, de Eurípides, e entre Austin e Lee em *True West*, de Sam Shepard.

Numa situação recente, ao estudar *A trágica história do Doutor Fausto*, de Marlowe, a grande maioria dos alunos escolheu focalizar Fausto e Mefistófeles. Cadeiras foram colocadas para cada um e o aquecimento consistiu em duas partes. Primeiro, pedi a eles que visualizassem cada personagem o mais vividamente possível. Em seguida, convidei-os a fazer uma ou duas afirmações iniciais para cada um. Em conseqüência disso, engajaram-se numa discussão acalorada com Fausto a respeito de sua responsabilidade por ter escolhido aliar-se a Lúcifer.

Diversos alunos dirigiam-se espontaneamente até a cadeira de Fausto à medida que o encontro progredia. A maior parte deles era favorável à idéia de que Fausto era fraco por sucumbir à tentação e que sua queda tinha sido, na verdade, responsabilidade de Mefistófeles. Ao final, um único estudante adulto do grupo levantou a possibilidade de que Mefistófeles não fora ouvido, e ele foi convidado a assumir esse papel.

Quando o restante do grupo que ainda não tinha nenhum papel foi solicitado a se alinhar com um ou outro dos personagens, todos escolheram Fausto. Isso deu origem a uma vigorosa conversa entre os dois personagens a respeito de quem teria a responsabilidade última pela queda de Fausto. Eu então pedi que os atores invertessem os papéis e experimentassem rapidamente a perspectiva oposta, voltando em seguida aos papéis originais para as palavras finais.

O resultado foi uma divisão dentro de Fausto, entre o lado dele que sabia de sua responsabilidade existencial pelo próprio destino e o lado que desejava evitar a dor de uma escolha adulta culpando uma força externa.

Medéia, de Eurípides, tinha sido estudada anteriormente no curso, o que ocasionou uma comparação entre a divisão de Fausto e o conflito interno de Medéia a respeito da decisão de matar os filhos. Isso aconteceu em ação: Medéia foi trazida para o encontro com um dos estudantes representando cada um de seus dois lados.

O diálogo que se seguiu mostrou uma rica fonte de comparação e análise das semelhanças existenciais e diferenças entre Fausto e Medéia, o que foi explicitado pelos alunos durante a fase do compartilhamento.

Uma das muitas áreas potencialmente ricas de *Doutor Fausto* não exploradas nessa sessão foi a relação de Fausto com Helena de Tróia (objeto das frases imortais "Foi esse o rosto que lançou às águas mil navios/E queimou as torres sem fim de Ílion?"). Criar a interação espontânea desses personagens evocaria os temas das fantasias de idealização masculina, da transformação da mulher em objeto na relação amorosa e das aspirações da mulher a ser vista como ela mesma. Isso com certeza proporcionaria aos estudantes *insights* importantes a respeito das dimensões mais profundas da peça e ofereceria oportunidade para uma rica exploração de problemas e temas significativos inerentes ao material.

Explorações ativas para a arte da dramaturgia e da representação

Em oficinas de dramaturgia, utilizo como método central a cadeira vazia para encontros com personagens em processo de criação. É um meio de estimular a imaginação criativa dos alunos e de usar sua espontaneidade para fechar foco sobre personagens específicos. Isso permite aos estudantes superar bloqueios criativos e explorar alternativas na criação do personagem.

Essa abordagem se mostrou extremamente útil tanto na fase inicial quanto na fase final da criação de personagens. Pode proporcionar novas linhas de ação e revelar motivação interior e camadas surpreendentes de personalidade.

A metodologia básica desse processo não é diferente da dos exemplos anteriores, exceto que as informações e os *insights* mais produtivos vêm de entrevistas com o estudante em inversão de papéis com o personagem.

Quando surgem indicações relativas a experiências passadas do personagem ou a respeito de cenas que o aluno não tinha ainda imaginado, a encenação é ampliada para permitir ao personagem (desempenhado pelo estudante) mostrar experiências e interações com outros personagens em seu mundo ficcional. Os resultados proporcionam ao aluno-dramaturgo uma riqueza de conteúdos potenciais, que ele pode livremente aproveitar ou descartar.

Ao trabalhar com atores em formação, as encenações dividem-se em duas grandes categorias. A primeira é uma reencenação de uma experiência pessoal escolhida pelo estudante, que então se torna protagonista psicodramático. A reencenação pode incluir uma variedade de explorações para aprofundar a experiência, incluindo solilóquio, aparte, dublagem e inversão de papéis.

No contexto de um curso de arte da representação, entretanto, o objetivo de tal investigação se torna mais do que expandir a autoconsciência e o crescimento pessoal. Ela oferece ao aluno um processo específico de criação de uma peça de arte representativa, baseada em experiência pessoal. Na grande maioria dos casos, proporciona também aumento do sentimento de confiança na auto-apresentação e redução significativa da ansiedade na representação.

A outra grande abordagem é o acompanhamento dos estudantes no processo de desenvolvimento de uma obra representativa. Explorações desse tipo dependem do estágio em que se encontra o desenvolvimento da peça.

Numa etapa bem inicial, o trabalho usualmente começa com um encontro do aluno com o "projeto", sendo este um personagem na cadeira vazia. Depois de suficiente aquecimento, o papel de projeto pode ser solicitado a se autodescrever, a definir seus objetivos ou seu impacto no público ou ainda a explicitar o que ele precisa do estudante para crescer e amadurecer.

Para projetos em fase mais avançada, os alunos têm criado uma simulação do projeto em curso, identificando vários de seus componentes como papéis individuais, definindo cada papel por meio de uma auto-apresentação e, a partir daí, construindo uma escultura viva simulando a representação, com auxiliares fazendo os vários papéis.

O estudante protagonista assume então o papel de orquestrador, diretor ou meta-ator, para experimentar as várias formas ou alternativas da peça.

O papel de público muitas vezes também é incluído, para explorar o possível impacto, as intenções artísticas e a clareza da comunicação por meio da inversão de papéis do estudante protagonista com o papel de público.

Assim como nas explorações dramatúrgicas, os alunos têm considerado essa abordagem altamente estimulante e produtiva, proporcionando-lhes *insights*, inspiração e percepção mais clara tanto da forma como da relação entre representação e público.

MÉTODOS ATIVOS NO ESTUDO DA MITOLOGIA

Introdução

Nos últimos cinco anos, tenho ministrado um curso de mitologia em parceria com um professor de literatura. Minha maior contribuição consiste na utilização de métodos ativos para explorar os vários personagens mitológicos e obras literárias em estudo.

Uma das perspectivas fundamentais do curso, que nós dois enfatizamos, é que o estudo produtivo da mitologia envolve mais do que uma abordagem analítica, intelectual, objetiva. É necessário um esforço autêntico para se abrir à influência dos personagens e conteúdos mitológicos, engajando-se neles de coração.

A clientela do curso varia em torno de 35 pessoas, graduandos de várias áreas do nível superior. O conteúdo concentra-se em três grandes áreas: mitologia grega clássica, incluindo duas tragédias famosas (*As bacantes* e *Édipo rei* ou *Antígona*); as lendas do rei Artur e do Santo Graal; e várias histórias bem conhecidas da Bíblia.

A exploração destas últimas incorpora tanto métodos ativos padrão quanto alternativos do bibliodrama (Pitzele, 1997, 1999; Miller, 1997). Esse conjunto tem proporcionado uma oportunidade excelente e um laboratório para utilização de boa quantidade de métodos ativos, dos quais pretendo descrever alguns exemplos típicos.

Muitos dos alunos não se conhecem previamente. Para criar uma atmosfera que permita superar resistências à aprendizagem vivencial com que muitos entram no curso, vários métodos sociométricos são utilizados para promover a construção e a coesão do grupo. Esses métodos são descritos a seguir.

Nos encontros iniciais do curso, são oferecidas somente oportunidades simples e breves para a ação espontânea. À proporção que o curso evolui, muitas das explorações ativas são delineadas de modo a incluir todo o grupo, para que os estudantes que habitualmente evitam a participação ativa, quer em discussões, quer em ações, tenham a oportunidade de se engajar sem se tornar focos de atenção.

Atuação inicial simples: encontro solo na cadeira vazia

Numa sessão inicial, os estudantes são solicitados a lembrar personagens mitológicos com quem sentem alguma ligação. Podem ser personagens da cultura contemporânea.

Num encontro subseqüente, pede-se primeiro que cada um se conecte com um ou mais companheiros, compartilhando personagens afins e, em seguida, outro personagem que lhe pareça muito diferente do seu (busca do pólo oposto).

Depois que os alunos tiveram tempo suficiente para se misturar e compartilhar, eu convido os que queiram explorar um pouco mais sua conexão com o personagem a dar um passo à frente e dizer algo para o grupo a respeito dessa conexão.

A partir de então, um ou mais estudantes emergem como protagonistas para um encontro breve, do tipo cadeira vazia, com seu respectivo personagem. Isso normalmente envolve uma série de afirmações, com algum eco ou dublagem feitos por mim, inversão de papéis com o personagem e escolha de sósia, produção de respostas baseadas no papel do personagem e volta ao papel original para ouvir a resposta, tendo o sósia como auxiliar.

O encontro termina com uma última palavra do eu para o personagem.

No encerramento, estimulo o estudante a marcar um "compromisso" com o personagem para uma conversa em algum momento posterior, que pode acontecer em um dos encontros normais do curso ou em momento particular, no horário de folga do estudante.

Sociodrama típico ou bibliodrama: um ator em cada papel

Essa abordagem utiliza os métodos sociodramáticos mais conhecidos ou o bibliodrama, no qual voluntários assumem os papéis por conta própria.

A ação começa, em geral, com cadeiras vazias colocadas para os papéis principais mais óbvios, tendo o grupo oportunidades de acrescentar outros papéis que a maioria sinta merecer consideração (por exemplo, na história do Gênesis, a Árvore ou os Portões do Jardim do Éden).

Depois de um aquecimento inicial, na maioria das vezes uma entrevista do diretor, começa a interação entre os personagens. Costumo usar apartes e dublagens para estimular a expressão de sentimentos significativos, amplificar conflitos e evitar tendências a estereótipos ou autoconsciência dos atores.

Para manter o restante do grupo envolvido, costumo também solicitar dublagens ou a expressão de atitudes e reações alternativas. Os membros da platéia que ficam muito aquecidos são convidados a atuar, seja como dublês, seja como co-atores.

Uma das vantagens dessa abordagem é que aqueles que se apresentam voluntariamente para o papel inicial são alunos que têm um mínimo de autoconsciência e se sentem mais confortáveis participando ativamente de todas as fases da aula. Eles tendem a se aquecer mais plenamente para o papel, produzem mais e incorporam as intervenções e sugestões do diretor.

Uma desvantagem óbvia é que muitos dos estudantes mais passivos permanecem assim durante toda a atuação. Eu tento enfrentar isso solicitando, de vez em quando, reações da platéia diante de momentos fortes ou inusitados e reformulando as reações em comentários diretos para o personagem ou personagens envolvidos.

Por minha experiência, essa abordagem funciona melhor nas fases iniciais do curso, e é pedagogicamente mais produtivo empregar outras abordagens descritas a seguir, que envolvem o grupo todo na ação desde o começo.

Atuação do grupo todo: vinhetas de pequenos grupos

Uma estratégia alternativa é utilizar o grupo todo desde o início, começando com um lograma dos personagens principais (por exemplo, colocando uma cadeira para cada três ou quatro personagens, com espaço suficiente em volta de cada um para permitir aglomeração). Tenho usado isso, por exemplo, com a história do Jardim do Éden e com o *Hino a Deméter*.

As locações iniciais, no primeiro caso, são Adão, Eva, Deus e a Serpente. Algumas vezes, o grupo acrescenta espontaneamente outras durante a ação, por exemplo, a Maçã ou a Árvore do Conhecimento.

Para o *Hino a Deméter*, as locações usuais são Deméter, Perséfone e Hades. Ocasionalmente o grupo opta por acrescentar Zeus, uma vez que ele tem importância crucial na história, embora apareça apenas brevemente no texto real. Uma vez estabelecidos os locais, pede-se que cada estudante se situe em um deles, com o qual se sinta mais conectado.

Outra exploração sociométrica que eu tenho utilizado implica que os alunos escolham o papel com o qual sintam a menor conexão, a maior dificuldade, o papel que lhes pareça mais misterioso (esse último critério é útil para que os estudantes superem a tendência a ver os personagens da perspectiva de simples melodrama, ou seja, em termos de personagens "bons" ou "maus").

Um terceiro movimento sociométrico pode ser o papel diante do qual eles se sintam mais perplexos ou do qual queiram aprender algo. Quando se utiliza mais de um movimento, eu ofereço aos estudantes a possibilidade de escolher em que papel desejam permanecer para começar a atuação.

Como aquecimento para a dramatização, pede-se aos estudantes que dêem voz àquilo que consideram as emoções e atitudes predominantes do personagem que eles escolheram. Com dublagem de diretor, eu os oriento a não se preocupar muito com aparentes contradições e inconsistências nas falas, lembrando-lhes que esses personagens, como seres humanos concretos, podem muitas vezes ter atitudes e emoções inconsistentes ou conflitantes, ou seja, que são complexos e não unidimensionais.

Quando os papéis individuais estão suficientemente aquecidos, eles estão prontos para iniciar um diálogo interativo. Os personagens são estimulados a fazer afirmações um para o outro e a responder a essas afirmações, e uma dublagem constante do diretor vai esclarecendo e focalizando as respostas emocionais.

Quando se alcança um nível significativo de intensidade na interação, o grupo é orientado a mudar a perspectiva, trocando de papéis. Depois de conduzirem a ação tempo suficiente para poder compreender e apreciar a nova perspectiva, os estudantes são solicitados a retornar a seu papel original, continuar o diálogo e, na seqüência, fechar a ação fazendo afirmações finais.

Depois, eles compartilham em pequenos grupos, em geral trios ou quartetos sociométricos que, tanto quanto possível, incluem uma pessoa de cada um dos papéis.

Numa dessas vezes em que se trabalhou o Jardim do Éden, as falas mais destacadas de Adão foram algo como "Eu me sinto só" e a pergunta dirigida a Deus, "Por que me criou?" As da Serpente foram "Não me sinto culpada" e "Não existe pecado no que eu fiz!" Nessa ocasião específica, Eva ficou quieta por muito tempo, uma vez que as pessoas que faziam seu papel sentiram-na uma mulher altamente submissa. A Árvore do Conhecimento, espontaneamente introduzida durante a dramatização, estava brava com Deus, sentindo também que, literalmente enraizada, ela encarnava a autêntica vida. Deus exibia mais destacadamente o papel de juiz severo, cuja mensagem essencial a Adão era: "Eu lhe dei livre-arbítrio e você decidiu".

Atendendo à demanda de Adão por respostas e por satisfação emocional, que acabou por tornar-se o principal foco da dramatização, os que faziam o papel de Deus foram orientados a conferenciar brevemente para encontrar uma resposta consensual. Assim, a resposta à questão central de Adão, "Por que me criou?", veio a ser: "Era meu plano".

Uma exploração maior da "realidade suplementar" de Deus produziu um subpapel de Homem Compassivo, cujo objetivo era abrandar a frustração raivosa e os sentimentos de impotência de Adão. Esse Deus finalmente chegou à decisão de compensar o remorso pelo sofrimento de Adão enviando à Terra seu único filho como sacrifício para redimir o homem, Adão, e toda sua descendência.

Outro trabalho bastante produtivo feito com o grupo todo foi o tratamento da história bíblica de Abraão e Isaque, estudada no curso com base em dois textos: o relato de Gênesis 22:1-19 e uma conhecida peça medieval do ciclo de Brome.

Essa abordagem utiliza os recursos criativos de todo o grupo para produzir várias versões tanto dos momentos de destaque quanto dos personagens secundários da história. Inclui os momentos obviamente mais destacados e dramáticos, assim como outros que ficam implícitos ou são menos valorizados nas apresentações tradicionais.

Para chegar a esse resultado, o grupo é inicialmente dividido em subgrupos de quatro, recorrendo-se a vários critérios sociométricos para garantir distribuição relativamente igual de companheiros mais conhecidos e menos conhecidos em cada quarteto.

Aos subgrupos é dado um tempo para discutir internamente as reações à história e escolher uma seqüência para ser apresentada ao restante do grupo, na forma de quadro breve ou de escultura. Têm ampla liberdade para decidir se apresentam um momento dramaticamente destacado ou algum outro que não esteja descrito diretamente no texto.

Quando preparado, cada subgrupo faz sua apresentação. Como diretor, costumo estimulá-los a aprofundar ou expandir um pouco mais a apresentação, na maior parte das vezes utilizando solilóquios para algum personagem em momentos importantes. Isso favorece a avaliação de emoções, pensamentos não expressos e imagens de realidade suplementar para os vários personagens.

O universo de experiência e de material coberto dessa forma é particularmente notável. Algumas esculturas, por exemplo, focalizaram a experiência do cordeiro sacrificado. Outras examinaram os sentimentos e as reações dos servos que acompanhavam Abraão e Isaque em sua viagem, mas não estavam presentes nos momentos dramáticos do sacrifício. Outro quarteto, que incluía estudantes já familiarizados com o sociodrama, utilizou dublês para Abraão e Isaque quando este estava sendo amarrado. Outro, ainda, escolheu apresentar Abraão na viagem ao Monte Moriá (local do sacrifício estipulado por Deus). Nessa versão, Abraão tentou lidar com o conflito de sentimentos entre o pai e o servo fiel a Deus, racionalizando: "Estou cumprindo minha tarefa".

Diversos solilóquios de Isaque ao descer a montanha depois do evento focalizaram os sentimentos de profunda traição, expressos em automensagens como "Nunca mais vou confiar no meu pai", "Nossa relação mudou para sempre" ou "Não vejo a hora de deixá-lo e tocar minha vida".

Foi muito evidente, tanto no compartilhamento que se seguiu à dramatização como na discussão geral, que essa abordagem fez aumentar significativamente o vínculo emocional e a valorização do material pelos estudantes.

A mesma abordagem foi utilizada no estudo do órfico *Hino a Deméter*, para explorar o mito de Deméter e Perséfone, com resultados em geral bastante semelhantes.

Atuação do grupo todo: encontros entre personagens proeminentes

Em um trabalho sobre *O Livro de Jó*, o aquecimento começou com um pedido aos estudantes para que pensassem em alguma pessoa conhecida que tivesse vivido um grande sofrimento.

Eles então formaram trios, com os papéis sociodramáticos de "sofredor", "confortador" e "um dos fatores do sofrimento". Esse terceiro papel foi por mim definido dessa forma, e não da mais óbvia, "o causador do sofrimento", para evitar excessiva atribuição de culpa, humilhação e raiva unidirecionada.

Durante breve interação espontânea, os estudantes foram orientados a focalizar em cada papel as questões "O que eu sinto?" e "De que eu preciso?" Em seguida, houve um período de compartilhamento, também em trios.

Para a atuação do grupo todo, escolhi apenas dois papéis, Jó e os confortadores. O grupo foi dividido em dois, cada um ficando em primeiro lugar com um dos papéis e depois com o outro. Em cada papel eles foram solicitados a focalizar as questões "Como eu sinto o outro?" e "De que eu preciso do outro?"

Depois desse aquecimento, diversos voluntários apresentaram-se para assumir os papéis. Eu pedi que cada papel, um por vez, verbalizasse uma série de afirmações dirigidas ao outro – fazendo ocasionalmente dublagens com o objetivo de esclarecer ou assinalar sentimentos e demandas – e em seguida, quando todos estivessem aquecidos, partissem para um diálogo mais interativo como atores. Os demais membros do grupo participaram fazendo acréscimos espontâneos à medida que também se aqueciam.

Algumas das afirmações mais destacadas de Jó, nesse segmento, foram: "Você não consegue entender minha experiência" e "Eu compreendo Deus agora de maneira diferente". A mais importante declaração do confortador foi: "O sofrimento me assusta, vindo daí minha necessidade de que você aceite meu conforto".

Para manter a ação focalizada, circunscrita e limitada no tempo, o papel de Deus não foi introduzido nessa ocasião. Poderia facilmente ter sido e sob diferentes circunstâncias teria proporcionado excelente expansão e enriquecimento da ação. O papel de Satanás poderia ter sido incluído também, como ficou evidenciado nas reações do grupo.

Os atores, então, inverteram papéis e produziram diálogos no pólo oposto. Em certa altura, os confortadores foram indagados a respeito da distância física que gostariam de manter entre eles e Jó. A resposta-chave foi: "Eu praticamente posso me colocar em seu lugar. Estou atado pelo medo".

O restante do grupo, no papel de testemunha, foi convidado a fazer afirmações para cada um dos papéis. Alguns manifestaram identificação e empatia com ambos, Jó e os confortadores, e outros, somente com os confortadores.

A sessão terminou com um intenso compartilhamento de todo o grupo a respeito de suas reações à dramatização e à história de modo geral. A parte mais significativa da discussão foi sobre a possibilidade de uma pessoa compreender realmente a dor de outra. A conclusão mais aceita foi a de que o maior conforto, para ambas as partes, decorre da mera tentativa de se abrir à dor alheia.

Para futuras versões do curso, um aspecto da pesquisa empírica bastante útil seria investigar até que ponto as experiências de inversão de papéis contribuíram para que o foco dos estudantes se dirigisse a esse problema específico.

Outros métodos de ação atípicos

Como parte do estudo do mito de Cupido e Psiquê, pedi aos estudantes que focalizassem o momento crucial da história. Psiquê, contrariando a proibição de Cupido de que sua identidade fosse descoberta e pressionada pelas demandas de suas irmãs ciumentas, traz uma lâmpada para vê-lo dormir depois de terem feito amor. Uma gota de óleo da lâmpada cai sobre Cupido, despertando-o e levando-o a abandoná-la.

Depois de um aquecimento feito por todo o grupo de olhos fechados, dois voluntários se apresentaram para fazer solilóquios a respeito dos pensamentos e sentimentos interiores de Psiquê no momento da descoberta. O grupo foi estimulado a fazer dublagens para apoiar os voluntários e ampliar o espectro e a profundidade dos sentimentos.

Em seguida, pediu-se a cada participante que escrevesse uma breve narrativa a respeito de um momento de sua experiência pessoal em que se conectou de alguma forma com qualquer das emoções mais fortes do momento da descoberta de Psiquê. O grupo então formou pares, para compartilhar o conteúdo dos textos.

Para aprofundar o estudo da tragédia grega, incluí uma pequena peça de ação para proporcionar aos alunos uma introdução ao Coro por meio de vivência. A contribuição e o significado do Coro, na tragédia, é provavelmente o elemento mais difícil de ser entendido pelos estudantes modernos, especialmente porque são muito raros os exemplos de *performances* de alta qualidade profissional.

A segunda das duas tragédias estudadas é *As bacantes*, de Eurípides, na qual o Coro é composto de bacantes devotadas ao culto de Dioniso, cuja prática se realiza em torno da celebração da fertilidade em danças extáticas e êxtase sexual.

A peça de ação que imaginei para esse momento é simples, breve, ainda que potente. O grupo é dividido em dois círculos concêntricos. Os que estão no círculo interno proporcionam a parte de movimento e som, enquanto os que estão no externo proporcionam o ritmo fazendo percussão. O texto para o círculo interno consiste de expletivas repetidas muitas vezes nas odes corais que são partes tradicionais do ritual das celebrações do período: "Io! Dioniso! Brômio! Rugidor! Baco!" Os alunos são orientados a gritar essas palavras aleatoriamente tão alto quanto possível enquanto se movimentam, dando saltos para todo lado. O círculo externo percute um ritmo de ode coral típico, combinando um trocaico (longo-curto) com um anapesto (curto-curto-longo), em um ritmo de cinco batidas. A dublagem (ou animação de torcida) do diretor é importante para que os estudantes do círculo interno se aqueçam para poder se expressar mais plenamente.

Depois de um tempo suficiente para permitir que o aquecimento se aprofunde, os papéis dos dois círculos são invertidos, de modo que os percussionistas se tornem dançarinos e vice-versa, continuando assim a ação.

Quando a energia dos alunos começa a diminuir, termina a ação e inicia-se o compartilhamento. Os depoimentos mais comuns assinalaram a utilidade do trabalho no sentido de dar aos estudantes uma idéia mais clara do poder emocional do coro.

Dramatização com várias cenas de um personagem não presente na obra literária

Outro caminho produtivo é permitir aos estudantes que explorem personagens não diretamente incluídos no enredo de determinada obra, mas que possam ter algum lugar plausível na história.

Ainda que essa estratégia extratextual possa gerar considerável oposição de certas escolas de teoria e crítica literária, ela tem a vantagem de enriquecer significativamente a experiência dos estudantes, dando-lhes a oportunidade de ampliar sua visão da obra, trazendo sua imaginação criativa para a relação com ela. Nesse caso, a abordagem ativa espontânea tem muito em comum com experimentos recentes sobre o uso do hipertexto (ver, por exemplo, http://www.eastgate.com/catalog/Fiction.html e http://www.duke.edu/~mshumate/hyperfic.html).

A SOCIOMETRIA NA SALA DE AULA

Introdução

Não chega a ser surpresa para os profissionais de psicodrama e sociometria que esta última sirva como ferramenta valiosa para favorecer a aprendizagem na sala de aula.

De longe, a maior porcentagem de situações de aprendizagem nas escolas de todos os tipos – desde as convencionais até as alternativas, as experimentais e as não tradicionais – ocorre em grupos.

O grupo educacional apresenta, em geral, objetivos e tarefas bem definidos e uma estrutura abrangente de papéis. A dinâmica e a atmosfera de grupo têm, para os alunos, algum efeito, por menor que seja, sobre o clima e o sucesso relativo da experiência de aprendizagem.

A investigação e a explicitação das relações encobertas entre estudantes ou entre professor(es) e cada estudante podem ter impacto positivo sobre o clima de aprendizagem, permitindo aos alunos uma focalização mais produtiva de suas energias nas tarefas específicas da aprendizagem e nos desafios apresentados.

A seguir, uma amostra de situações em que utilizo a sociometria na sala de aula. Essas situações incluem um largo espectro de intervenções, dependendo muito dos objetivos educacionais de cada disciplina, assim como do tamanho e da estrutura da classe.

A profundidade dos encontros e dos compartilhamentos é limitada pelo contrato educacional ou acadêmico, como também pelo nível de maturidade de cada grupo de estudantes e seu grau de conforto com a auto-exposição. Entretanto, qualquer que seja o grupo ou a profundidade de intervenção, há um benefício notável em termos de coesão grupal, auto-estima do aluno e sentimento de competência.

Curso de oratória: trabalho com pares e espectrogramas

Num curso sobre noções básicas para falar em público, utilizo a sociometria de várias maneiras diferentes.

Nas sessões iniciais, um dos objetivos principais é desenvolver uma atmosfera positiva e apoiadora, para reduzir a ansiedade que toma conta dos estudantes quando têm de falar em público. Nessa etapa, eu promovo encontros informais em pares ou trios, com vista à troca de informações pessoais.

Na medida em que descobrem os vínculos e os papéis que têm em comum além do papel de participantes do curso, os alunos se sentem mais confortáveis quando têm de falar sobre os diversos assuntos.

Mais tarde, na preparação de discursos para dar informações gerais e para persuadir, introduzo espectrogramas com o objetivo de proporcionar aos estudantes a oportunidade de obter conhecimentos específicos a respeito de seu público (nesse caso, os demais participantes da aula). Isso abrange tanto o nível de interesse ou de conhecimento a respeito de um assunto específico quanto o conjunto de crenças e atitudes em relação a problemas específicos ou temas controversos.

Um estudante que esteja preparando um discurso persuasivo a respeito do aborto, por exemplo, pode não apenas conhecer o espectro de atitudes do grupo, desde as favoráveis até as que se opõem, mas também, por meio de pequenas provas, alcançar conhecimento mais concreto a respeito da estrutura de crenças e da motivação dos ouvintes.

Um aluno que pretenda informar o grupo sobre um tema específico pode descobrir quanto de conhecimento os ouvintes já têm, evitando assim repetir algo que eles já saibam.

O uso do espectrograma no caso de temas controversos, associado a uma investigação a respeito das razões que os estudantes têm para assumir dada posição a respeito dessas questões, traz a vantagem adicional de aumentar a tolerância a opiniões contrárias a crenças fortemente sustentadas.

Assim, fica mais fácil para os alunos pelo menos dar ouvidos a um ponto de vista oposto, sem cair numa condenação emocional disfarçada, seja do conteúdo da opinião, seja da pessoa que a defende.

Escrita de ensaio: espectrogramas para reduzir a ansiedade e promover inversão de papéis

Em cursos introdutórios de escrita de ensaios em prosa, a sociometria também foi utilizada para ajudar os estudantes a obter conhecimento concreto dos interesses, valores e opiniões de companheiros de classe que serviram experimentalmente como seu público leitor.

A falta de conhecimento dos interesses e preferências de um público de leitores, da mesma forma que suposições inválidas ou distorcidas a respeito deles, está entre os fatores que freqüentemente geram intensa ansiedade e bloqueios à tarefa de escrever. Em outras palavras, falta aos alunos a capacidade de imaginar um público e inverter papéis com um ou mais leitores prospectivos.

O uso repetido de espectrogramas combinados a conversas informais em pares e trios tem sido claramente valioso no treinamento de estudantes para que focalizem sua escrita em leitores concretos e imaginem um público bem definido; dessa forma, eles não se perdem nos labirintos mentais interiores, conduzidos pela ansiedade.

Curso de mitologia: intervenções ativas e teste sociométrico

Outro curso que empregou práticas de certa forma diferentes da sociometria foi o de mitologia, como discutido antes. Uma vez que a maioria dos estudantes não se conhecia antes do curso, fez-se necessário prestar atenção à coesão grupal e construir confiança, a fim de superar resistências e inibições a métodos ativos e o desejo de muitos deles de permanecerem invisíveis numa aula para um grande grupo.

Entretanto, as exigências intelectuais do material estudado – base histórica, introdução à perspectiva acadêmica do estudo da mitologia, análise de textos – tornam difícil, em qualquer momento do curso, atribuir muito tempo a exercícios puramente sociométricos. Apesar disso, a sociometria é utilizada com bom resultado numa variedade de situações, que vão desde intervenções sutis até um teste sociométrico de larga escala.

Um exemplo do primeiro caso é a sociometria do espaço, que se evidencia na disposição dos assentos. Nos primeiros encontros, a maioria dos estudantes coloca sua cadeira em determinado lugar da sala e considera seu esse lugar. Muitas dessas escolhas são feitas com base em amizades construídas antes da aula.

Para promover contato visual durante as discussões e criar um espaço central para a ação, peço aos estudantes que se organizem numa fileira única em forma de ferradura. Nesse formato, há também preferências claras por ficar perto do centro, no extremo mais próximo da porta de entrada ou no lado oposto, na ponta mais distante.

Até então, entretanto, não é possível investigar esse nível de preferência sociométrica, porque ela não está diretamente relacionada com o conteúdo do curso.

Para enfrentar essa rigidez de localização física, peço aos alunos que fiquem em pé, formem um círculo e escolham parceiros que estejam do outro lado do círculo ou a alguma distância, para formarem duplas ou trios de discussão ou de aquecimento para a dramatização.

Na segunda aula, usa-se a sociometria de outra maneira, logo no começo, para uma grupalização baseada no conteúdo. Pede-se aos estudantes que escolham um personagem mitológico com o qual eles se identificam e digam o nome desse personagem, em voz alta, para todo o grupo. Em seguida, cada um deve juntar-se a outros estudantes que escolheram o mesmo personagem ou um que tenha afinidade com o seu e compartilhar com os demais, em seu subgrupo, os vínculos e os sentimentos respectivos. Depois, pede-se que se conectem colegas cujos personagens escolhidos lhes pareçam complementares ou muito diferentes, compartilhando as razões dessa escolha.

Mais tarde, no curso, em atividades que envolvem todo o grupo, acontecem freqüentemente outros casos de conexões sociométricas baseadas na afinidade com personagens mitológicos. Embora eventualmente a dramatização possa ser iniciada solicitando-se alguns voluntários para atuar, eu acho mais produtivo envolver, sempre que possível, todo o grupo. Essa inclusão serve como contraponto à tendência de muitos estudantes a se tornarem, num grupo grande, espectadores passivos ou desligados.

Na exploração do Jardim do Éden, por exemplo, criei um locograma com cadeiras para Adão, Eva, Deus e a Serpente, em quadrantes separados do espaço, e pedi aos estudantes que se dirigissem até a cadeira que representava o personagem em relação ao qual eles tinham os sentimentos mais intensos (positivos ou negativos). Em seguida, eles fizeram um aquecimento para a interação entre os personagens, compartilhando com os que fizeram a mesma escolha e descobrindo, muitas vezes, inúmeras semelhanças e diferenças, tanto nos critérios de escolha individual como nos sentimentos em relação ao personagem.

No compartilhamento final, costumo pedir que cada um se una a parceiros que escolheram outros personagens, para aprofundar as conexões sociométricas pela interação entre colegas cujas perspectivas e percepções sejam diferentes entre si.

Outra grupalização sociométrica possível ocorre na exploração de um mito, na qual se formam pequenos grupos de quatro ou cinco pessoas, e cada grupo prepara uma escultura fluida ou uma cena breve, representando um momento escolhido, para compartilhá-lo com o restante da classe (por exemplo, o sacrifício de Isaque).

Para a formação dos subgrupos, os estudantes são inicialmente orientados a escolher um parceiro que não esteja sentado perto deles; em seguida, cada dupla escolhe outra dupla cujos integrantes sejam ambos desconhecidos. Isso também permite aos alunos conectar-se com outros até então distantes deles tanto espacial quanto emocionalmente.

Outra intervenção sociométrica importante, inspirada no trabalho de Guldner e Stone-Winestock (1995), é o teste sociométrico completo, utilizado para definir a composição de grupos de projeto, com cinco pessoas cada um. A tarefa desses grupos é apresentar um trabalho coletivo de quinze minutos a respeito de um aspecto da mitologia ausente do conteúdo estabelecido pelos instrutores.

A necessidade de uma grupalização determinada sociometricamente ficou evidente quando, no início, permitíamos que os estudantes escolhessem uns aos outros livremente para esses pequenos grupos. Inevitavelmente, e não sem surpresa, alunos que já mantinham laços fortes entre si, tanto dentro do curso quanto fora dele, corriam para se associar a seus amigos, de maneira que um ou dois pequenos grupos ficavam compostos quase inteiramente por membros sociometricamente isolados, com pouca ou nenhuma afinidade entre si. Esses grupos de isolados enfrentavam enormes dificuldades de funcionamento. Suas apresentações tinham qualidade bem menor que a dos outros grupos, o que também resultava em notas mais baixas nessa tarefa.

O teste sociométrico que imaginei para melhorar essa situação consiste em três critérios, escolhidos para eliciar conexões télicas relacionadas com um projeto grupal produtivo e altamente funcional. Os critérios são os seguintes: (1) "Quem mais ouviria você e respeitaria seus pontos de vista num projeto grupal?"; (2) "Quem mais estimularia ou inspiraria seu pensamento a respeito de temas mitológicos?"; e (3) "Quem seria o organizador de grupo mais capaz de ajudar a focalizar com maior clareza o trabalho do grupo?"

Pede-se aos estudantes que façam suas três primeiras escolhas para cada critério e indiquem brevemente as razões para cada escolha. Para evitar o surgimento de eventuais problemas de rejeição ou exclusão, que não poderiam ser adequadamente processados dentro do contexto da aula, garante-se aos estudantes que suas escolhas permanecerão confidenciais, conhecidas apenas por mim e por meu assistente. Os resultados são tabulados numa matriz sociométrica, computando-se as mutualidades em qualquer grau e o número de escolhas recebidas.

Com essa informação, sabe-se quem são as estrelas positivas e os isolados. (Até agora, nenhum estudante mostrou-se verdadeiramente isolado, nem escolhendo nem sendo escolhido, embora alguns poucos não tenham sido escolha de ninguém.)

Finalmente, meu colega e eu definimos grupos de projeto, tentando organizar sua composição de tal forma que nenhum grupo tenha mais estrelas ou mais isolados e que cada estudante seja designado para um grupo que contenha mais do que um colega por ele escolhido.

A utilização do teste sociométrico para proporcionar uma base mais racional para a formação de grupos por afinidade teve como resultado maior semelhança de desempenhos entre os grupos, medidos pelas respostas da classe aos projetos, por nossas percepções subjetivas e pelas notas obtidas pelos estudantes, individualmente, nessa tarefa.

Entretanto, não resultou em funcionamento igualmente alto entre todos os grupos, porque o teste não é suficientemente complexo para proporcionar informação télica e os níveis de competência acadêmica, motivação e disciplina variam muito entre os estudantes, como acontece na maioria das classes desse tamanho e com essa população. Por outro lado, o método de escolha proporciona resultados suficientemente positivos para mais do que justificar seu uso.

A sociometria é utilizada como parte do ritual de encerramento do curso. Pede-se aos estudantes que identifiquem pelo menos um colega cuja presença de alguma forma tornou a experiência do curso mais rica para eles e então compartilhem com aquele colega suas razões para a escolha.

CONCLUSÃO

Os exemplos apresentados dão uma pequena idéia do importante papel que a sociometria pode desempenhar em ambientes escolares e reforçam a proposta de expandir, entre professores de todos os níveis, o conhecimento da sociometria e a competência para sua utilização.

REFERÊNCIAS BIBLIOGRÁFICAS

ALLEN, D. *Social learning in the schools through psicodrama*. Old Town: Old Town Teacher Corps, 1978.

ALTSCHULER, C. M.; PICON, W. J. "The social living class: a model for the use of sociodrama in the classroom". *Journal of Group Psychotherapy, Psychodrama and Sociometry*, v. 33, p. 162-169, 1986.

BLATNER, A.; BLATNER, A. *The art of play: helping adults reclaim imagination and spontaneity*. Ed. rev. Nova York: Bruner/Mazel, 1997.

GULDNER, C.; STONE-WINESTOCK, P. "Use of sociometry in teaching at the university level". *Journal of Group Psychotherapy, Psychodrama and Sociometry*, v. 47, n. 4, p. 177-185, 1995.

HAAS, R. B. (org.). *Psychodrama and sociodrama in American education*. Nova York: Beacon House, 1949.

HENDRY, C.; LIPPITT, R.; ZANDER, A. "Reality practice as educational method: some principles and applications". *Psychodrama Monographs*. Nova York: Beacon House, n. 9, 1947.

LEE, T. "The sociodramatist and sociometrist in the primary school". *Journal of Group Psychotherapy, Psychodrama and Sociometry*, v. 43, n. 4, p. 191-196, 1991.

MARINEAU, R. *Jacob Levy Moreno, 1889-1974*. London; Nova York: Routledge, 1989. [*Jacob Levy Moreno, 1889-1974: pai do psicodrama, da sociometria e da psicoterapia de grupo*. São Paulo: Ágora, 1992.]

MILLER, D. *Doers of the word: how stories come to life through bibliodrama*. Redlands: Beacon Remainders, 1997.

MORENO, J. L. *The magic charter of psychodrama*. 1969. Manuscrito inédito.

_____. *Who shall survive?* 3. ed. Beacon: Beacon House, 1978. [*Quem sobreviverá? Fundamentos da sociometria, psicoterapia de grupo e sociodrama*. v. 1, 2 e 3. Goiânia: Dimensão, 1992.]

PITZELE, P. *Scripture windows: towards a practice of bibliodrama*. Los Angeles: Torah Aura, 1997, 1999.

PROPPER, H. "Using spontaneous role-playing methods to study literature and legend in a college course". *The International Journal of Action Methods*, v. 52, n. 3, p. 99-111, 1999.

SHEARON, E.; SHEARON JR., W. "Some uses of psychodrama in education". *Journal of Group Psychotherapy, Psychodrama and Sociometry*, v. 26, n. 3-4, p. 47-52, 1973.

STERNBERG, P.; GARICA, A. *Sociodrama: who's in your shoes?* 2. ed. Westport: Praeger, 2000.

16 → PSICODRAMA E JUSTIÇA:
treinamento de advogados[9]

James D. Leach

A advogada está falando a um júri a respeito de seus medos; um psicodramatista, no auditório, constata que essa fala sobre medos se parece muito com solilóquios. Mais tarde, no tribunal, a advogada fala sob outros papéis, inclusive os de seu cliente e de um objeto inanimado; o psicodramatista vê a advogada em inversão de papéis. Ela verbaliza algo que a testemunha não tinha dito; o psicodramatista identifica a advogada dublando a testemunha.

Os jurados estão ouvindo as histórias contadas pela advogada. Ouvem realmente, não prestam mera atenção às histórias que ela conta. Eles foram aceitos como jurados e se sentem vinculados com a advogada, porque sabem que ela está dizendo a verdade, mais do que o outro advogado. A verdade que ouvem está ligada à realidade humana das pessoas envolvidas no caso.

Quando termina o julgamento, o psicodramatista se aproxima da advogada e diz: "Eu nunca tinha visto nada parecido. Em geral os advogados fazem sempre as mesmas coisas no tribunal. Onde você aprendeu a fazer isso?" "Bem", diz a advogada, "eu nunca tinha feito dessa forma. Fazia do jeito que aprendi na faculdade e em seminários sobre legislação, e os resultados eram medíocres. Alguma vez você já ouviu falar em psicodrama?"

---

[9] No original, *trial lawyers*, categoria de advogados sem equivalência em nossa cultura jurídica. (N. T.)

Os profissionais de saúde mental fazem um esforço enorme para avaliar os resultados de seu trabalho com os clientes. Discutem como medir o efeito da terapia, como saber se um resultado é duradouro ou desaparecerá com o tempo e como constatar a eficácia dos diferentes métodos de tratamento. Já os jurados, ou em alguns casos os próprios juízes, dão o veredicto – um resultado –, que é um julgamento do caso e das pessoas nele envolvidas. O veredicto pode ter conseqüências no mundo real: prisão, multa ou mesmo morte (pena capital).

Os resultados de um julgamento, medido pelos veredictos dos jurados, não deixam dúvida de que o psicodrama é uma ferramenta extraordinariamente poderosa na corte. Advogados com treinamento psicodramático têm conseguido resultados que nem eles mesmos nem seus colegas pensavam ser possíveis.

O treinamento psicodramático vem ajudando advogados experientes e inexperientes; advogados realizados são os que conseguem veredictos notáveis. Os advogados com treinamento psicodramático ainda perdem julgamentos, mas não tanto como costumavam. E, nas causas criminais em que o cliente é condenado, a humanização deste durante o julgamento pode resultar em sentença menor ou em prisão perpétua em lugar de morte.

O que faz o trabalho psicodramático no treinamento de advogados de tribunal? Como funciona? Como o psicodrama é utilizado para treinar advogados?

A constatação de que os julgamentos envolvem histórias é hoje lugar-comum.

> A literatura jurídica atual está cheia de loas à "história" ou à "narrativa". Todos têm uma. Os jurados vão achar uma. É melhor que o advogado conte uma. O juiz vai adotar ou então construir uma, para proporcionar um contexto para a decisão. Os jurados estão esperando uma e, assim que eles se prenderem a uma versão tentativa dos fatos, vão receber e processar toda informação posterior de modo que ela se torne coerente com o contexto da história. (Tigar, 1999, p. 6)

O julgamento é um microcosmo da vida, e a vida é feita de histórias. "De maneira profunda, por vezes surpreendente, as histórias constroem os fatos a que se referem. Por isso, muito da realidade humana e de seus 'fatos' não é meramente recontado pela narrativa, mas instituído por ela" (Amsterdam e Bruner, 2000, p. 111).

O psicodrama proporciona caminhos próprios para a descoberta, a aprendizagem e o relato de histórias que configuram um julgamento. O solilóquio permite acesso ao que uma pessoa sente ou pensa, mas não diz. A dublagem nos ajuda a entender o que alguém vivencia, mas não diz, ou nem mesmo tem consciência disso. A inversão de papéis nos leva a compreender como é o mundo visto do lugar do outro e vivenciar a rica e complexa intersubjetividade da vida. A encenação de acontecimentos passados ou futuros nos possibilita conhecer a realidade por dentro. O espelho nos faz ver os fatos de diferentes perspectivas. Todos os métodos psicodramáticos podem oferecer-nos acesso a detalhes até então ocultos das histórias, assim como a histórias até então desconhecidas.

Essas informações novas, quando encontradas e levadas aos jurados, representam para o advogado uma grande ajuda. "Muitos advogados que contam histórias contrapõem explicitamente a discussão racional e o potencial mais diretamente emotivo das histórias" (Brooks e Gewirtz, 1996, p. 43).

Assim como o psicodrama clássico é poderoso pelas verdades que revela, os métodos psicodramáticos, utilizados tanto na preparação para o julgamento como na corte propriamente dita, são poderosos pelas verdades que revelam.

Da mesma forma que o psicodrama clássico dá aos membros do grupo um novo acesso à emoção e ao intelecto um do outro, os métodos psicodramáticos dão ao advogado novo acesso à emoção e ao intelecto dos jurados.

Assim como o psicodrama clássico cria maior coesão grupal, os métodos psicodramáticos ajudam o advogado a criar uma grupalidade que inclui o advogado, o cliente e os jurados e que exclui o outro advogado e seu cliente.

Essa forma de conduzir julgamentos é completamente diferente do método tradicional.

Aprender a "pensar como advogado" é um rito de passagem que faz parte do treinamento jurídico. Os advogados são treinados para, na corte, pensar – e não sentir. São treinados para comportar-se de maneira programada, calculada, propositadamente manipuladora. O problema desse comportamento é que todos, inclusive os jurados, o vêem como ele é: programado, calculado e manipulador. Esse comportamento mais afasta os jurados do que os aproxima (Leach, Nolte e Larimer, 1999).

O advogado que atua na corte está sempre no palco e gasta mais tempo que o cliente para se comunicar com os jurados. Em última análise, o júri acaba julgando mais o advogado do que o cliente: o advogado é honesto? Confiável? Correto? O treinamento psicodramático aumenta a credibilidade do advogado, pelo fato de ampliar sua capacidade de identificar aquelas partes da verdade que em geral as pessoas não identificam nem mencionam e falar sobre elas.

O psicodrama permite aos advogados vivenciar uma história e não simplesmente conhecer os "fatos" a respeito dela; um advogado que vivenciou uma história vai contá-la na corte de forma mais convincente e poderá ajudar os outros a fazê-lo melhor (Cole, 2001).

A relação do advogado com o cliente pode ser aprofundada por meio do psicodrama, permitindo-lhe entender melhor o mundo do cliente. Entrando no mundo do cliente, o advogado adquire maior empatia com ele e, por isso mesmo, torna-se menos julgador.

A ligação entre advogado e cliente vai continuar na corte. Os jurados percebem claramente o fluxo de sentimentos entre defensor e cliente e não podem ajudar se não forem afetados por isso. Como escreveu Martin Luther King Jr. (1963): "Caímos numa inescapável rede de mutualidades, unidos no envoltório único do destino. O que afeta uma pessoa diretamente afeta todos indiretamente".

Da mesma forma que existem apenas orientações, não regras, a respeito de como dirigir um psicodrama, existem apenas orientações, não regras, a respeito de como o psicodrama deve ser utilizado nos preparativos para um julgamento e de como um advogado deve usar métodos psicodramáticos na corte.

Assim como a espontaneidade do diretor é essencial para fazer emergir a espontaneidade do protagonista e dos demais membros do grupo, a espontaneidade do psicodramatista é essencial na preparação de advogados para o tribunal, e a espontaneidade do advogado é essencial no julgamento.

Então, embora os exemplos, métodos e teorias que se seguem possam ter sua utilidade, eles devem ser sempre aplicados com espontaneidade e criatividade. Cada nova situação humana, dentro e fora da corte, é diferente e apresenta desafios novos e únicos. Em cada nova situação, é a capacidade de viver e agir espontânea, criativa e honestamente no momento que convence os outros de que ouvem a verdade, não uma versão bem ensaiada dela.

A ESCOLHA DO JÚRI

A escolha do júri é provavelmente a parte mais importante de qualquer julgamento. Conforme vão sendo escolhidos, os jurados elaboram opiniões a respeito de todos os atores da corte. E, como acontece com toda primeira impressão, essas opiniões não devem mudar muito.

Uma advogada defende um homem acusado de assassinato. Os jurados estão tensos, em guarda em relação a quase tudo. Os medos que os jurados sentem incluem dúvida quanto a darem conta ou não do papel de jurados potenciais a serem questionados; quanto a serem adequados como jurados caso sejam escolhidos para esse caso; e quanto a dizerem algo que provoque sua rejeição.

Quando a advogada se põe em pé e começa a interrogar os jurados, ela vai ao íntimo deles em busca de um solilóquio, encontra-o e então diz: "É difícil participar de um caso de assassinato. Meu estômago está apertado esta manhã. Acho que vou ter de lutar muito para encontrar as palavras corretas". Em seguida, ela pergunta: "Alguém mais está com medo esta manhã?", "Alguém tem medo de dizer o que é certo aqui na corte?", "Alguém tem medo da responsabilidade de ser jurado num caso de assassinato?"

Algumas mãos se levantam, e os jurados e a advogada começam a falar sobre seus medos. O clima emocional da corte fica mais aliviado, especialmente no espaço entre a advogada e os jurados. Estes começam a confiar nela, que está dizendo a verdade, que se conectou com eles no plano emocional, que ouve seus sentimentos.

Enquanto continua a falar com os jurados, ela faz perguntas a respeito dos diferentes problemas do caso, inclusive a cor da pele do réu, a que gangue ele pertence, o uso de drogas por ele admitido.

A cada exemplo, a advogada admite os próprios sentimentos e conduz uma discussão desses problemas com atitude de não-julgamento e de não-manipulação. Os jurados encontram-se abertos para a advogada.

Embora os jurados não o saibam, a advogada trabalhou com um psicodramatista ao preparar-se para o processo de selecionar o júri. O psicodramatista a ajudou a buscar seus solilóquios a respeito do caso – quase invariavelmente, medos – e estimulou-a a fazer desses solilóquios a base de seu diálogo com os jurados.

Estes, que já haviam participado de outros casos, de imediato notam a diferença em relação à forma mentirosa como os outros advogados abordam o questionamento do júri, que é esconder seus medos e apresentar uma imagem de confiança, evitando assim a possibilidade de conexão emocional genuína com os jurados.

Os advogados são treinados para ver a corte como uma realidade à parte da experiência humana normal. Não é: a realidade da corte é uma realidade humana. As mesmas forças que criam ou quebram confiança num grupo extracorte estão também presentes na corte. Saber como fazer ligações humanas é um bem precioso para qualquer advogado.

Um advogado que tinha feito um treinamento que incorporava o psicodrama explicou sua experiência:

> *Gostei das pessoas que foram transparentes em relação a seus sentimentos e desconfiei daquelas que os encobriram. Gostei delas quando revelaram seus medos porque tornaram meu medo menos solitário (eu tenho medos secretos). Gostei delas quando foram "reais". De outras eu aprendi que gostam e desgostam das mesmas coisas que eu. Conseqüentemente, aprendi que todos têm medos secretos de alguma coisa e que você não pode confiar naqueles que negam isso. Entendendo ou não, você não se sente bem com eles.* (Abourezk, 1997, p. 32)

O mesmo acontece numa corte. Como na vida, mostrar-se na corte é uma dança. Mostrar-se em demasia na hora errada ou de forma que pareça teatral faz os jurados se afastarem, da mesma forma como acontece em outros grupos.

> *Os pacientes que se mostram muito nos primeiros encontros são em geral muito populares em seu grupo. As pessoas revelam mais aos indivíduos de quem elas gostam; por outro lado, aquelas que se revelam tendem a ser mais queridas. Mas a relação entre o gostar e o mostrar-se não é linear. Uma pessoa que se mostra muito profusamente pode mobilizar ansiedade nos outros, mais do que afeto [...] Mostrar-se é um ato social complexo que tem relação com a situação e com o*

papel. Uma pessoa não se mostra solitariamente: tempo, lugar e pessoa devem ser sempre considerados. (Yalom, 1995, p. 354 e 358-9)

Mais ainda, o treinamento dos advogados para não se mostrarem na corte é tão intenso que sua ansiedade natural, no momento, faz que recuem ainda mais, de tal forma que, para a maioria deles, o maior risco que correm não é tanto mostrar-se demais e muito cedo, e sim mostrar-se pouco e tarde demais.

Conforme se desenrola a escolha do júri, a advogada lança mão de outro método psicodramático, a dublagem, para responder às afirmações dos jurados. Depois que um jurado revela: "Eu não tenho certeza de poder ser justo neste caso", a advogada, baseada no que vê e ouve na voz do jurado, diz: "Você está realmente lutando contra isso, não?" O jurado, percebendo a aceitação e a disposição de ouvir da advogada, responde em voz mais profunda e mais aberta: "Sim, estou, e não é fácil para mim admitir isso". Outro jurado, branco, descreve uma experiência que teve com uma pessoa, assim como o réu, negra. A advogada pergunta: "Foi uma experiência realmente difícil para você, não?" O jurado responde: "Foi, sim. Não quero ser preconceituoso, mas talvez eu seja".

Nos dois exemplos acima, a capacidade da advogada de dublar o jurado e encontrar a realidade não expressa dele faz que este se mostre mais, permitindo que ela saiba mais sobre ele.

Igualmente importante é o fato de que o jurado sabe que a advogada é um ser humano que realmente ouve o que ele diz, preocupa-se com ele como pessoa e o compreende.

A experiência de ser ouvido de fato é tão incomum na vida que gostamos das pessoas que realmente nos ouvem e confiamos nelas. A advogada estabeleceu um vínculo emocional com esses jurados.

A escolha do júri geralmente é um processo grupal, idêntico ao do psicodrama. Todos os jurados observam como a advogada interage com cada um deles. Cada interação autêntica da advogada com qualquer dos jurados atrai os demais para si e faz que eles queiram ter contato com ela também; cada interação forçada do advogado com qualquer jurado afasta outros jurados para longe dele e faz que eles queiram ocultar seus pensamentos e sentimentos.

Essa advogada desenvolveu sua capacidade de dublar por meio do treinamento psicodramático, em que ela aprendeu como dublar para pesquisar os pensamentos e sentimentos de outras pessoas.

Nesse treinamento, a advogada desenvolveu suas habilidades de ouvir, de modo a conseguir escutar também o que não é dito. Ela aprendeu que somente consegue ouvir dessa forma quando se fixa no momento e é sincera, mais do que quando tenta conduzir os jurados para uma linha pré-planejada de discussão, como aprendeu a fazer na faculdade.

A advogada utilizou o psicodrama de outra maneira ao preparar-se para o julgamento. Ela levou um psicodramatista para a corte naquela manhã e ele ficou sentado na platéia. Cinco minutos antes de começar a seleção do júri, a advogada deu-se conta de que estava ansiosa a respeito de como os jurados reagiriam a uma discussão honesta, aberta e franca com eles.

O psicodramatista chamou a advogada para uma salinha privada e perguntou que jurado a deixava mais ansiosa. Ela disse: "Um homem de 50 anos aproximadamente, que está com os braços cruzados e com um uma expressão facial de azedume, que não diz nada, apenas pergunta por que a advogada está se referindo a sentimentos e o que os sentimentos têm que ver com o caso".

O psicodramatista pediu à advogada que invertesse papéis com o referido jurado e lhe fez algumas perguntas, com ela no papel do jurado. Estando nesse papel, a advogada conseguiu conectar-se com a experiência interna do jurado, sentiu sua humanidade e avaliou que, se ela fosse verdadeira com ele, ele seria verdadeiro com ela, a despeito de sua couraça.

A ansiedade da advogada diminuiu. Quando ela deixou a sala e começou sua discussão com os jurados, falou como um ser humano, não como advogada, e os jurados imediatamente perceberam isso e passaram a responder a sua honestidade.

EXAME DIRETO

Um cidadão está depondo no processo que move contra seu antigo empregador por ter sido demitido sem justa causa. Trata-se de um "exame direto", no qual um advogado faz perguntas a um depoente que ele convoca como testemunha.

A advogada questiona sobre um momento particular, fundamental para o caso. Ela faz perguntas que lhe permitam mostrar a cena, aqui e agora, para os jurados: "Onde você vai?", "Você vê esse lugar agora?", "Com o que ele se parece?", "Qual o cheiro dele?", "Que horas são?", "Que tipo de mobília tem a sala?", "Há mais alguém aqui?"

As perguntas jurídicas padronizadas referem-se ao passado e não investigam detalhes como o cheiro do lugar, o tipo de mobília, a temperatura. A advogada está usando a técnica psicodramática de montagem de cena e trazendo o momento para o presente, exatamente como faz um diretor de psicodrama. Ela pode até mesmo colocar o depoente em ação, fazendo-o descer do banco de testemunhas e utilizando algumas cadeiras para montar a cena.

A advogada está aquecendo o depoente e o júri para o momento. Ela faz perguntas que levam o depoente a entrar no momento e revivê-lo, diante do júri. A memória do depoente é ativada, e seu afeto muda da ansiedade que tinha quando assumiu seu lugar para o sentimento que ele vivia naquele momento crucial, quando tinha medo de perder o emprego se fizesse algo errado, sem entretanto saber o que era certo fazer.

Assim como a platéia do psicodrama é levada para uma cena quando o diretor estabelece o protagonista e começa a revivê-la, os jurados são trazidos para essa cena. Eles param de avaliar a história do depoente e começam a vivê-la com ele. À medida que a advogada prossegue, seu tom de voz muda, tornando-se mais suave e profundo, conforme ela vai sendo levada para a cena com o depoente e os jurados.

Cada palavra que a advogada diz agora carrega mais significado. Ela não precisa mais brigar com as palavras, tampouco o cliente, uma vez que o contexto da cena e o tempo presente moveram todos para aquele momento.

Prosseguindo o interrogatório, a advogada pede ao depoente um solilóquio: "Diga-nos o que você está dizendo para si mesmo". O depoente responde: "Estou tentando imaginar o que fazer. Alguém me diz para fazer uma coisa e outra pessoa me diz para fazer outra". Pede a advogada: "Conte-nos o que você está pensando", e o depoente diz: "Eu não sei se tenho escolha. Fico sentado e ela me vem, a sala é muito pequena e vai ficando cada vez menor, e quase imediatamente eu me levanto e saio, bato a porta e saio dali correndo".

Os jurados, tendo vivido o momento com o depoente, não têm dúvida de que viram a verdade da luta interior do depoente e se identificam com ele, em razão de sua abertura e sinceridade para com eles. Está estabelecido o vínculo emocional.

A advogada aprendeu num treinamento psicodramático a montar cena e a fazer solilóquio. Ambas as técnicas ajudam a criar uma cena que os jurados reconhecem como verdadeira. Foi criada uma realidade tal que o outro advogado, que não tem treinamento psicodramático, vai sentir o mesmo que sente alguém que esteve na prisão.

Pouco antes do depoimento, o psicodramatista da advogada chamou-a de lado e pediu que ela fizesse rapidamente o papel do depoente. Isso levou apenas alguns minutos, mas a advogada deixou o papel de depoente com uma conexão empática direta com o cliente.

Enquanto a advogada fazia suas perguntas ao depoente, na corte, o juiz, o advogado da parte contrária e também os jurados, todos perceberam o vínculo que havia entre a advogada e o depoente.

Ao ajudar o depoente a contar sua história, foi fácil para a advogada ficar do lado dele. O depoente, por sua vez, achou fácil estar com a advogada. A história foi bem contada, sem a sensação de ter sido muito ensaiada.

Em outro caso, uma mulher está depondo na ação judicial contra um motorista descuidado que a feriu. Ela afirma que, por causa do ferimento, teve de usar um aparelho de tração cervical, pendurado no alto da cama.

A advogada utiliza a máxima psicodramática "mostre-me, não me conte", colocando em destaque o aparelho de tração, fazendo a mulher descer do tablado de testemunhas, deitar-se sobre a mesa do conselho e mostrar aos jurados como funciona o aparelho.

A advogada faz as perguntas no presente, para incluir os jurados na cena. Ela pede que a mulher descreva seu quarto. Monta a cena fazendo perguntas e afirmações do tipo "Conte-nos o que você vê nesse quarto", "Como é a iluminação do quarto?", "Diga-nos o que você ouve", "O que sente, em seu corpo, quando usa o aparelho?", "Conte aos jurados os pensamentos que lhe passam pela cabeça".

O leitor pode, nesta altura, pensar: "Que tipo de juiz permite aos advogados fazer isso?" ou "Que dispositivos legais permitem aos advogados fazer coisas como essa?" Se o leitor for advogado, os pensamentos incluem afirmações mais enfáticas: "Nenhum juiz que eu conheço permitiria que eu fizesse essas coisas" ou "Você não conseguiria isso onde eu atuo. O opositor objetaria feito maluco e o juiz acataria a objeção".

Os advogados tendem a atribuir muito poder ao que eles pensam que os juízes permitirão ou deixarão de permitir. Não existe nenhuma garantia do que outras pessoas, inclusive juízes, farão ou não. Todos os métodos descritos aqui foram utilizados com sucesso em cortes americanas, em jurisdições consideradas provincianas, e diante de juízes considerados conservadores ou marionetes. Os casos citados são todos reais.

Juízes também são humanos. Em geral, eles são capazes de ser atraídos por uma boa história, da mesma forma que os jurados. A maioria dos juízes passa a maior parte do tempo entediada, vendo o mesmo comportamento conservador apresentado todo o tempo, com diferentes advogados fazendo a mesma coisa, o mesmo e cansativo jeito de fazer. Se algo real – ou novo, espontâneo, genuíno ou criativo – começa a acontecer em sua corte, eles podem muito bem ficar suficientemente interessados para querer ver do que se trata. Se têm a sensação de que aquilo é verdadeiro, é pouco provável que desejem interromper.

Todo advogado experiente sabe que, mesmo quando o juiz resiste, a persistência e a criatividade podem permitir ao advogado conseguir de modo um pouco diferente o que o juiz inicialmente não havia permitido. O maior risco para o advogado é desistir demais, e desistir com facilidade, por pensar que o juiz não vai permitir.

EXAME CRUZADO

O exame cruzado, interrogatório de uma testemunha chamada pelo advogado da outra parte, é a única etapa do julgamento em que o advogado tenta contar uma história por intermédio de um protagonista involuntário.

O advogado precisa de muita habilidade na preparação de um exame cruzado. O psicodrama é uma dessas habilidades.

O exame cruzado eficiente consiste em recorrer a uma testemunha para contar uma história que é diferente da história contada pelo depoente no exame direto.

O psicodramatista pode ajudar o advogado a preparar o exame cruzado invertendo papéis com a testemunha, antes do julgamento. O advogado aprende como é o mundo na visão da testemunha. Ele identifica que histórias a testemunha não está contando.

Um advogado está defendendo uma causa em que seu cliente matou seis pessoas, das quais quatro eram crianças. O cliente admitiu a culpa. A única questão é se ele será condenado à morte ou a ficar o resto da vida na prisão, sem direito a liberdade condicional. O advogado sabe que os jurados estão indignados com as mortes e que ele precisa ajudá-los a superar sua raiva e a focalizar não o crime hediondo, mas a decisão de condenar o réu à morte ou à prisão perpétua.

O médico legista depõe sobre as autópsias que realizou nas seis vítimas. Uma abordagem tradicional exigiria pouco ou nenhum exame cruzado, uma vez que os fatos e sua natureza hedionda não são discutidos. O advogado de defesa, entretanto, faz um exame cruzado do legista de forma delicada, em tom coloquial, a respeito de como ele lida com esse trabalho tão difícil. Com a ajuda dele, o advogado conta sua história.

Quando o médico viu os corpos pela primeira vez, sentiu muita raiva, especialmente por causa das crianças. Mais tarde, a raiva deu lugar à tristeza. Apesar de sua raiva e tristeza, ele sabe que tem de completar sua tarefa com objetividade. Gostaria que as mortes não tivessem acontecido e que ele pudesse ser algo diferente. Mas tem de lidar com os fatos. Precisa levar em conta os dispositivos legais. É muito duro para ele fazer esse trabalho, que gostaria de nunca ter de fazer. Mas alguém teria de fazer. Ele aprendeu a se dar tempo para superar sua raiva. Sabe que fazer isso é essencial porque, deixando-se levar pela raiva, não será capaz de pensar com clareza e desapaixonadamente para realizar sua tarefa, a qual implica manter a calma e agir de acordo com as diretrizes de seu trabalho.

Ao contar essa história por intermédio do legista, o advogado dá aos jurados um modelo, com base em uma fonte insuspeita, de como eles devem abordar o próprio trabalho: reconhecendo sua raiva e tratando de superá-la. Uma vez que não podem fazer sua tarefa se permitirem que a raiva tome conta, eles precisam enfrentar o trabalho de decidir sobre a vida ou a morte encarando os fatos e as diretrizes legais e pensar calma e claramente sobre a única questão que têm diante de si: se o réu fica o resto da vida na prisão ou é morto pelo Estado.

O advogado consegue muita informação para o exame cruzado, antes do julgamento, invertendo papéis com a testemunha. Foi doloroso para ele, mas foi um preparativo essencial porque lhe permitiu encontrar uma história verdadeira para contar ao júri, capaz de salvar a vida de seu cliente.

Enquanto o exame cruzado teve lugar na corte, o advogado não perdeu de vista a visão de mundo da testemunha. Em termos psicodramáticos, ele inverteu papéis mentalmente com a testemunha o tempo todo, mesmo quando desempenhava seu próprio papel. Isso lhe permitiu manter-se ligado na história que estava sendo contada e fazer isso de maneira polida, digna e respeitosa em relação à testemunha.

Em outro caso, o advogado se preparava antes do julgamento para o exame cruzado de um médico, num caso de erro. O advogado conhece a história que o médico quer contar: a acusação é improcedente porque ele fez o melhor pelo paciente, que não fez o que ele recomendou e, infelizmente, o resultado final foi ruim.

O advogado chamou vários amigos, alguns deles advogados, para ajudar na preparação. Um dos amigos tem treinamento psicodramático. O grupo senta-se numa sala comum, com algumas cadeiras velhas. O amigo com formação psicodramática faz o papel do advogado, que, por sua vez, deve assumir o papel do médico e relatar a história que este contará no tribunal.

Enquanto o advogado fala a partir do papel de médico, o amigo com formação psicodramática coloca quatro ou cinco cadeiras vazias atrás e um pouco ao lado da cadeira do advogado-feito-médico e convida as pessoas do grupo a se sentar nas cadeiras e tentar encontrar pensamentos, sentimentos ou fatos que o advogado-feito-médico não está relatando.

À medida que o grupo escuta, vai gradativamente se aquecendo para a história, e logo as pessoas estão pulando de seus lugares para as cadeiras vazias e falando como o médico, proporcionando informações que o médico não tinha trazido.

Aparecem muitas idéias. O advogado-feito-médico pode ser dirigido para permanecer no papel e dizer que idéias são adequadas e quais não são ou então sair do papel e olhar e ouvir ou fazer qualquer pergunta que queira às pessoas que ocuparam as cadeiras vazias. Ele ganha muitas idéias para potenciais linhas de exame cruzado.

FALA DE ABERTURA E ALEGAÇÕES FINAIS

Além da seleção dos jurados, dos exames direto e cruzado das testemunhas, as outras etapas de um julgamento são a fala de abertura e as alegações finais. Na fala de abertura, o advogado dirige-se aos jurados antes de acontecerem os depoimentos; as alegações finais são feitas depois que todas as testemunhas já falaram.

Na fala de abertura e nas alegações finais, o advogado fala diretamente aos jurados e conta a eles as histórias que espera motivá-los a decidir a causa em seu favor.

Um advogado expõe sua fala de abertura num caso de assassinato em que um policial foi morto e a alegação a seu favor é de legítima defesa. Logo depois de começar a fala de abertura, o advogado diz aos jurados: "Agora me deixem contar a vocês o que as provas vão mostrar, da perspectiva do meu cliente". Ele assume então o papel do cliente e encena em frente aos jurados a versão do cliente para os acontecimentos. Os jurados são atraídos para a história do cliente como jamais teriam sido se o advogado tivesse contado a história do jeito tradicional, discorrendo, no papel de advogado, sobre o passado do cliente. Os jurados vêem os acontecimentos da perspectiva do cliente, que é sempre crucial.

O advogado preparou-se para essa fala de abertura com um psicodramatista dirigindo o cliente, advogado presente, numa encenação psicodramática dos fatos que cercaram o assassinato. Quando aconteceu a encenação, os pensamentos e sentimentos que o cliente vivenciou na noite da morte, mas que ele nunca tinha sido capaz de evocar e contar, vieram-lhe à mente de novo. O advogado compreendeu as ações do cliente e foi empático com elas, como ele jamais havia feito.

Ao vivenciar a história psicodramaticamente, o advogado internalizou a história de tal forma que nunca a esqueceria, obteve mais dos fatos da história, mais sobre as emoções da história, aumentou sua paixão pela causa e vivenciou a história de modo mais humano e menos legalista, o que lhe permitiu apresentar o caso na forma como o fez.

Uma advogada faz as alegações finais num caso de porte de cocaína. Ela assume o papel da droga que o cliente é acusado de vender. Diz aos jurados: "Estive pensando sobre o que a droga diria se pudesse falar. Pensei que ela tem uma história para contar". Ela dá um passo, pega a droga, volta e fica em pé à frente dos jurados, com toda sinceridade, segurando a droga nas mãos, bem diante de si. Diz: "Se eu pudesse falar com vocês, diria algo assim: 'Eu peso cinco gramas. Vivo num saco plástico. Vim de outro país e fui contrabandeada para cá. Me deixaram escondida. A maioria das pessoas me teme, e por isso elas têm medo de qualquer pessoa que encontrem perto de mim, como Luis. Onde quer que eu esteja, parece haver pessoas por perto. Eu não conhecia Luis, mas estava na sala em que ele foi preso. Como ele tem antecedentes de drogas, sei que todos imaginariam que eu pertenceria a ele. Eu arruíno vidas, mas posso ser extremamente valiosa. Neste momento eu sou, para o amigo de Luis, John, a substância mais valiosa na face da Terra, uma vez que, ao dizer que eu pertencia a Luis, ele está evitando uma longa prisão, longe de sua esposa e filhos. Ele não pode evitar a prisão com dinheiro ou com a força, mas somente dizendo que eu pertenço a Luis. As pessoas têm sentimentos tão fortes a meu respeito que elas param de pensar e apenas reagem, como a polícia e o promotor reagiram nesse caso. Não acredito que vocês apenas reagiriam, sem parar para ver o que realmente aconteceu aqui'".

Ainda no papel da droga, ela acrescenta lentamente: "Há uma coisa mais que eu gostaria de dizer a vocês. As pessoas me associam com os hispânicos. Ao ouvir o nome Luis associado a mim, as pessoas pensam que eu devo pertencer a ele. É como presunto e queijo, ou fumaça e fogo. Luis não pediu esse fardo, mas o está carregando. John sabia disso quando veio aqui e disse a vocês que eu pertencia ao Luis. Eu fico imaginando se algum de vocês sabe o que é ser julgado com base em um preconceito contra vocês e não no que vocês efetivamente fizeram. Se vocês alguma vez viveram uma experiência como essa, serão capazes de imaginar o que é ser Luis".

Num caso de lesão corporal, durante as alegações finais o advogado fala com o júri no papel da dor do cliente: "Eu sou a dor de Mary. Durante este julgamento vocês nada ouviram de mim, porque em geral eu não falo. Estou sempre com Mary, mas sou invisível. Algumas pessoas acham que eu não existo porque não posso ser objetivamente provada ou medida, mas elas não têm de conviver comigo. Eu estou com Mary o tempo todo. Estou com ela quando ela quer brincar com seus filhos. Estou com ela quando ela prepara o jantar. Estou com ela quando ela vai dormir, e estou com ela quando ela troca carinhos com o marido. Daqui a poucos segundos eu vou parar de falar e vocês nunca mais vão me ouvir nem me ver novamente. Mas eu vou continuar com Mary por muito tempo".

Esses advogados aprenderam, durante o treinamento psicodramático, a assumir o papel de outras pessoas, incluindo o papel de objetos inanimados ou de partes ocultas de alguém. Entrando no papel, o advogado fala naturalmente a partir dele.

Os jurados são atraídos pela história. A história vence a resistência natural dos jurados ao advogado. Os jurados são mobilizados pela história e não a esquecem no momento em que constroem as próprias histórias a respeito do caso e as discutem com os demais, quando se reúnem na sala do júri, ao final do julgamento, para chegar a um veredicto.

FORA DA CORTE

Mesmo os advogados mais ocupados passam a maior parte do tempo fora do tribunal. Eles enfrentam constantemente problemas terríveis e desafios maravilhosos inerentes ao fato de lidarem com seres humanos em momentos difíceis da vida.

O treinamento psicodramático é útil em toda situação que os advogados enfrentam. A abordagem psicodramática começa com o advogado abandonando sua posição supostamente privilegiada, acima dos burburinhos dos conflitos humanos, e avançando completa e totalmente rumo a cada novo momento.

No caso da pena de morte, o advogado tem o desafio de como abordar a família da vítima, antes do julgamento. Ele sabe que essa é uma parte crucial do caso. Espera poder estabelecer com a família uma conexão humana, que a ajude em sua dor e permita a ela não demonizar nem o advogado nem seu cliente. Em última análise, levar a família a não insistir para que o promotor batalhe pela pena de morte.

O advogado sabe que a família tem raiva dele como representante do homem acusado do assassinato. Ele tem consciência de que sua aproximação da família poderia ser um tiro pela culatra e torná-la mais hostil e mais clamorosa pela pena de morte.

A fim de preparar-se para essa experiência, o advogado convoca o psicodramatista e alguns amigos para encenar o encontro antes que ele aconteça na vida real. O advogado faz seu papel e depois os outros papéis no palco. Com todos os métodos psicodramáticos usuais, incluindo inversão de papéis, solilóquio, dublagem e espelho, o advogado tem noção do que pode ocorrer na vida real e aprende alguns dos problemas e oportunidades inerentes a seu papel.

Ele descobre que, se entrar na cena com um roteiro, será rejeitado. Aprende que tem de entrar na cena com espontaneidade e que sua espontaneidade pode gerar contra-espontaneidade na família da vítima e ajudar a tirar a família do papel de "vítimas que odeiam o advogado de defesa e qualquer coisa parecida". Sua ansiedade a respeito do futuro encontro diminui e a chance de que seja bem-sucedido aumenta.

Outro advogado, que foi treinado para fazer dublagens, escreve:

> *Comecei usando o método da dublagem em todas as minhas atividades. Quando converso com os clientes, à mesa, eu os dublo. Nos depoimentos, fico sentado um pouco atrás do meu cliente e assumo sua postura corporal para sentir o que ele sente, não o que ele diz. Preparando os clientes para um depoimento, falo como seu dublê e pergunto a eles se é isso mesmo, e na maior parte das vezes dá certo. Faço a mesma coisa com o conselho de defesa nas negociações finais. Funciona realmente.* (Blanco, 2001)

Um advogado com treinamento psicodramático conta ter-se sentado com a outra parte e o advogado dela numa sala no intervalo do depoimento e, depois de inverter papéis mentalmente com a parte oposta, ter dito ao oponente: "Eu também já fui processado. Sei que é muito difícil". O impasse entre os dois lados foi quebrado e o caso resolvido logo depois.

PARA QUEM TRABALHAMOS?

As preocupações sociais estão no cerne do psicodrama e da sociometria. J. L. Moreno (1953) escreveu que "um verdadeiro procedimento terapêutico não pode ter como objetivo menos do que toda a humanidade" (p. 1). Psicodramatistas que trabalham com advogados jamais podem esquecer que não são parte de um jogo inócuo: estão na pauta temas de graves conseqüências para a população. A oportunidade de trabalho seria um critério insuficiente para o psicodramatista escolher se adota ou não uma causa. A questão real para o psicodramatista é aliar-se ou não a uma das partes da ação.

Ao fazer essas escolhas, os psicodramatistas podem levar em conta que os índices de encarceramento nas principais nações da Europa Ocidental situam-se em torno ou abaixo de 100 para cada 100 mil habitantes, enquanto nos Estados Unidos, em 2000, o índice de encarceramento para os homens brancos era de 449 por 100 mil; para os hispânicos, 1.220 por 100 mil; e para os afro-americanos, 3.457 por 100 mil (Beck e Harrison, 2001; Currie, 1998). Os Estados Unidos encarceram quase quatro vezes mais negros que a África do Sul e têm mais afro-americanos com idade entre 20 e 29 anos na prisão, em *sursis* ou em liberdade condicional que na universidade (Haney e Zimbardo, 1998).

As causas cíveis freqüentemente envolvem uma pessoa prejudicada procurando indenização de uma companhia de seguros, mas uma vasta campanha publicitária e de relações públicas das grandes corporações e companhias de seguro vem convencendo a grande maioria do público de que muitas ações judiciais são frívolas e que os júris não são confiáveis e são muito generosos para com os demandantes. Essas alegações carecem de base factual (Vidmar, 2001). É rotina uma compensação insuficiente para as vítimas de negligência.

As escolhas do autor nesse campo estão evidentes neste capítulo: em matéria criminal, ele dá assistência aos acusados, não aos promotores; em matéria cível, apóia as pessoas prejudicadas, não as corporações, o governo ou as companhias de seguros. Cada psicodramatista fará suas escolhas. Nenhum pode esquecer jamais que essas escolhas têm conseqüências importantes para terceiros.

AGRADECIMENTOS

Este capítulo se baseia na cooperação de muitas pessoas. No coração do trabalho estão o advogado americano Gerry Spence e o Trial Lawyers College, entidade sem fins lucrativos de treinamento para advogados em nível de pós-graduação que ele criou em 1994 em Wind River Mountains, nos arredores de Dubois, Wyoming. Os psicodramatistas, o corpo docente e os advogados que participam do Trial Lawyers College co-criaram os métodos aqui discutidos.

REFERÊNCIAS BIBLIOGRÁFICAS

ABOUREZK, M. "The use of engineering testimony in soft tissue cases". *Barrister*, p. 31-33, jan. 1997.

AMSTERDAM, A. G.; BRUNER, J. *Minding the law*. Cambridge: Harvard University Press, 2000.

BECK, A. J.; HARRISON, P. M. *Bureau of Justice statistics: prisoners in 2000*. Washington: U. S. Department of Justice, 2001.

BROOKS, R.; GEWIRTZ, P. *Law's stories*. New Haven: Yale University Press, 1996.

COLE, D. K. "Psychodrama and the training of trial lawyers: finding the story". *Northern Illinois Law Review*, v. 21, p. 1-40, 2001.

CURRIE, E. *Crime and punishment in America*. Nova York: Henry Holt, 1998.

HANEY, C.; ZIMBARDO, P. "The past and future of U. S. prison policy: twenty-five years after the Stanford prison experiment". *American Psychologist*, v. 53, n. 7, p. 714-716, 1998.

KING JR., M. L. "Letter from Birmingham Jail". 1963. Disponível em: < http://www.stanford.edu/group/King/home.htm > .

LEACH, J. D.; NOLTE, J.; LARIMER, K. "Psychodrama and trial lawyering". *Trial: Winning Trial Techniques*, p. 40-48, abr. 1999.

MORENO, J. L. *Who shall survive?* Beacon: Beacon House, 1953. [*Quem sobreviverá? Fundamentos da sociometria, psicoterapia de grupo e sociodrama*. v. 1, 2 e 3. Goiânia: Dimensão, 1992.]

TIGAR, M. *Persuasion, the litigator's art*. Chicago: American Bar Association, 1999.

VIDMAR, N. "Juries, judges and civil justice". In: ROSCOE POUND INSTITUTE. *2001 Forum for State Court Judges*, 2001.

YALOM, I. *Theory and practice of group psychotherapy*. 4. ed. Nova York: Basic Books, 1995.

17 → A UTILIZAÇÃO PSIQUIÁTRICA DE TÉCNICAS PSICODRAMÁTICAS EM CONSULTAS SISTÊMICAS COM CLÍNICOS GERAIS

Chris Farmer

Este capítulo discute algumas situações que os clínicos gerais costumam enfrentar com os pacientes. Em algumas delas, é possível que os profissionais não estejam respondendo aos pacientes de maneira eficiente. São descritas cinco sessões, em que um psiquiatra e um grupo de clínicos gerais utilizam encenações psicodramáticas de encontros entre médicos e pacientes. O objetivo dessas sessões é replicar o tom emocional das consultas e examinar como o pensamento sistêmico e o treinamento de papéis podem ajudar na busca tanto de novas maneiras de ver os problemas quanto de soluções.

INTRODUÇÃO

Nos últimos oito anos, a cada seis semanas venho dirigindo uma sessão de psicodrama com alguns de meus colegas clínicos gerais. A sessão acontece logo de manhã, antes que os centros de saúde comecem a funcionar. Os médicos vêm de três clínicas particulares de uma pequena área que é geográfica e politicamente separada do resto da Grã-Bretanha e, portanto, não coberta pelo serviço de saúde público. Entretanto, minha função como psiquiatra (com interesse específico no desenvolvimento de diferentes modos de psicoterapia para atender doenças mentais) é exercida num serviço público de saúde mental que cobre a mesma área. As sessões acontecem em um dos centros de saúde. Todos cedemos nosso tempo voluntariamente à tarefa das sessões, que são informais e autônomas.

A idéia inicial para essa iniciativa me ocorreu depois de ler o livro de Michael Balint *The doctor, his patient and the ilness* (1964) [*O médico, seu paciente e a doença*, 1975]. Uma de suas teses principais era a de que algumas pessoas que encontram dificuldade em lidar com os problemas da vida recorrem ao adoecimento (p. 18).

Inicialmente, os pacientes costumam "oferecer" ou "propor" várias doenças até que consigam um acordo com o médico de que uma das doenças é justificável. Assim, quando o paciente consulta determinado médico durante muito tempo, com sintomas vagos e múltiplos ou com um quadro de difícil diagnóstico, tende a acontecer uma espécie de concessão. É algo que se situa entre as queixas do paciente – expressando necessidades emocionais ocultas – e as respostas do médico a essas queixas. Tal compromisso, uma vez formado, se autoperpetua. A interação entre as necessidades do paciente e a personalidade do médico determina as respostas do médico e o papel do paciente.

O livro de Balint descreve detalhadamente seminários regulares com duração de meio dia, dos quais participavam profissionais generalistas vindos de toda Londres. O tema dos seminários era a relação médico–paciente, e o objetivo era tanto pesquisar quanto ensinar.

Sua hipótese central era a de que a "droga" mais eficaz é o próprio médico. Se esse fato for reconhecido e utilizado, será possível encontrar caminhos alternativos para reconhecer e ajudar pacientes, levando em conta suas condições emocionais e evitando a conformação desses arranjos intratáveis.

Meu interesse pela psiquiatria me levou a buscar compreender melhor o significado de certos tipos de interação entre pacientes e seus médicos que são experimentados por ambas as partes como desconfortáveis e fúteis.

Ao contrário de Balint, porém, voltei-me para casos discretos de trocas específicas entre pacientes e médicos, em lugar de dar atenção às relações médico–paciente continuadas ou ao papel e a atitudes mais gerais de determinados médicos. O que apareceu foi a experiência, comum entre médicos, de certo tipo de situação com as quais todos nos identificaríamos com facilidade.

O principal objetivo das sessões era encontrar meios de melhorar o interesse e a curiosidade dos médicos para que ampliassem sua compreensão/sensibilidade em relação aos fenômenos que os pacientes apresentavam, e então trabalhar meios de responder ao que parecia mais significativo, confortável e satisfatório para ambas as partes.

Embora eu tivesse como modelo Balint, que estimulava a apresentação espontânea e a discussão livre, também introduzi uma abordagem sistêmica à aprendizagem e ao pensamento, com uso de técnicas psicodramáticas que emprego em terapia, supervisão e treinamento.

No decorrer dos oito anos, doze clínicos gerais participaram das sessões. O número médio de participações é cinco. Nos últimos quatro anos, três novos médicos se integraram, e cinco participam desde o início.

Os casos são aqui apresentados em seqüência. Os relatórios dos casos raramente foram preparados com antecedência. Geralmente, a sessão começa com uma conversa informal até que, rapidamente, um de nós começa a falar sobre uma experiência com um paciente associada a alguma frustração ou desconforto.

Embora a maneira como esses casos foram relatados e discutidos variasse, foi-se delineando uma seqüência típica, que parecia ser o método mais rápido (cada sessão durava exatos cinqüenta minutos) de pôr a apresentação em andamento. O médico introduzia o caso no papel de paciente, quase sempre sentado na cadeira deste. Um dos outros médicos sentava-se atrás da mesa, no papel do médico que se apresentava. Os outros membros do grupo tomavam parte na apresentação pedindo ao "médico" e ao "paciente" que fizessem apartes psicodramáticos ou que saíssem do papel para responder ou elaborar alguma questão.

O protagonista e o auxiliar também ficavam livres o tempo todo para, de comum acordo, fazer apartes ou sair do papel juntos para pedir a opinião dos membros do grupo; estes, por sua vez, eram estimulados a apresentar voluntariamente pensamentos ou sentimentos que quisessem compartilhar.

Como diretor, eu sugeria a inversão de papéis entre paciente e médico. Também instigava os participantes do grupo a dublar o paciente ou o médico, a espelhar ou a modelar, além de adotar papéis auxiliares de familiares do paciente.

"SER MANIPULADO"

George apresentou o caso de Margaret, mãe de 30 anos que chegou até ele por meio de um encaminhamento para terapia alternativa devido a um problema nas costas ("deslocamento de junta no sacroilíaco") para o qual ela já tinha procurado inutilmente a ajuda de um "massagista" a cada três semanas nos últimos treze anos. Nesse meio-tempo, ela tinha também reclamado de sintomas no braço e fez um exame de imagem cerebral devido a alguma outra queixa. Em ambas as ocasiões, os resultados foram negativos.

George tinha encaminhado a paciente, antes, a um cirurgião ortopédico, que achou que não seria o caso de intervenção cirúrgica. O cirurgião também sugeriu que os sintomas estavam relacionados com a dinâmica da família da paciente.

Charles assume o papel de George (o médico da família). Jim faz Margaret; e George, o marido de Margaret, Andy, que se apresenta e descreve a família. Os membros do grupo perguntam a George, como Andy, algumas coisas a mais a respeito da família e do pano de fundo do problema.

Andy relata que as costas de Margaret só doem quando ela desce ao térreo para brincar com as duas crianças pequenas. Andy é um homem pequeno e não muito educado, mas fala bem em nome de sua mulher. Diz que ela tem aparência jovem e ainda é atraente.

O grupo pergunta a respeito da família de origem de Margaret. Andy diz que sua sogra também parece bastante jovem para sua idade no modo como se veste e se apresenta. Ele a caracteriza como intrusiva, visitando constantemente sua casa para dar conselhos e, especialmente, cuidar das crianças.

George relata, fora do papel, que se sente esmagado e travado, como se precisasse explodir.

Chris apresentou algumas hipóteses que poderiam ajudar a compreender essa experiência. Primeiro, como médico, George poderia sentir-se afetado pelo conflito entre sua confiança no cirurgião ortopédico e a pressão da família para encaminhar Margaret para mais massagens, procedimento que poderia, de novo, continuar indefinidamente. Segundo, no papel de Andy ele talvez sentisse, inconscientemente, que uma recuperação permanente dessa mulher poderia ser uma faca de dois gumes.

De acordo com Elkaim (1997), nós "ressoamos" as histórias que ouvimos quando elas tocam nossa experiência. Em vez de procurar evitar as ressonâncias, considerando-as mera contratransferência, podemos usar essa capacidade de ressoar para incrementar nossa compreensão. Assim, se desejamos gritar quando não é adequado, é importante definir o que levou a esse sentimento. O que isso diz a respeito de nós e, mais importante, qual é a natureza da situação aqui descrita que nos leva a ressoá-la? Talvez Andy, o marido, tivesse alguns sentimentos misturados que ele não conseguia explicitar. Chris sugeriu que o grupo tentasse explorar essas possibilidades.

Chris: Primeiro, quem mais deseja que Margaret fique bem? Podemos supor que seja ela própria, mas não necessariamente.
George, como Andy: Seria uma razão a menos para minha sogra se intrometer. Ela é legal, mas está lá o tempo todo, e eu me sinto prejudicado, porque minha mulher dá muita atenção a ela.
Um membro do grupo: Andy, talvez você goste da visita dela porque isso lhe dá uma boa oportunidade de utilizar suas noites e fins de semana com seus esportes e seus amigos, sabendo que Margaret fica tão feliz na companhia da mãe que nem vai reclamar de suas ausências freqüentes.

Existia a possibilidade, então, de que Andy tivesse sentimentos ambivalentes em relação à melhora da esposa, mas nesse momento tratava-se ainda de pura especulação. George poderia testar essa hipótese quando se encontrasse com a família de verdade.

Um membro do grupo: Andy e Margaret podem achar muito difícil entender o fato de que passaram treze anos pagando massagens que não deram nenhum resultado. Será que eles aceitam isso?

John, como Margaret: Uma parte minha vai sentir muita falta de minha mãe se houver menos oportunidade ou menos motivo para ela vir cuidar das crianças. Outra parte vai ficar muito aliviada se eu tiver uma boa razão para dizer a ela que dou conta de cuidar delas. Gosto muito de minha mãe, mas preciso ter meu espaço. Além disso, percebo que meu marido fica irritado quando minha mãe fica muito por perto, e não quero ficar mal com ele por causa disso.

Todos os membros do grupo pensavam que seria preferível manter a família unida para testar as hipóteses levantadas nessa sessão a respeito do sistema familiar. Poderia não ser necessário partir para uma nova etapa de massagens ou algum procedimento equivalente que levasse mais alguns anos, sem resultado. Era possível que existisse um meio de abordar os sentimentos entre os membros da família de maneira mais positiva e produtiva.

"QUERO QUE VOCÊ FAÇA ALGUMA COISA, MAS DEIXE-ME DECIDIR O QUÊ"

Em conversas informais enquanto os membros do grupo iam chegando, havia um tema que freqüentemente surgia: pacientes que procuram diferentes clínicos gerais para queixas diversas. Alguns parecem querer sentir que estão no controle de suas decisões e, em benefício de seu senso de autonomia, procuram em primeiro lugar curas naturais. Encaram a medicina moderna como artificial e, portanto, como segunda opção. Conseqüentemente, os clínicos são algumas vezes confrontados com uma mensagem contraditória: "Por favor, faça suas recomendações, mas só me recomende aquilo que eu quero".

Martin apresenta o caso de uma família que ele visitou recentemente. Assume o papel de um pai, de 55 anos, e apresenta dois outros membros da família para que os integrantes do grupo assumam esses papéis. A mãe, representada por George, é vinte anos mais jovem. Ela está preocupada com as finanças da família e sente-se responsável pelo bem-estar de todos. Martin pensa que ela se preocupa para proteger o marido de sentimentos de inadequação, por ele não dar conta de manter a família financeiramente segura. A mãe segura no colo o filho de 5 anos, que está dormindo. A criança sofre de dor abdominal, diarréia e vomita durante a noite. Os pais querem um encaminhamento urgente para um cirurgião.

Charles assume o papel de Martin, o clínico geral, e Martin faz o pai. Homem forte e articulado, conhecido conferencista e político envolvido com temas ambientais, começa a fazer um discurso para o médico. Para mostrar suas restrições aos médicos, ele fala de um médico que falhou no diagnóstico de um problema grave da esposa.

O diretor do psicodrama dubla Charles, como médico, e pergunta à mãe: "O que você precisa de mim neste momento para aliviar o peso da responsabilidade que está sentindo agora?" A mãe entrega nas mãos do médico a criança que está dormindo. *"Quero que você, doutor, cuide do meu bebê!"* *"Eu me lembro de uma vez em que você pôs a mão no meu estômago. Relaxei imediatamente e caí no sono."*

Era claro que pai e mãe desejavam do médico coisas diferentes. O grupo ficou curioso a respeito disso e criativamente buscou mais informações para encontrar o sentido das mensagens conflituosas.

Chris perguntou a Martin sobre o contexto familiar. O filho de 5 anos era o único vivo; onze anos antes, o primogênito morrera de hemorragia cerebral poucos dias depois de nascer. Os pais culparam o obstetra. Ficaram claramente com muito medo de perder o segundo e único filho. Ambos desejavam ter certeza e tranqüilidade, no entanto tinham medo de confiar nos médicos.

Chris pergunta a Martin, como o pai, se a esposa sofreu alguma outra experiência catastrófica. Martin inverte papéis com George, a mãe: "Minha mãe morreu quando tinha 40 anos".
Chris pergunta então à mãe: Você pensa em sua mãe como se ela ainda estivesse viva, em espírito?
Sim, penso nela o tempo todo. Ela quer que eu faça tudo que puder por minha família, porque morreu antes que pudesse fazer tudo que queria pela sua.

Na discussão que se seguiu, encontrou-se o sentido do presente impasse examinando o contexto passado e construindo uma narrativa que proporcionasse um possível sentido para o relacionamento conflituoso e talvez oferecesse razoável chance de uma intervenção aceitável.

A mãe parecia ter sofrido o luto pela morte da mãe, carregando o peso da infinita responsabilidade perante os membros da família. Quando o primeiro filho morreu, ela sentiu não somente perda, mas também culpa, como se tivesse traído sua mãe ao não dar tudo que poderia pelo filho. Esse sentimento de culpa era intolerável, de tal forma que ele foi transformado em acusação: ao obstetra e, conseqüentemente, aos médicos em geral. Em conseqüência disso, ela preferia quem praticasse a medicina alternativa, sempre que possível.

A experiência de Martin com a mãe foi que ele era um médico de mentalidade aberta, que não somente prescrevia drogas convencionais, mas também curava (supostamente, pelo menos) com as mãos, o que parecia representar uma presença verdadeira e que transmitia força.

O marido, infelizmente, parecia ter buscado satisfação em seu papel de lutador a proteger com argumentos a esposa e o filho, possivelmente para compensar suas dificuldades como provedor material.

A intervenção focalizou o fardo de luto e responsabilidade da mãe, reconhecendo seus temores de futuras perdas, não somente em palavras, mas aceitando a oferta ritual do filho aos braços do médico.

A dramatização do grupo visou às necessidades paradoxais dos pais. O médico aceitou e segurou a criança (escolha sua) e a mãe teve a oportunidade de oferecer (também por decisão própria) a criança ao médico. Ambos exerceram suas escolhas e decisões e mantiveram, se não expandiram, sua autonomia.

Parte importante da arte do psicodrama é proporcionar mais opções de escolha e espontaneidade e então permitir uma autonomia mutuamente ampliada. É um esforço criativo que decorre dos encontros entre os participantes.

"DESAPONTAR OU SER CONIVENTE": QUEM TEM O PROBLEMA, O MÉDICO OU O PACIENTE?

Jim apresentou o caso de um treinador esportivo que toma esteróides anabolizantes, conseguidos por meio de fornecedores e não de médicos. Jim se preocupa com a condição médica geral desse homem e recentemente encaminhou-o a um especialista. O paciente consultou o especialista uma ou duas vezes, mas decidiu não voltar nem seguir suas recomendações.

Jim: Daqui, para onde vou?
Chris: Mostre como você imagina que vai ocorrer o próximo encontro.

Jim senta-se atrás da escrivaninha como médico, e Paul assume o papel do paciente, cujo nome é Robin.

Jim (à parte): Robin gosta de vestir bermudas que deixam aparecer suas pernas musculosas. Sua imagem geral de macho faz as recepcionistas prestarem atenção nele enquanto ele faz sua entrada triunfal.

Médico e paciente invertem papéis.

Jim, como paciente: Por favor, você acha que seria bom eu tomar um analgésico mais forte para este joelho? (Ele adota um tom baixo para a solicitação, dando a impressão de que ficará alarmado se o médico recusar.)

Eles voltam a seus papéis normais; Paul repete a pergunta para o médico, que responde com subterfúgios. Utilizando a técnica psicodramática da "maximização" (v. Clayton, 1992, para uma descrição completa dos termos e das técnicas de treinamento de papel), o paciente começa a pressionar, repetindo a questão com mais força a ponto de parecer insolente.

Jim, como médico (parecendo muito pressionado, contrastando com a forma como manejou a situação na realidade, de maneira fria e silenciosa): Estou mais preocupado com sua condição geral, como você sabe, e está claro que você anda tomando esteróides que lhe estão fazendo mal. Com certeza, eles não são recomendados ou prescritos por profissional médico. Onde você os consegue?

Robin admite que consegue os hormônios no mercado negro, mas rapidamente volta a insistir que sua profissão depende de vitalidade, que seus clientes também necessitam dele não somente para o esporte, mas também para a carreira, uma vez que muitos deles são também profissionais. Além disso, muitas outras pessoas o procuram porque ele as ajuda a manter-se em forma e saudáveis, o que é também bom para corpo e mente. "Sim, eu tenho um joelho que dói, mas muitos atletas têm de suportar algum tipo de desgaste. É uma decorrência do trabalho. Todos pagamos o preço de escolher profissões que são altamente exigentes, mas sem pessoas como você e eu a comunidade ficaria perdida, não?"

Jim, em alguns apartes: Estou me sentindo completamente esvaziado por este encontro! Ele vai se desgastar. Devo ser conivente? Não, eu vou ter de desapontá-lo.

Os outros membros do grupo dizem como estão impressionados com a maneira de Jim permanecer frio apesar do que ele sente interiormente. Os apartes dão a Jim espaço para pensar, de modo que ele pode responder racionalmente mais do que reagir automaticamente à torrente de palavras lançadas por Robin em cima dele.

John (agora fora do papel, falando com o grupo, enquanto planeja a resposta que pretende dar): Vou deixar claro que ele vai se desgastar até o ponto de não conseguir mais trabalhar, e aí não ajudará mais ninguém. Vou prescrever um analgésico menos forte. Vou terminar insistindo novamente para que ele aceite orientação médica.

Jim fala a Robin com firmeza, claramente e sem emoção. O grupo sente que ele enfrenta a situação com eficiência e de forma tão irredutível que Robin não vai poder se recusar a ouvir a mensagem, nem protestar contra ela tão facilmente, se quiser manter-se a conversa num tom educado. Robin sabe que não vai conseguir nada se ficar com fama de insolente.

Na discussão que se seguiu, houve unanimidade quanto ao fato de que Jim tinha sido colocado numa posição muito difícil. No início da entrevista, Robin parecia um pouco apreensivo, mas quando as coisas não andavam ele tentou se preparar para a luta, a tal ponto que foi o médico que se sentiu esvaziado. Como pode acontecer que naquele ponto o médico se sentisse mais desconfortável que o paciente? No fim de tudo, a entrevista fora conduzida em benefício do paciente, não do médico.

Chris falou sobre o mecanismo de identificação projetiva, em que um paciente evita a experiência de sentimentos intoleráveis (aqui, uma sensação de esvaziamento) colocando-os em outra pessoa, nesse caso o médico. Em outras palavras, Jim estava sentindo o que Robin não dava conta de sentir. Felizmente, por ter conseguido conter esse sentimento de esvaziamento, Jim pôde sustentar a situação e fazer a recomendação que Robin precisava ouvir, muito embora não fosse o que este gostaria.

Fazendo seu ensaio no grupo, Jim teve tempo e espaço, por ocasião dos apartes e quando falava fora do papel, para pensar e dialogar a respeito do que ele estava sentindo. Isso, mais o apoio do grupo, o ajudou a conter os fortes sentimentos que estava carregando no lugar de Robin.

Spillius (1992) faz uma exposição clara do desenvolvimento do conceito de identificação projetiva. Esse fenômeno pode ajudar-nos a entender sentimentos que de outra forma pareceriam inexplicáveis e, portanto, alarmantes. Temos a chance de pensar, aprender e responder, mais do que reagir a um forte sentimento que vem das entranhas.

Além disso, quando as pessoas estão sob forte pressão emocional, seu processo de pensamento nem sempre opera coerentemente, quase como se os pensamentos ficassem dissociados dos sentimentos. Algumas vezes isso chega a um ponto em que as pessoas não encontram palavras para expressar o que estão sentindo.

Bion (1962) descreveu esse fenômeno e a necessidade das pessoas de encontrar meios para conter sentimentos muito fortes em relação a si mesmas ou a terceiros, para que possam pensar com clareza e comunicar eficientemente mensagens difíceis.

A encenação dessa sessão permitiu a Jim e ao grupo, atuando juntos, conter a experiência de esvaziamento de maneira tal que Jim pudesse encontrar as palavras para levar sua mensagem ao paciente.

Finalmente, a sessão foi uma experiência de aprendizagem não apenas para Jim, mas para todos os participantes. Em futuras entrevistas, eles poderão encontrar a maneira de conduzir seu processo de pensamento quando sob pressão e então operar com mais eficiência.

Novamente, utilizando terminologia psicanalítica, pode-se dizer que os membros do grupo internalizaram, por meio de um processo conhecido como identificação projetiva positiva, a imagem construtiva de um médico atuando saudavelmente, que pode reter seu julgamento e articular sua recomendação mesmo sob pressão de um ataque crítico e emocional.

No debate, houve muitos comentários a respeito de casos similares, em que havia enorme tentação de prescrever o que os pacientes pediam (como numa loja) e resolver o problema de imediato, especialmente quando havia outros pacientes esperando.

ENCENAÇÃO DE UMA EQUIPE DE REFLEXÃO VOLTADA PARA UMA FAMÍLIA TRIGERACIONAL

O tema da terapia de família apareceu quando os médicos discutiam o artigo de uma revista que mostrava como o espelho unidirecional[10], o telefone e o vídeo podem ser usados num contexto de prática geral.

Chris contou que alguns terapeutas de família (Andersen, 1990) preferem não utilizar o espelho unidirecional enquanto a equipe delibera, permitindo assim que a família ouça as diversas opiniões que vão sendo colocadas. Além disso, ao ouvir a intervenção, a família tem a chance de responder diretamente à equipe terapêutica.

Para ilustrar, Chris sugeriu que os participantes pensassem numa família para apresentar à sessão. Martin já tinha uma, dois pacientes problemáticos aparentemente intratáveis numa família de três gerações.

Martin: Charles, você pode ser um dos problemas? Você é um avô materno com 58 anos de idade que veio viver nesta região há dois anos, depois da morte da esposa. É um alcoolista ocasional, que cria problemas para a polícia. No intervalo das crises, você vem e fica com sua filha, Lisa, e a família dela. Greg, você, por favor, seja a neta, Tina, de 7 anos, o segundo problema. Você é a paciente oficialmente identificada, com distúrbios de comportamento. É considerada impossível de ensinar na sala de aula e intratável em casa. George, por favor, seja a mãe, Lisa. Paul, faça a gentileza de ser o marido de Lisa, Bob, o que significa que você é o padrasto de Tina.

Chris: Quem mais reclama da situação?

Martin: Lisa, você atua com exagero, toma todas as decisões e se sente responsável por todos. Bob, o marido, você é desqualificado como pai porque Lisa assume tudo. Lisa é a vítima das reinações de Tina em casa. Por sua vez, Lisa continua vindo me procurar para pedir Ritalina, mas nenhuma medicação faz efeito. Lisa, você saiu de casa e se mudou para a Escócia quando tinha 17 anos. Foi estuprada quando tinha 13 e, desde então, em sua adolescência, começou uma série de relacionamentos transitórios e traumáticos com homens, até que você teve Tina.

Chris: Excelente. Toda a família parece estar aqui, o que significa que, uma vez que você, Tim, é o médico dela, você e eu juntos constituímos um sistema terapêutico. Nós conversamos e fazemos nossas reflexões enquanto a família pode nos ouvir e fazer seus comentários. Primeiro, é bom que os membros da família

---

10 Câmara de Gesell. (N. T.)

tenham se comprometido a estar aqui hoje. Eles estão claramente empenhados em ajudar-se mutuamente. Lisa, sentindo tanta responsabilidade, faz o melhor que pode para todos. É possível que ela pense que deixou seus pais em apuros quando os abandonou na adolescência e foi para a Escócia. Talvez ela agora deseje reparar isso, tentando estabelecer um lar para o pai depois da perda que ele teve. Também Lisa pode estar fazendo um movimento construtivo e reparador para aliviar seu luto depois da perda da mãe. É possível que Lisa sinta que cuidar de Tina deveria ser uma responsabilidade exclusivamente sua, dado que Bob não é o pai biológico. Entretanto, é possível que Bob tenha vontade de exercer mais autoridade sobre Tina, para cuidar dela. Mas ele pode estar preocupado que isso pareça uma interferência sua na relação mãe–filha e talvez sinta ser mais conveniente ficar de fora. Tina, por sua vez, pode sentir o luto da mãe e também perceber sua preocupação com o avô. Talvez o comportamento de Tina seja uma tentativa de distrair sua mãe do luto e levá-la ao médico.

Martin: Você acha isso? Interessante! Eu pensava que Tina estava tentando ser um sofrimento tal que fizesse Bob ficar mais afastado e assim ela poderia ter a mãe só para si.

Chris: É um detalhe interessante. Lisa poderia pensar que a opção de compartilhar as responsabilidades parentais com Bob seria melhor para a relação entre Tina e Bob do que ela tomar conta de tudo. Aliás, ela já decidiu que não vai mais fazer isso.

Martin: Mas, se Bob fosse mais assertivo, quais seriam as implicações para o avô? Talvez Bob preferisse ter Lisa mais para si. Se o avô se sentisse interferindo no casamento deles, poderia não vir tanto e nesse caso se sentiria mais isolado e mais atraído pelo álcool.

Chris: Isso perturbaria Lisa. Ela poderia se ver abandonando o pai e traindo a finada mãe. Isso não a ajudaria em seu luto. Entretanto, se ela não tivesse de despender tanta energia para carregar a família, talvez sentisse ainda mais intensamente a perda da mãe. Enquanto Lisa estiver tão ocupada, tomando todas as decisões, ela não vai ter tempo de se sentir desamparada ou deprimida.

Martin: De qualquer maneira, tenho dúvidas sobre o que o avô pensa do casamento da filha. Não parece que ele saiba onde se situa com o casal.

Chris: Você quer dizer que ele está testando a temperatura da água? Se Bob e Lisa ficam juntos, eles podem se recusar a recebê-lo de volta caso ele tenha uma recaída, mas pelo menos ele vai saber que a filha está, com certeza, cuidando de Bob. Por outro lado, o fato de estarem juntos poderia ter um efeito de continência para Tina.

Martin: E talvez Lisa não alivie a pressão sobre a mãe enquanto Bob não chegar finalmente e provar que ele é o homem, de que a mãe precisa.

Chris: Nesse caso, Tina poderia aceitar melhor Bob como seu pai. Isso significaria que o avô também teria de transigir com o casal. A questão é: Bob vê isso dessa forma ou ele considera e respeita demasiadamente sua mulher?

Martin: Mas eu duvido que Bob realmente se sinta preparado para se envolver mais. Parece que ele pensa que está no caminho certo. Talvez não tenha considerado a possibilidade de o pai de Lisa vir morar com a família e pode temer que ter um papel mais ativo e central seja uma coisa de que ele não dê conta.

Chris: Você pode ter razão. Ele pode estar esperando que as coisas melhorem, até o ponto, mesmo, de Lisa não mais considerá-lo um estranho. Aí, pode ser tarde demais. Lisa pode ter um surto nervoso e aí Bob teria de tomar conta de tudo.

Martin: Bem, eu posso pedir que só Lisa e Bob venham na próxima vez, e poderemos ver se eles têm clareza a respeito do que querem um do outro.

Chris: Eu acredito que Bob se preocupa muito com a família, e ele vai tentar provar que está realmente preparado para nos ajudar a entender as necessidades de Lisa, tendo ouvido o que dissemos hoje.

Quando essa encenação formal terminou, os outros médicos, tanto dentro quanto fora do papel, compartilharam sua experiência de ouvir a conversação. Isso abriu várias perspectivas a serem processadas e uma hipótese geral: Lisa e Bob necessitavam de um limite parental a ser negociado, que seria hierarquicamente congruente com o exercício de uma responsabilidade conjunta no cuidado eficiente de Tina e do avô.

O *feedback* dos outros médicos que estavam em papéis auxiliares sugeriu a possibilidade de que Bob se sentiria apoiado e fortalecido se visitasse o médico novamente com Lisa. Lisa também se sentiu compreendida e apoiada (houve preocupação de que ela se sentisse criticada por não cuidar eficientemente de Tina). O avô, é claro, tinha alguns temores ao lado de preocupações saudáveis. Tina, aliviada por não ter sido convocada para a próxima sessão, sentiu-se, entretanto, resignada com o fato de que encontraria no futuro uma frente parental mais unida para conter seu comportamento.

Uma equipe de reflexão, na forma descrita por Andersen (1990), fortalece os pacientes quando eles escutam a conversa dos profissionais, se os comentários forem feitos sem competição e rivalidade. É importante usar descrições positivas, que os pacientes aceitam melhor.

Quando os membros de uma família têm a chance de se ver de um ângulo diferente, podem ser influenciados pelo que ouviram. Mesmo sem acreditar que seja necessariamente a verdade objetiva, eles vão constatar que é possível encontrar algum sentido numa situação aparentemente caótica. Em geral basta que eles sejam iniciados numa nova forma de pensar e vejam que há mais de uma maneira de encarar um problema.

Uma vez que os membros da família testemunhem juntos o diálogo, todos eles saberão que cada um é apto para pensar sobre os relacionamentos familiares e decidir se aceita ou não as idéias diferentes, freqüentemente conflituosas, oferecidas pelo grupo de reflexão.

Papp (1983) faz menção a um diálogo da equipe preparado para a família ouvir. Ao contrário das conversas espontâneas e livres de Andersen, formula-se um diálogo autoritário, especificamente planejado, com o objetivo de enviar uma série de mensagens conscientes e deliberadas para a família, considerando os possíveis efeitos de um desempenho específico, usualmente na linha de benefícios *versus* riscos de uma eventual mudança.

Estabelece-se nesse caso um triângulo terapêutico, no qual a família ouve o terapeuta, que, com autoridade divina, defende uma mudança enquanto se engaja no diálogo com um grupo de colegas, referido como um coro grego. O coro protesta contra a mudança, enfatizando todos os riscos, como um preço muito alto a ser pago. A família, ao final, define quem está "correto" por meio do comportamento subseqüente: se ela muda, o terapeuta está correto, mas, se não muda, o coro grego é que está com a razão. O diálogo é organizado de forma que a família considere inaceitável o preço de não mudar, e como resultado a família é incentivada a provar que o terapeuta está certo.

Na perspectiva de Andersen, como o médico e um colega de equipe, Martin e Chris representaram um time de reflexão para os membros auxiliares da família. Nos termos do modelo de Papp, o médico agiu também como terapeuta, enquanto Chris representou o coro grego.

O uso do diálogo na terapia sistêmica, tanto no caso de Andersen como no de Papp, permite que a família ouça os comentários, reflexões e questões, mas não há instruções. Isso coincide com o princípio de Maturana e Varela (1987) de que a interação instrutiva nada tem que ver com nossa constituição biológica. Somos influenciados pela informação, não na forma de orientações sucessivas, mas de acordo com nossa estrutura nervosa particular de assimilação e processamento de informações.

"DÚVIDAS", DEPOIS DE PRESSIONADO

Numa das sessões, Martin começou falando de decisões com as quais ele não estava satisfeito. Sentira-se perfeitamente competente para lidar com um problema pediátrico agudo e tinha orientado adequadamente os pais. Estes, entretanto, insistiam que alguma coisa teria de ser feita, e assim ele se sentia sob pressão para encaminhar a criança a um pediatra especialista. A criança teve uma crise respiratória durante a noite, mas estava bem quando examinada no dia seguinte. Martin não entendia por que os pais não tinham aceitado sua opinião, porque ele achou que o encaminhamento a um especialista era desnecessário.

Esse comentário levou Jim a relatar que, no dia anterior, ele havia se recusado a assinar um atestado ao achar que não era caso para isso. A resposta do paciente foi: "Eu insisto em ver outra pessoa".

O grupo continuou a discutir as pressões que o clínico geral sofre: ameaças a sua reputação, demandas comerciais e a expectativa de ser educado e ter sob controle cada situação clínica, como marca de sua autoridade profissional e de seu profundo conhecimento.

A sessão acabou focalizando, então, um caso relatado por George, que era conhecido por sua postura holística. Uma mãe chamada Rose tinha vindo a ele com sua filha de 13 anos, Helen, que apresentava luxações e ferimentos. Ela havia sido considerada anteriormente como "propensa a acidentes" e sofrera múltiplas lesões nas juntas e ligamentos. Um irmão mais velho tinha uma história similar de acidentes.

Helen havia passado também, nos últimos dois anos, por uma síndrome de fadiga crônica.

Algumas vezes a mãe tinha procurado um pediatra conhecido por seu otimismo, mas veio a George por sua orientação e medicação holísticas. George prosseguiu dizendo: "Sei que Rose está deslocando sua ansiedade para a filha, mas o que eu posso fazer? Faço os testes e eles dão negativo. E daí? Ela quer ser reencaminhada ao pediatra, e assim nós ficamos rodando em círculos".

Jim assume o papel de Helen, e George, o de Rose, que descreve a Jim a personalidade e o jeito de falar da filha para que ele possa fazer o papel. Continuando no papel de Rose, George então descreve a personalidade desta, particularmente sua história social e seu senso de humor. Rose foi criada na África do Sul, onde terroristas assassinaram seu pai. O pai de Helen, papel desempenhado por Greg, passa o tempo todo brincando e nunca fala seriamente. A mãe de Rose, em seus 80 anos, fez grande número de cirurgias ortopédicas; ela agora tem problemas nos quadris, que são recidivas. Charles faz o papel de Rose, enquanto George volta a seu papel de médico da família.

Durante a interação, decidiu-se que os membros do grupo sairiam do papel no momento em que tivessem idéias a respeito de como George poderia fazer para resolver o problema. Poderia ser útil, por exemplo, recorrer à mesma linguagem holística da mãe. Chris sugeriu assumir o papel de um perguntador ingênuo em vez de um *expert* que sabe tudo. Por exemplo, o clínico poderia perguntar: "Você pode me dizer, Rose, como as teorias holísticas, que você e sua família compreendem e trabalham com tanto cuidado, poderiam ser aplicadas ao comportamento propenso a acidentes de sua filha?"

Seguiu-se uma discussão sobre a política e a dinâmica dentro da família. Havia um sentimento de que o pai era uma figura periférica e que os laços mais fortes eram entre Rose e a mãe e entre Rose e Helen. Rose se sentiu sem condições de dar assistência a sua mãe e, em vez disso, concentrou-se na filha, que ela levou ao médico para conseguir o apoio emocional que parecia impossível de vir do marido.

Além do medo e das preocupações que Rose tinha em relação à mãe, pareceu existir também um ressentimento com médicos anteriores, em razão de uma falha que ela havia percebido no tratamento dos quadris da mãe.

Na seqüência foi sugerido que, sendo Rose descrita como amarga em relação aos terroristas que mataram seu pai, ela poderia estar lidando com esses sentimentos transferindo-os, por identificação projetiva, para Helen, outra "vítima" cuja causa Rose deveria apoiar.

Na semana seguinte, George contou que havia encaminhado Helen a um pediatra, como queria a mãe, mas o importante é que tinha explicado ao pediatra a sessão de processamento e os pensamentos coletivos sobre a ligação entre os sintomas da paciente e a dinâmica da família.

Achou, assim, um jeito de explicitar seu ponto de vista e exercer seu verdadeiro julgamento, sem se submeter às insistentes demandas da mãe ou envolver-se com ela numa luta de poder fútil e crescente.

Por intermédio de seu comportamento e de sua demonstração de respeito pela compreensão holística de Rose, ele a estimulou a ouvir e participar de uma conversação que proporcionou mais informações sobre o contexto familiar. Alcançou assim uma compreensão mais profunda do que, paradoxalmente, parecia requerer a abordagem verdadeiramente holística que Rose tentava rejeitar!

RESUMO

Vimos cinco exemplos de casos difíceis explorados por um grupo de médicos de clínica geral com um psiquiatra, utilizando técnicas psicodramáticas como instrumento para o grupo: primeiro, envolver-se na formulação de uma hipótese sistêmica e, em seguida, utilizar o treinamento de papel para tentar chegar a uma possível solução.

Os conceitos sistêmicos foram geralmente tomados das teorias construtivistas e pós-milanesas e complementados pela incorporação de alguns conceitos psicanalíticos modernos, fazendo-se por meio do psicodrama um uso positivo da subjetividade dos participantes.

A aprendizagem obtida nessas sessões teve quatro aspectos. Primeiro, trouxe aos participantes consciência sistêmica dos fenômenos que ocorrem em situações práticas de consultas, especialmente em relação à famílias dos pacientes. Segundo, o jogo de papéis ampliou a espontaneidade dos participantes, que conseguiram utilizá-la em sua atividade. Terceiro, o médico que apresentava o caso incorporou um modelo (em alguns casos, vários modelos) de hipótese sistêmica a ser verificada na visita seguinte do paciente. Finalmente, os médicos tiveram oportunidade de examinar e testar seus próprios sentimentos em relação aos pacientes, tanto como ajuda diagnóstica quanto como base para uma intervenção adequada.

REFERÊNCIAS BIBLIOGRÁFICAS

ANDERSEN, T. (org.). *The reflecting team: dialogues and dialogues about the dialogues.* Kent: Borgmann, 1990.

BALINT, M. *The doctor, his patient and the illness.* Londres: Pitman Medical,1964. [*O médico, seu paciente e a doença.* Rio de Janeiro: Atheneu, 1975]

BION, W. *Learning from experience.* Londres: Heinemann, 1962.

CLAYTON, G. M. *Enhancing life and relationships: a role training manual.* Caulfield: ICA Press, 1992.

ELKAIM, M. *If you love me, don't love me.* Nova Jersey: Aronson, 1997.

MATURANA, H. R.; VARELA, F. *The tree of knowledge.* Boston: New Science Library, 1987.

PAPP, P. *The process of change.* Nova York: Guilford, 1983.

SPILLIUS, E. B. "Clinical experiences of projective identification". In: ANDERSON, R. (org.). *Clinical lectures on Klein and Bion.* Londres: Routledge, 1992, p. 59-73.

OS AUTORES

O ORGANIZADOR

JACOB GERSHONI é assistente social e mestre em Bem-Estar Social. Psicoterapeuta, trabalha em consultório particular, em Manhattan, e em medicina social, no Centro Médico Presbiteriano de Nova York (New York Presbyterian Medical Center). Formou-se pela Universidade Hebraica de Jerusalém e pela Universidade de Michigan. Foi membro sênior da equipe do Queens Child Guidance Center, na cidade de Nova York, especializando-se em terapia familiar. Seu interesse pelo psicodrama estimulou vários anos de treinamento com Robert e Jaqueline Siroka, co-diretores do Psychodrama Training Institute. Jacob é professor-supervisor (*trainer, educator and practitioner*), com título conferido pelo American Board of Examiners in Psychodrama, Sociometry and Group Psychotherapy. Atualmente, ele coordena grupos de psicoterapia e treinamento e tem apresentado inúmeros seminários e oficinas em congressos nos Estados Unidos, na Europa, na Turquia e em Israel. Paralelamente, está vinculado a vários centros de orientação a serviço da comunidade de *gays*, lésbicas, bissexuais e transgêneros de Nova York. Em 2001, recebeu o prêmio Neil Passarielo, da American Society of Group Psychotherapy and Psychodrama, por sua atuação na comunidade GLBT.

OS AUTORES

ADAM BLATNER, doutor em Medicina, professor-supervisor de psicodrama, tem especialização em psiquiatria de adultos, crianças e adolescentes. É membro vitalício da Associação Psiquiátrica Americana, agraciado com o prêmio J. L. Moreno por sua vida de serviços na área. É autor de alguns dos livros e capítulos mais importantes sobre psicodrama, traduzidos em vários idiomas.

CHRIS FARMER, doutor em Medicina, é presidente de honra da Associação Britânica de Psicodrama, psiquiatra e psicoterapeuta, com atuação na Grã-Bretanha. Formou-se em Medicina pelas universidades de Oxford e Londres e fez especialização em Psiquiatria no Maudsley Hospital. É membro do Colégio Real de Médicos e do Colégio Real de Psiquiatras. Possui registro no United Kingdom Council of Psychotherapy e é professor de psicodrama credenciado.

DENIZ ALTINAY, mestre em Artes, é presidente do Instituto de Psicodrama de Istambul e co-fundador do Instituto de Psicoterapia de Grupo de Ancara, na Turquia. Sua formação em psicodrama foi feita com Grete Leutz, Abdülkadir Özbek, Helmuth e Eleanor Barz, Eric Franzke e outros. Coordenou muitos grupos de formação e é consultor de escolas e empresas. Publicou três livros em turco sobre psicodrama.

ELAINE CAMEROTA, doutora em Educação, professora-supervisora de psicodrama, foi presidente do American Board of Examiners in Psychodrama, Sociometry and Group Psychotherapy. Deu treinamento a profissionais de saúde mental nos Estados Unidos e na Coréia. Atualmente, dirige a equipe de psicodrama do Cincinnati VA Medical Center, onde trabalha com veteranos e dependentes químicos e também supervisiona a formação de membros da equipe e estudantes.

HERB PROPPER é doutor em Filosofia e professor-supervisor de psicodrama. Em Central Vermont desenvolve atividade particular que inclui grupos de desenvolvimento pessoal, oficinas de treinamento e apresentações públicas. É professor emérito de Teatro no Johnson State College (Vermont), onde atualmente dá cursos sobre sociodrama, mitologia, produção de textos teatrais e literatura dramática. Tem diversos artigos e capítulos de livros publicados.

JAMES D. LEACH, doutor em Direito, é advogado e tem formação em Psicodrama. Mora em Rapid City, Dakota do Sul. Seu trabalho como jurista esteve sempre ligado à defesa de pobres e trabalhadores. Como psicodramatista, trabalha principalmente com advogados e seus clientes. Tem artigos publicados em todo o país tratando da aplicação de leis sobre incapacidade, sobre os direitos dos americanos nativos e sobre a lei das vacinas dos Estados Unidos, assim como do uso do psicodrama por advogados atuantes em tribunais.

JEAN B. PETERSON é assistente social, arteterapeuta e professora-supervisora de psicodrama. Atua em clínica particular desde 1972, na cidade de Nova York, com psicoterapia, arteterapia e psicodrama. Formada em Serviço Social Clínico, proporciona treinamento para psicodramatistas e arteterapeutas. Durante muitos anos, tratou de clientes com distúrbios alimentares e sobreviventes de abuso sexual. É arenoterapeuta, tendo recebido formação com os didatas da Sandplay Therapists of America. Atua também no Bayview Center for Expressive Therapy, em Stonington, Connecticut.

JONATHAN L. STEINBERG, doutor em Filosofia, é psicólogo da equipe do Cincinnati VA Medical Center. Trabalhou durante dez anos em um programa para pacientes internados com TEPT (transtorno de estresse pós-traumático), utilizando psicodrama para trabalhar traumas com veteranos de guerra. Atualmente desenvolve um programa ambulatorial para veteranos com TEPT e abuso de drogas. Entre suas áreas de interesse figura o treinamento de clínicos para trabalhar com pessoas traumatizadas e egressos de tratamento de TEPT.

JOSEPH L. ROMANCE, doutor em Filosofia, é formado em Serviço Social e atua em clínica particular em Miami, Flórida. Psicodramatista credenciado, é clínico aspirante a professor (*practitioner applicant for trainer* – PAT). Tem dado cursos sobre terapia de casais em universidades na região de Miami e coordenado muitas oficinas, em âmbito nacional, sobre terapia de casais. É membro da Florida Society of Clinical Social Workers, da American Association of Sex Educators, Counselors and Therapists e da Association for the Advancement of Social Work with Groups.

KRISTI MAGRAW, musicoterapeuta, psicodramatista credenciada, massagista e musicista, atua em Ontário, Canadá. Trabalha em clínica particular, utilizando, como forma de ajudar seus clientes, o Método Magraw, síntese de metáfora, teoria e prática dos "cinco elementos", psicoterapia e música. Coordena, há vinte anos, grupos de formação e de supervisão, assim como oficinas de trabalho corporal e recursos de comunicação. É membro da Sociedade Americana de Psicoterapia de Grupo e Psicodrama (ASGPP), da Nashville Songwriters Association International e da Songwriters Association of Canada.

LOUISE LIPMAN, assistente social, psicoterapeuta de grupo e professora-supervisora de psicodrama, foi presidente da ASGPP e diretora do Serviço de Psicodrama do Regent Hospital, na cidade de Nova York. Atua como psicoterapeuta particular no Psychodrama Training Institute, onde participa da direção de "oficinas dos doze passos" de psicodrama. Trabalha com mulheres que sofreram várias formas de abuso, trauma infantil e perdas. Facilita grupos de pessoas em recuperação. Na condição de psicoterapeuta de grupo credenciada, tem formado terapeutas, internacionalmente, em psicodrama, sociometria e psicoterapia de grupo. Incorpora em sua prática a larga experiência que tem em teatro e em artes.

MARCIA GELLER, doutora em Filosofia e psicoterapeuta de grupos, é terapeuta de casais e famílias em Katonah, Nova York, e em Stamford, Connecticut. Atuou como coordenadora da equipe de crises no Harlem Valley e na Faculdade de Medicina Albert Einstein, onde se formou em Psiquiatria Social e Comunitária. Foi fundadora e diretora do Carmel Family Therapy Center em Putnan County, Nova York. Anteriormente, foi consultora no sistema de escolas públicas de Nova York e presidente da divisão de Westchester da Associação Americana de Terapia de Casais e Famílias.

MARIO A. COSSA é mestre em Artes, dramaterapeuta, professor-supervisor de psicodrama. Criou e dirige em New Hampshire o ActingOut, programa para jovens que combina arteterapia expressiva com educação teatral. Participa da comissão executiva da Sociedade Americana de Psicoterapia de Grupo e Psicodrama (ASGPP) e é presidente do conselho consultivo de treinamento em TSM (espiral terapêutica). Dá formação, no mundo todo, em trabalho com grupos de adolescentes, utilizando métodos de ação, e em TSM para psicodrama com traumatizados. Publicou dois livros e vários artigos.

MARY ANNE CARSWELL, mestre em Artes e em Educação, trabalha desde 1979 como psicoterapeuta em clínica particular. Suas linhas são psicoterapia centrada no cliente, feminista e sistêmica. Exerce psicoterapia corporal e mantém intenso interesse pelas questões da relação mente–corpo em terapia. Em 2001-2002, planejou, organizou e editou o livro de Elizabeth White *The action manual* [Manual da ação], que trata de métodos psicodramáticos e de ação em psicoterapia. É membro da Sociedade de Psicoterapeutas de Ontário e da Associação de Editores do Canadá.

MARY JO AMATRUDA, mestre em Artes e em Ciências e professora-supervisora de psicodrama, é conselheira profissional. Há cerca de 35 anos vem trabalhando com crianças, como professora, fundadora e diretora do Awareness Theater em Rochester, Nova York, e, depois, como psicodramatista. É co-diretora do Instituto de Psicodrama de New Haven, onde dá formação, coordena oficinas e dirige grupos clínicos.

ROBERT W. SIROKA, doutor em Filosofia, professor-supervisor de psicodrama e psicoterapeuta de grupos, é diretor do Sociometric Institute na cidade de Nova York, tendo sido presidente da ASGPP. É terapeuta há mais de quarenta anos e formou muitos profissionais em sociometria, terapia de grupo e psicodrama nos Estados Unidos e em outros países. Formado em Psicologia com especialização em Aconselhamento, foi também professor visitante no departamento de psiquiatria da Harvard Medical School. É diretor do Center for the Psychological Study of Financial Behavior, em Nova York.

SANDRA GARFIELD, doutora em Filosofia e professora-supervisora de psicodrama, foi presidente da ASGPP e do Instituto de Psicodrama da Costa Oeste. Deu aulas em institutos de treinamento da ASGPP, da Associação Americana de Psicoterapia de Grupo, da Associação Psiquiátrica Americana e da Associação Internacional de Psicoterapia de Grupo. É membro do Instituto de Estudos Psicanalíticos de Los Angeles, da Associação Psicanalítica Internacional e do Conselho Diretor da Associação Internacional de Psicoterapia de Grupo. Trabalha como psicanalista, em clínica particular, em Beverly Hills, Califórnia.

TIAN DAYTON, doutora em Filosofia e professora-supervisora de psicodrama, é diretora de desenvolvimento de programas na Fundação Caron, na Pensilvânia e na cidade de Nova York. Integrou o corpo docente da Universidade de Nova York de 1992 a 1999 e trabalhou como consultora da Hazelden e do Freedom Institute, além de outras instituições de tratamento. É conferencista nacional e autora de 12 livros, entre eles *The drama within* [O drama interno], *Trauma and addiction* [Trauma e adição], *Heartwounds* [Feridas do coração] e *Drama games* [Jogos dramáticos], além de numerosos artigos.

leia também

PSICODRAMA E NEUROCIÊNCIA
CONTRIBUIÇÕES PARA A MUDANÇA TERAPÊUTICA
Heloísa Junqueira Fleury, Georges Salim Khouri e Edward Hug (orgs.)

Este livro fundamenta os pressupostos básicos da teoria de Moreno e das contribuições de Rojas-Bermúdez com estudos da neurociência, abordando o relacionamento terapêutico e mecanismos de mudança numa perspectiva neuropsicológica. A obra aborda, com casos clínicos, a técnica da construção de imagens e discute diretrizes para o psicodramatista contemporâneo.
REF. 20045   ISBN 978-85-7183-045-5

PSICODRAMA BRASILEIRO
HISTÓRIAS E MEMÓRIAS
Júlia Motta (org.)

Obra que reúne a mais ampla pesquisa já feita sobre o desenvolvimento do psicodrama e dos psicodramatistas no Brasil, este livro é fruto do esforço de diversos profissionais – entre eles Wilson Castello de Almeida e Devanir Merengué – que pesquisam ou compartilham suas memórias. A idéia não é ser um livro hegemônico, e sim mobilizador de novas experiências.
REF. 20040   ISBN 978-85-7183-040-0

PSICODRAMA DA LOUCURA
CORRELAÇÕES ENTRE BUBER E MORENO
José S. Fonseca Filho

Este livro correlaciona a teoria psicodramática de J. L. Moreno à filosofia dialógica de M. Buber, apresentando o hassidismo – movimento religioso do século XVIII – como gênese dessas idéias. O autor expõe uma visão da loucura e da sanidade, esboçando a teoria do desenvolvimento da personalidade. Indicado para profissionais das áreas psi, educadores e pessoas interessadas em filosofia e religião.
REF. 20043   ISBN 978-85-7183-043-1

GRUPOS
INTERVENÇÃO SOCIOEDUCATIVA E MÉTODO SOCIOPSICODRAMÁTICO
Marlene Magnabosco Marra e Heloísa Junqueira Fleury (orgs.)

Neste livro, diversos profissionais relatam suas experiências sociopsicodramáticas segundo a visão socioeducativa. Mostram que a intervenção abre a possibilidade de ampliar o conhecimento e a consciência dos participantes, além de permitir que os limites sejam transformados em desafios. Para profissionais que trabalham com grupos e têm como meta a saúde social e o fortalecimento das relações interinstitucionais.
REF. 20042   ISBN 978-85-7183-042-4

IMPRESSO NA
sumago gráfica editorial ltda
rua itauna, 789 vila maria
02111-031 são paulo sp
telefax 11 **6955 5636**
sumago@terra.com.br

— dobre aqui —

Carta-resposta
9912200760/DR/SPM
Summus Editorial Ltda.
CORREIOS

CARTA-RESPOSTA
NÃO É NECESSÁRIO SELAR

O SELO SERÁ PAGO POR

AC AVENIDA DUQUE DE CAXIAS
01214-999 São Paulo/SP

— dobre aqui —

CADASTRO PARA MALA-DIRETA

Recorte ou reproduza esta ficha de cadastro, envie completamente preenchida por correio ou fax, e receba informações atualizadas sobre nossos livros.

Nome: _____ Empresa: _____
Endereço: ☐ Res. ☐ Coml. _____ Bairro: _____
CEP: ____-____ Cidade: _____ Estado: ____ Tel.: ( ) _____
Fax: ( ) _____ E-mail: _____ Data de nascimento: _____
Profissão: _____ Professor? ☐ Sim ☐ Não Disciplina: _____

1. Você compra livros:
☐ Livrarias ☐ Feiras
☐ Telefone ☐ Correios
☐ Internet ☐ Outros. Especificar: _____

2. Onde você comprou este livro? _____

3. Você busca informações para adquirir livros:
☐ Jornais ☐ Amigos
☐ Revistas ☐ Internet
☐ Professores ☐ Outros. Especificar: _____

4. Áreas de interesse:
☐ Psicologia ☐ Comportamento
☐ Crescimento Interior ☐ Saúde
☐ Astrologia ☐ Vivências, Depoimentos

5. Nestas áreas, alguma sugestão para novos títulos? _____

6. Gostaria de receber o catálogo da editora? ☐ Sim ☐ Não

7. Gostaria de receber o Ágora Notícias? ☐ Sim ☐ Não

Indique um amigo que gostaria de receber a nossa mala-direta

Nome: _____ Empresa: _____
Endereço: ☐ Res. ☐ Coml. _____ Bairro: _____
CEP: ____-____ Cidade: _____ Estado: ____ Tel.: ( ) _____
Fax: ( ) _____ E-mail: _____ Data de nascimento: _____
Profissão: _____ Professor? ☐ Sim ☐ Não Disciplina: _____

Editora Ágora
Rua Itapicuru, 613 7º andar 05006-000 São Paulo - SP Brasil Tel. (11) 3872-3322 Fax (11) 3872-7476
Internet: http://www.editoraagora.com.br e-mail: agora@editoraagora.com.br